U0639097

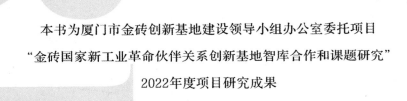

本书为厦门市金砖创新基地建设领导小组办公室委托项目

"金砖国家新工业革命伙伴关系创新基地智库合作和课题研究"

2022年度项目研究成果

林宏宇 主编

金砖国家
国别研究报告

（第一辑）

Country Studies
on the BRICS Countries

天津出版传媒集团

天津人民出版社

图书在版编目（CIP）数据

金砖国家国别研究报告.第一辑 / 林宏宇主编. --
天津：天津人民出版社，2024.1
（金砖国家研究丛书）
ISBN 978-7-201-19804-0

Ⅰ.①金… Ⅱ.①林… Ⅲ.①政治—研究报告—世界
Ⅳ.①D52

中国国家版本馆 CIP 数据核字(2023)第 175017 号

金砖国家国别研究报告(第一辑)
JINZHUAN GUOJIA GUOBIE YANJIU BAOGAO(DIYIJI)

出　　版　天津人民出版社
出 版 人　刘锦泉
地　　址　天津市和平区西康路 35 号康岳大厦
邮政编码　300051
邮购电话　（022)23332469
电子信箱　reader@tjrmcbs.com

责任编辑　王　玶
特约编辑　杨　蕊　曹忠鑫
封面设计　汤　磊

印　　刷　天津新华印务有限公司
经　　销　新华书店
开　　本　710 毫米×1000 毫米　1/16
印　　张　21.5
字　　数　260 千字
版次印次　2024 年 1 月第 1 版　　2024 年 1 月第 1 次印刷
定　　价　96.00 元

版权所有　侵权必究
图书如出现印装质量问题,请致电联系调换(022—23332469)

编 委 会

策划/主编：林宏宇

副 主 编：蔡 晶

撰 稿 人：（按姓氏笔画排序）

江 峡(美)　　孙旭亮　　杜晓军　　李继高

张立齐　　张晶盈　　陈 磊　　林宏宇

赵 栋　　蔡 晶　　黎宇清

丛书总序
金砖合作引领全球南方发展

当前世界百年未有之大变局正加速向纵深演进，人类社会面临前所未有的挑战。面临巨大不确定性的国际社会需要更加有效的多边合作，尤其是创新性合作。而金砖合作机制就是这种创新性多边合作的典型范式，是实现全球南方国家共同发展的国际制度创新。

近来"全球南方"（Global South）的概念被炒作得很热。少数西方发达国家欲借此概念把中国从发展中国家里"除名"，而少数发展中大国也想借机削弱中国在发展中国家的影响与地位。实际上，早在2017年中国提出"金砖+"概念，就已开启了全球南方国家合作的大幕。"金砖+"概念承前启后，不仅与旧南南合作关系密切，而且还是新南南合作的典范。正是因为有"金砖+"的创新机制，中国作为全球南方国家的永恒代表与主导地位才不可撼动。

可以说"金砖+"机制"始于（旧）南南合作，终及新南南合作"，而其"全球南方"的属性始终很显著。以"金砖+"为代表的金砖合作将引领并推动未来"全球南方"国家合作进程。

一、"始于旧南南合作"，是指"金砖+"机制的原理源于20世纪50至60年代蓬勃兴起的（旧）南南合作运动

该运动是发展中国家通过团结互助追求独立自主、摆脱发达国家政治经济控制的标志性运动。在美苏冷战对抗的历史背景下，发展中国家通过

"不结盟运动"和"七十七国集团"两大平台追求政治独立，奠定了旧南南合作的政治基础。但是旧的南南合作运动在取得一定成果的同时，随之面临的是发展停滞及被边缘化的困境。由于发达国家产业转移、南南国家产业结构相互竞争等原因，"南南合作在很长的一段时间内并没有带动发展中国家实现预期的发展"，"南南合作已不再是发展中国家的主要战略选择"，[①]部分发展中国家回到依附发达国家的老路，旧南南合作平台进入发展瓶颈期。

陷入困境的旧南南合作运动急需塑造成功发展的典范，以形成从虚到实、行之有效的合作机制。当历史走入21世纪，一批新兴市场国家崛起为国际政治经济格局的新锐力量，尤其是在2008年全球金融危机爆发后，新兴市场国家和发展中国家成为全球治理重要力量的趋势越来越明显。2017年诞生的"金砖+"机制模式则进一步调动了更多新兴市场国家和发展中国家的积极性，客观上为推动旧南南合作迎来第二波发展高潮带来了历史机遇。

在2017年厦门金砖峰会上，习近平主席提出"金砖+"概念，时任外交部部长王毅在第一时间就阐述了"金砖+"与南南合作的内在关系。他在十二届全国人大五次会议记者会答记者问时指出："我们将探索'金砖+'的拓展模式，通过金砖国家同其他发展中大国和发展中国家组织进行对话，建立更广泛的伙伴关系，扩大金砖的'朋友圈'，把金砖合作打造成为当今世界最有影响力的南南合作平台。"[②]

"金砖+"机制之所以成为引领全球新兴市场国家和发展中国家共同推进南南合作的典范，是因为它呼应了广大发展中国家的必然诉求。

首先，除了金砖国家，世界各个次区域都有大批新兴市场国家快速崛起。这些新兴市场国家在区域和全球的影响力在不断提升，也普遍希望通

---

① 田旭：《从"金砖+"机制看南南合作模式创新》，郭业洲主编：《金砖国家合作发展报告（2019）》，社会科学文献出版社，2019年，第162~163页。

②《王毅谈金砖合作四大看点：构筑南南合作新平台》，中国网，http://www.china.com.cn/lianghui/news/2017-03/08/content_40428024.htm。

过建立相互之间的南南合作对话平台,加强本国在本区域或全球经济体系的话语权。金砖国家是全球发展中国家的领头羊,金砖国家合作机制对迫切要求提升国际影响力和话语权的新兴市场国家有极高的吸引力,而金砖国家合作机制也有责任整合全球新兴市场国家力量,为促进旧南南合作继而提升发展中国家整体影响力发挥作用。

其次,20世纪南南合作的重心是通过相互支持追求意识形态的独立自主,但是囿于南方国家内部经济结构同质化而难于建立起有效的经济互补机制。进入21世纪,金砖国家合作机制通过金砖国家新开发银行(NDB)、金砖国家工商论坛等机制化经济合作平台为旧的南南合作注入新的理念。随着金砖国家从区域大国经济发展合作概念进一步升级为全球发展中国家命运共同体概念,"金砖+"为旧南南合作赋予了新的时代内涵,即广大发展中国家不仅要通过理念认同来维护独立自主的国际政治地位,还要通过经济互助来引领全球化的国际经济趋势,更要通过发展中国家共同体建设,实现公平、公正的人类命运共同体目标。

二、"终及新南南合作",是指"金砖+"机制克服逆全球化与单边主义的挑战,致力于推动"全球南方"国家的共同发展

近年来,部分西方发达国家选择了单边、保守、"退群"、"脱钩"的对外政策,这导致推动人类进步的全球化发展道路和《联合国宪章》所提倡的多边主义都面临严峻挑战。全球新兴市场国家和发展中国家在"南北对话""南南合作"中面临共同的问题,旧南南合作举步维艰。尤其是发展中国家在投资、贸易、技术等领域缺乏互补优势,严重阻碍了南南合作从务虚平台最终向务实平台的转化。

为此,中国提出并推动"金砖+"模式,是希望用中国经验回应广大发展中国家所面临的一些共性问题,尤其是中国作为对全球发展贡献最大的发展中国家的领头羊,能够在资金注入、技术转移、贸易互补、基础建设等方面为其他发展中国家提供发展动能。2015年,习近平主席在出席联合国发展峰会期间宣布中国出资设立"南南合作援助基金"，2022年中国政府又在全球发展高层对话会宣布将"南南合作援助基金"升级为"全球发展和南南合作基金"，坚定不移支持发展中国家的可持续发展。"中国通过'金砖+'合作带动其他有着相似发展目标的新兴市场国家借助金砖国际合作机制实现共同发展"[①]，这也为"全球南方"国家的南南合作向创新转型作出表率。

正如2017年习近平主席在金砖国家工商论坛开幕式上指出的："我们应该发挥自身优势和影响力，促进南南合作和南北对话，汇聚各国集体力量，联手应对风险挑战。我们应该扩大金砖合作的辐射和受益范围，推动'金砖+'合作模式，打造开放多元的发展伙伴网络，让更多新兴市场国家和发展中国家参与到团结合作、互利共赢的事业中来。"[②]习近平主席在金砖国家领导人第十四次会晤时又指出："金砖国家不是封闭的俱乐部，也不是排外的'小圈子'，而是守望相助的大家庭、合作共赢的好伙伴。"[③]与七国集团不同，金砖国家合作机制始终向广大新兴市场国家和发展中国家开启大门，致力于推动更多新兴市场国家和发展中国家深化合作、共同发展，是21世纪新南南合作最有潜力的发展方向。从此，"金砖+"模式成为真正多边主义和新全球化的未来选择。

"金砖+"模式诞生以来，金砖国家保持与其他新兴市场国家和发展中国家竭诚合作、成果斐然，"金砖+"正从理念逐渐向机制发展，展现了强劲的生命力，代表了未来南南合作乃至全球化的发展方向。越来越多的新兴市场国家已经意识到金砖国家合作机制是推动新南南合作、维护发展中国家利益的重要平台。也正是在此背景下，"金砖+"机制正在以前所未有的姿态出现在世界舞台，吸引越来越多新兴市场国家的积极参与。2023年

---

① 李峰：《"金砖+"合作模式研究》，中国经济出版社，2019年，第22页。

② 习近平在2017金砖国家工商论坛开幕式上的讲话（全文），新华网，http://www.xinhua-net.com/politics/2017-09/03/c_1121596338.htm。

③ 习近平在金砖国家领导人第十四次会晤上的讲话，新华网，http://www.news.cn/world/2022-06/23/c_1128770800.htm。

的南非金砖国家峰会实现了历史性的突破。沙特、埃及、阿联酋、伊朗、埃塞俄比亚等发展中国家成为金砖正式成员。

三、以习近平外交思想为核心的中国外交始终重视南南合作，以金砖合作为代表的新型南南合作将引领和推动全球南方国家合作进程

在习近平外交思想众多关于南南合作或者中国与发展中国家合作的表述理念中，"金砖+"是习近平外交思想对于南南合作的全新创举和高度凝练。"坚定支持新兴市场和发展中国家在国际事务中发挥更大作用，推动世界大变局向正确方向演进。"[①]中国始终认同自己是发展中国家大家庭的一分子，把新兴市场国家和发展中国家作为对外关系的重要方向，始终把新兴市场国家和发展中国家看作共同构建人类命运共同体、构建新型国家关系的关键伙伴。在2023年南非金砖国家峰会上，习近平主席再次强调，中国坚定奉行独立自主的和平外交政策，致力于推动构建人类命运共同体。作为发展中国家、"全球南方"的一员，中国始终同其他发展中国家同呼吸、共命运，坚定维护发展中国家共同利益，推动增加新兴市场国家和发展中国家在全球事务中的代表性和发言权。正如习近平主席在南非约翰内斯堡金砖国家工商论坛闭幕式发表题为"深化团结合作 应对风险挑战 共建更加美好的世界"的致辞中所强调的，以金砖国家为代表的新兴市场国家和发展中国家群体性崛起，正在从根本上改变世界版图。无论有多少阻力，金砖国家这支积极、稳定、向善的力量都将蓬勃发展。我们将不断深化金砖战略伙伴关系，拓展"金砖+"模式，积极推进扩员进程，深化同其他新兴市场国家和发展中国家团结合作，推进世界多极化和国际关系民主化，推动国际秩序朝着更加公正合理的方向发展。

当前国际政治右翼思潮有进一步泛滥的苗头，不负国际发展与安全责

[①] 杨洁篪：《深化新兴市场国家和发展中国家团结合作 携手共建人类命运共同体》，《求是》2022年第14期。

任的国家可能越来越多,全球治理正面临严重赤字。而经济长期高速增长、社会保持长期稳定的中国,对国际社会的影响力日益提升,对全球治理的贡献度也日益提高。尤其是2023年以来,"一带一路"建设进入第二个金色十年,"金砖+"合作机制进一步蓬勃发展,"上合组织"安全合作机制日益完善。这标志着"一体两翼"的中国全球治理方案日益成形。"一体"就是"一带一路":进入高质量发展阶段的"一带一路",虽源自中国,但已成为各国追捧的国际公共产品。通过高质量合作,天堑可以变通途,"陆锁国"可以变成"陆联国",发展的洼地可以变成繁荣的高地。"一带一路"正日益成为国际合作的最佳平台。"两翼"就是"金砖合作"与"上合组织":这两个国际合作机制分别代表着良性的发展与共同的安全,是中国式现代化的全球治理主张。"一体两翼"将为进入新时代第二个金色十年的中国带来更大增长动力,将为动荡不安的国际社会注入和平发展、团结包容的正能量,成为纷乱晦暗世界中的一抹亮色。它也使得中国式现代化理念更加深入人心。谁代表世界和平与发展,谁代表世界公平与正义,相信国际社会未来将有明智的判断。

未来时势向我,我们应增强信心,正确处理好新发展格局与新安全格局的关系。既要敢于斗争,更要善于斗争,正确处理好中美战略相持与中华民族伟大复兴、祖国完全统一与中华民族伟大复兴这两对最重要的关系。针对外部世界对中国的"批评"要多回应、少回击。要有战略耐心,静待"慢热"的世界。

从2017年以来,我校国际关系学院金砖研究团队积极响应国家战略需求,先后推出"金砖三部曲""金砖智库合作"等系列成果。自2020年11月习近平主席宣布在厦门建立金砖国家新工业伙伴关系创新基地以来,我校进一步加强与厦门市的合作。本丛书就是我校金砖研究中心与厦门市金砖办战略合作的重大成果。衷心期待本丛书能进一步推动我国学界的金砖研究进程,为中国式现代化贡献绵薄之力。

林宏宇

2024年1月17日

导　论

　　2001年,美国高盛公司首席经济学家吉姆·奥尼尔首次提出"金砖四国(BRIC)"这一概念,包含巴西(Brazil)、俄罗斯(Russia)、印度(India)和中国(China)这四个国家,特指世界新兴市场。2010年12月,南非(South Africa)正式加入后,"金砖四国"变为"金砖五国"(BRICS)。奥尼尔当年也曾预言"金砖"国家将会非常了不起。2008年全球金融危机爆发,中国的地位开始凸显;国际油价大涨,俄罗斯凭借丰厚的石油资源实现了地位跨越。金砖四国对世界经济增长的贡献率合计超过了50%,印证了奥尼尔的看法。此后,2009年6月,"金砖四国"领导人在俄罗斯举行首次会晤,并于每年举行一次领导人会晤。金砖国家峰会的议题几乎包括了当下世界所有重要议题:世界经济、全球发展、国际安全、地区热点等。近年来,金砖国家合作机制不断完善,已经形成一个综合的、涵盖广泛领域的多层次架构,包含经济、政治、人文、科技、社会、通信、安全等诸多领域,业已成为推进国际关系民主化、完善全球治理的重要力量。

　　金砖国家由五个地区性新兴大国组成,是亚洲、欧洲、拉丁美洲和非洲的重要经济体,是发展中国家的代表。但五国之间不仅存在社会经济模式的异质性,对金砖机制的目标定位、合作优先项、具体合作路径也不尽相同。而且金砖机制发展进程始终遭到西方国家的"唱衰"和抹黑,也不断面临着外部力量的打压分化,以及由外部力量挑起的意识形态划线、冷战思维博弈、地缘政治围堵等对金砖合作节奏的干扰。虽然内外诸多挑战使金砖合作遇到一些困难和阻碍,但是自金砖国家合作机制成立以来,在挑战中寻求机遇已成为金砖国家合作的重要推动力,金砖国家合作机制也在16年的合作历程中表现出独特的韧性。

金砖五国均是地区大国,幅员辽阔、地大物博、资源禀赋优越。巴西联邦共和国是拉丁美洲面积最大、人口最多的国家,是拉美地区的"领头羊",包括石油与矿产在内的自然资源十分丰富,拥有世界上最广泛的原始森林,而且是世界主要粮仓之一;俄罗斯国土面积居世界第一位,森林覆盖面积居世界第一位,自然资源种类多、储量大、在五国之中自给程度最高;印度是世界人口大国,第二大发展中大国,也是一个农业大国,可耕地面积约1.6亿公顷,占全球可耕地面积的约10%,还是全球十大矿藏国之一;南非位于非洲大陆最南端,印度洋与大西洋交界处,陆地与海洋地理战略位置十分重要,矿产资源储量位居世界前列,有"黄金之国"美誉,在非洲地缘政治综合影响力最为显著;中国是世界第二大经济体,是世界最大、综合实力最强的发展中国家。近年来,中国在经济、贸易、科技等各领域取得了举世瞩目的成就,国际地位不断提高,在国际事务中发挥的影响力不断增大。

金砖国家经济发展个性鲜明,各具优势。巴西拥有先进的生物燃料生产技术,在航天、新能源等方面占有优势;俄罗斯号称"能源帝国",在高科技、航空航天、生物技术等方面居领先地位;印度号称"世界办公室",在计算机应用软件等信息技术方面具有优势,且人力资源丰富,劳动力成本低,是世界服务外包产业最大的接包国;中国被称作"世界工厂",在制造业和基础设施建设方面具有丰富的经验,近年来在高铁、互联网技术、电子商务、数字经济等方面发展迅速;南非在冶金、机械制造等方面比较发达。

习近平曾经指出:"金砖国家就像5根手指,伸开来各有所长,攥起来就是一只拳头。"金砖国家在国际社会上的分量可以通过一系列数字呈现。商务部信息显示,2021年金砖国家对全球经济增长的贡献率达到50%,占世界国际直接投资(FDI)总量的40%,对国际贸易贡献度达到16%,金砖国家国内生产总值的总量占全世界的25%。世界银行的研究表明,在新兴市场国家的推动下,全球总体收入不平等现象两百年来首次出现缓解。根据中国发布的《金砖国家综合创新竞争力发展报告》,金砖国家高技术产品出口额大于全球总量的1/4。这些数据都告诉我们,金砖国家在整个国际体系中扮演着越来越重要的作用,它的分量越来越足。高盛公司预测,到2032年,金砖经济体的规模将与七国集团持平。金砖国家自然资源的特异性与经济结构的差异性为彼此优势互补创造了有利条件。五国不断增强政治互信,不断进行对话、交往、互鉴、合作,以及不断务实地促进政策立场协调、深化经贸合作、密切人文交流,形成了"三轮驱动"合作架构。因此,求同存异、共谋发展已经成为金砖合作的理念之基。金砖国家在平等包容、务实创新、互利共赢的基础上发展合作,并参与全球治理,逐渐成为全球规模效应最大、效果最好、示范效应最强的多边合作机制。

当今世界正处于百年未有之大变局。国际体系、国际秩序都面临着空前的挑战和压力。在2022年举行的二十国集团领导人第十七次峰会上,习近平主席再一次发出了"摒弃分歧,加强合作"的倡议。尤其期待广大发展中国家、新兴市场国家能够紧密团结起来,共克时艰,克服新冠疫情带来的诸多负面影响。金砖国家不仅是全球经济增长和全球治理改革的中坚力量,也是后疫情时代全球转型的重要驱动力量。

全球经贸体系、全球治理体系和国际关系体系等正在面临的深刻变化,世界比以往更加需要金砖国家发挥作用,通过务实合作,加强新工业革命伙伴关系,并与全球治理积极互动,推动国际秩序朝着更加公平合理的方向变革。这也需要学界、智库进行更深入地研究,贡献思想的力量。华侨大学与厦门金砖国家新工业革命伙伴关系创新基地开展合作,依托华侨大学国际关系学院金砖国家研究团队编撰此书,紧扣"新工业革命领域创新合作"、金砖机制"三轮驱动"合作架构等,从国别角度对金砖各国基本国情、经济和产业发展、智库合作及人文交流等进行了系统研究。一方面,紧密结合当前国际形势,对当下世界多重危机叠加、世界政治经济分裂化等趋势下金砖合作面临的挑战和机遇进行了系统分析,力求翔实地梳理金砖各国参与金砖合作的战略考量、各国的资源禀赋差异、总体产业环境、对新兴产业的布局、产业政策、优势产业、合作潜能，以及中国与金砖各国的经贸投资现状、智库合作和人文交流现状、金砖国家的政治互信和安全合作等，在此基础上作出金砖国家基本发展现状的总体判断，为金砖国家的务实合作提供客观合理的参照标准。另一方面，深度关注和分析当前金砖各国发展面临的若干重大政治、经济和社会议题，及其带来的一系列宏观政策调整和投资营商环境变化，具体评析了各国为提升国家竞争力在产业发展、科技创新等领域采取的具体措施及实施效果，并对金砖各国的一些重要的城市、经济技术园区及其创新发展能力、发展前景等进行了个案分析，在此基础上提出了政策思考，以供各界同仁共同交流探讨。

目　录

巴西篇

南非篇

巴西篇

第一章 巴西政治

一、巴西政治基本情况

巴西联邦共和国是拉丁美洲面积最大、人口最多的国家,面积851.04万平方公里,人口超过2.03亿,居世界第七位,同乌拉圭等十个国家接壤,首都巴西利亚。巴西以葡萄牙语为官方语言,约50%的居民信奉天主教,人种与文化比较多元。巴西的自然资源十分丰富,拥有世界上最广泛的原始森林,而且是世界主要粮仓之一。

巴西为联邦制国家,全国共辖26个州及1个联邦区,包括:阿克里、阿拉戈斯、亚马孙、阿马帕、巴伊亚、塞阿拉、圣埃斯皮里图、戈亚斯、马拉尼昂、马托格罗索、南马托格罗索、米纳斯吉拉斯、帕拉、帕拉伊巴、巴拉那、伯南布哥、皮奥伊、北里奥格朗德、南里奥格朗德、里约热内卢、朗多尼亚、罗赖马、圣卡塔琳娜、圣保罗、塞尔希培、托坎廷斯、巴西利亚联邦区。州下设市,全国共有5570个市。1988年宪法赋予联邦政府最高行政、立法和司法权力。

在行政方面,巴西实行总统制。1988年10月5日颁布的巴西历史上第八部宪法规定总统由直接选举产生,任期5年。1994年和1997年议会通过宪法修正案,将总统任期缩短为4年,总统和各州、市长均可连选连任一次。总统是国家元首,政府首脑,兼武装部队总司令。内阁为政府行政机构,内阁成员由总统任命。现任总统为路易斯·伊纳西奥·卢拉·达席尔瓦，2023年1月1日就任。

在立法方面，巴西国家立法机关为巴西国民议会，采用两院制——参议院、众议院。国会议员皆由国民直接选举产生。参议院有81个席次，26个州及1个联邦区各占3席。参议员任期为8年，每4年改选1/3或2/3席次。众议院有513个席次，每州占有的席次根据人口比例来分配，拥有最多人口的圣保罗州有70席，人口最少的州有8席。众议员任期4年，每4年全部重选。由于巴西国会议员经常变更所属党籍，导致各党席次发生变动。为遏制这种情势，巴西最高法院规定，如果议员变更党籍，其席位将自动失去。国民议会每年2月2日至7月27日及8月1日至12月22日在首都巴西利亚举行会议。

在司法方面，根据1988年宪法，联邦最高法院、联邦法院、高等司法法院、高等劳工法院、高等选举法院、高等军事法院和各州法院行使司法权。在法律上联邦法院体系和州法院体系互相独立，并且拥有各自的组织体系。其中联邦最高法院是全国最高司法机构。联邦最高法院由11名大法官组成，大法官必须是年龄在35岁以上、65岁以下的巴西公民，由总统提名，经参议院批准后任命。（以上信息截至2024年1月，据中华人民共和国外交部网站信息整理。）

二、巴西主要政党及其特点

巴西实行多党制，政党和小型政治团队多达几十个，在政治光谱上呈现从左翼到中间、再到极右的形态分布（请见图1-1）。这些政党和政治团体的观点和立场并不是一成不变的；相反，巴西政党经常为了眼前的政治利益而与意识形态相反的政党结成伙伴关系。

图1-1　巴西政党政治光谱

（一）巴西主要政党

1.民主党

民主党（英文：The Democrats；葡文：Democratas, DEM），巴西右翼政党。民主党成立于1985年，1985—1990年是巴西执政党。20世纪90年代起与中间派的巴西社会民主党结盟，支持社会民主党候选人参选总统，并整合巴西右派势力。1995—2002年是巴西中右翼执政联盟成员之一。2021年10月6日，民主党和另一右翼政党社会自由党合并成为巴西联盟党。

代表人物：安东尼奥·卡洛斯·马加良斯·尼图，1979年1月26日出生于萨尔瓦多，巴西知名律师和政治家。安东尼奥·卡洛斯·马加良斯·尼图现为民主党全国主席。安东尼奥·卡洛斯·马加良斯·尼图家族政治背景深厚，他是已故参议员安东尼奥·卡洛斯·马加良斯的孙子，安东尼奥·卡洛斯·马加良斯·儒尼奥尔的儿子，路易斯·埃德华多·马加良斯的侄子。安东尼奥·卡洛斯·马加良斯·尼图是巴西最传统政治家族之一的政治继承人。他于2012年当选为萨尔瓦多市长，2016年连任。

2.社会自由党

社会自由党（葡文：Partido Social Liberal, PSL），巴西右翼保守政党。该党成立于1994年，1998年在选举法院注册。2021年10月6日，该党与民主党合并成为巴西联盟党。

代表人物：雅伊尔·梅西亚斯·博索纳罗，曾任巴西总统。博索纳罗于2018年加入社会自由党，并在当年10月28日的总统选举中击败劳工党候选人费尔南多，以55.13%多数当选。博索纳罗奉行经济自由主义、民族主义、反共主义、右翼民粹主义和社会保守主义。2019年11月，博索纳罗退出社会自由党，另组新党巴西同盟并担任党主席。

代表人物：卢西亚诺·卡尔达斯·比瓦尔，1944年11月29日出生于累西腓，巴西政治家和商人。2006年总统选举，比瓦尔为社会自由党候选人，后担任该党主席。

3.巴西联盟党

巴西联盟党（葡文：União Brasil，UNIÃO）系由民主党和社会自由党合并而成。2021年10月6日，两党合并；2022年2月，最高选举法院（TSE）批准合并并允许新政党登记。巴西联盟党在众议院拥有最多成员。截至2022年2月，该党有超过108万名党员，为巴西第六大党。

代表人物：卢西亚诺·卡尔达斯·比瓦尔，社会自由党主席。两党合并后，比瓦尔担任新党主席，他是巴西资深政治家。1998年，比瓦尔被社会自由党选为伯南布哥州的联邦代表，并在1998—2018年的20年间一直担任该党主席。比瓦尔是宪法、司法和公民身份、财政和税收常设委员会以及联邦单一税（IUF）、国家民航局和补充养老金特别委员会成员。

4.社会民主党

社会民主党（葡文：Partido da Social Democracia Brasileira，PSDB），1988年由一批对巴西民主运动（MDB）不满而退出该党的人组成，属中间偏右政党。1994年与右派的自由阵线党结盟，成为中间偏右联盟的第一大党。1995—2002年执政，时任总统为该党成员费尔南多·恩里克·卡多佐。之后，该党作为巴西最大反对党，代表右翼联盟参加2002、2006、2010和2014年总统选举，但都败给了左翼和民主社会主义的劳工党。

代表人物：费尔南多·恩里克·卡多佐，1995年1月1日—2002年12月31日担任巴西总统。2002年总统选举中，卡多佐支持的候选人若瑟·赛哈得票率大不如前，最终卷土重来（第四次竞选）的卢拉在第二轮投票中获胜，巴西迎来左派总统时代。卡多佐结束8年执政，也结束了右派的长期统治。

5.巴西同盟

巴西同盟（英文：Alliance for Brazil；葡文：Aliança Pelo Brasil，ALIANÇA），系极右翼政治团体。2019年11月12日，巴西总统博索纳罗宣布退出社会自由党后组建。博索纳罗认为，巴西同盟是一个保守党，它尊重所有宗教，支持家庭价值观，支持自卫权、拥有枪支的权利、与全世界的自由贸易,没有任何意识形态议程。

代表人物:雅伊尔·梅西亚斯·博索纳罗,曾任巴西总统。

6. 劳工党

劳工党(葡文:Partido dos Trabalhadores,PT),巴西左翼政党,成立于1980年。2002年议会选举后,劳工党以历史上最高支持率首次成为众议院和参议院第一大党。2003年1月1日至2016年8月31日,劳工党与其他几个政党组成联合政府执政。前总统卢拉是劳工党最有名的成员,他的继任者迪尔玛·罗塞夫也来自劳工党。

代表人物:路易斯·伊纳西奥·卢拉·达席尔瓦,2003年1月1日至2010年12月31日曾担任总统。卸任后,卢拉卷入巴西石油公司贪腐案。2017年7月12日,卢拉被判定受贿罪名成立,入狱9年半,但法官批准保释等候上诉。最终,2021年4月15日,巴西最高法院多数法官确认废止有罪判决的决定。2023年再次当选国家总统。

代表人物:迪尔玛·罗塞夫,卢拉的继任者,于2011年1月1日至2016年8月31日担任巴西总统。2016年8月31日,巴西参议院以61票支持、20票反对的结果,正式通过对总统罗塞夫的弹劾案。罗塞夫是巴西自1992年第二位被弹劾下台的总统。

7. 社会党

社会党(葡文:Partido Socialista Brasileiro,PSB)创建于1947年,秉持社会民主主义理念。军政府统治期间曾被当局废除,1985年得以重建。社会党曾一度辉煌,2010年巴西全国州长中有6人系该党成员,整体实力仅次于巴西民主运动党和社会民主党。2003—2016年左翼政党劳工党执政期间,意识形态相近的社会党原是中间偏左选举联盟成员,但2014年转为反对党。巴西社会党主张低通胀、高增长、高福利保障与可持续发展政策,支持商业发展。

8. 巴西工党

巴西工党(葡文:Partido Trabalhista Brasileiro,PTB)成立于1945年,原

名民主劳动党。虽然名为"工党",但巴西工党现在实际上是一个右翼至极右翼政党。该党曾表现出对博索纳罗政府的大力支持,还从更右翼的角度提出政策。

9. 巴西民主运动

巴西民主运动(葡文:Movimento Democrático Brasileiro,MDB),1965年12月4日成立。在军事独裁时期[①],巴西民主运动是当时巴西境内仅有的两个政党之一,另一个是时为执政党的国家革新联盟。国家革新联盟是军政府控制的执政党,因此民主运动党实际上是军政府唯一容许存在的反对党。1979年有限度开放党禁以后,巴西民主运动规模开始扩大。1981年6月30日改组成为巴西民主运动党(Partido do Movimento Democrático Brasileiro,PMDB),此名称延续至2017年。1985年军政府统治结束,巴西民主运动首次执政。2018年大选前,巴西民主运动为巴西国会第一大党,领导中间偏右的执政联盟。

10. 自由党

自由党(葡文:Partido Liberal,PL)是巴西右翼至极右翼政党。该党成立于2006年,最初名为共和国党(葡文:Partido da República,PR)。2019年更名为自由党。雅伊尔·梅西亚斯·博索纳罗和足球巨星罗马里奥·德·索萨·法利亚都是该党党员。[②]

11. 民主工党

民主工党(葡文:Partido Democrático Trabalhista,PDT)成立于1979年6月17日,基本意识形态是社会民主主义、劳工主义,政治立场为中间偏左。民主工党总部位于里约热内卢。该党是社会党国际和圣保罗论坛的成员。

---

① 1964年3月,亲美的巴西反对派策动了军事政变,推翻了古拉特文人政府,陆军参谋长、元帅卡斯特洛·布兰科随之担任新总统。自此,军政府开始了对巴西长达21年的独裁统治。

② 博索纳罗既领导巴西同盟,也是自由党成员。

(二)巴西政党政治特点

第一,跨意识形态的执政联盟难以维持长久政治稳定。巴西有30多个政党,大多数政党没有清晰的意识形态,而是根据时局需要创建或消亡,政客更换党派的情况非常常见。巴西政党时常处于流动状态。例如2018年大选中,巴西全国共有30个不同的政党在国会中获得席次,其中最主要的几个政党为:劳工党、民主运动、社会民主党、社会自由党、民主党、巴西社会党,等等(请见表1-1)。在有如此多的大小党派并立的政治生态下,巴西选举时会经常出现由两大政党领导的政治联盟,各联盟推派一位总统候选人参与竞选,获胜的政党不得不与其他政党联盟才能执政。自1985年巴西再民主化以来,各执政党无一例外采取的都是多党联合执政的做法。多党联合执政有两个结果:积极方面,在政治经济局面向好时期,联合执政的模式能够形成行政和立法的有效联动,进而提高联邦政府的治理效率;消极方面,多党联合执政无疑会增加执政联盟的管理难度,特别是一旦经济形势不佳,执政联盟就存在涣散甚至瓦解的可能,造成巴西政坛经常发生震荡,这在1992年和2016年的两起弹劾案中得到了充分体现。

表1-1 巴西政党国会席位

政党	参议院	众议院
劳工党	6	23
社会自由党	2	53
进步党	7	41
巴西民主运动	15	33
民主社会党	11	35
自由党	4	41
社会党	0	31
共和党	1	32
社会民主党	7	32
民主党	6	27
民主工党	3	25
团结党	0	14
"我们能"党	9	10

政党	参议院	众议院
其他党派	10	85
总计	81	512

第二，立法系统（国会）与行政系统（总统）双雄并立局面。巴西前总统特梅尔所领导的民主运动是巴西政坛传统大党，是1964—1985年军政府统治期间仅存的合法反对党。该党内部派系众多，实力强劲，是参、众两院第一大党。1985年恢复民主体制以来，各界政府都尽力争取该党支持。尽管实力强大到可以掌控议会，但民主运动从未提出本党候选人参加总统角逐。特梅尔当上总统的背景是，时任总统罗塞夫遭到弹劾，总统一职由副总统特梅尔继任。在特梅尔就任总统前，巴西政治呈现劳工党总统领导行政系统、民主运动控制国会的双雄并立格局。民主运动在掌控国会的背景下未推举人选角逐总统之位的原因是，这个被称为"巴士政党"（意即谁都可以加入的政党）的党派内部缺乏凝聚力。

第三，回到过去：保守主义浪潮再起。巴西素有保守主义传统，在葡萄牙殖民统治长达300多年后的1822年，葡萄牙王子宣布巴西脱离葡萄牙统治，"巴西帝国"诞生。巴西在建国伊始便强调法团主义①，而国家权威、保守主义始终也是巴西精英阶层既得利益团体的主要政治意识形态。1836年，巴西建立第一个保守党派。此后，保守主义在巴西政治发展过程中从未缺席，并在大部分时间里占据政治主导地位。2013年以来，保守主义在巴西大行其道。现任总统博索纳罗正是利用国会联席的力量而非单个党派的力量实现了保守主义阵营重塑。保守主义倡导重归秩序、打击腐败、严惩犯罪、整治经济、重视传统道德与价值，这样的政治理念对巴西民众产生了很大吸引力。巴西总统之位或许会再次短暂落到左翼政党之手，但整

---

① 法团主义（Corporatism，又译社团主义）是一种历史上的政治体制，特点是立法的权力交给了由产业、农业和职业团体所派遣的代表。法团主义与多元论相对，容易产生精英政治。

体来看右翼保守主义思潮在巴西的影响越来越大。

三、1990年以来的巴西总统

自1985年结束军事独裁并恢复民主之后，截至2022年巴西共历经7位总统：德梅洛、佛朗哥、卡多佐、卢卡、罗塞夫、特梅尔、博索纳罗。其中，有半数遭到弹劾或在弹劾前辞职。政治上的不稳定不可避免地影响了巴西经济发展。近十年来，巴西人均国内生产总值整体呈下降趋势。2021年人均国内生产总值竟然缩水到十年前人均国内生产总值的60%。

经由巴西国民直选而产生的巴西第一位总统是在1990年3月上任的费尔南多·阿方索·科洛尔·德梅洛。当时，巴西经济"双高"——高通货膨胀率、高负债，状况非常之差。德梅洛上任后，开始新一轮新自由主义改革。所谓新自由主义，指的是"华盛顿共识"，主张减少政府干预、促进私有化、市场化和自由化。巴西关税从1990年的平均32%降低到1994年的平均14%。政府实施国企快速私有化，回收了近800亿雷亚尔债务，但净公债从1994年的670亿雷亚尔反而激增到1999年的5500亿雷亚尔，外债则从1993年的1580亿美元激增到1999年的4300亿美元。在"华盛顿共识"的猛烈作用下，巴西经济基本停滞。因此从1999年开始，巴西政府不得不抛弃新自由主义政策。总的来看，德梅洛新自由主义改革是失败的，其本人也受到贪腐指控。在参议院正式进行弹劾罢免前，德梅洛辞职。他被禁止参政8年，2002年复出，2006年当选参议员，2014年连任。

伊塔马尔·佛朗哥是德梅洛的副总统，后者被迫辞职后，由他代理总统职务，执政至1994年12月31日。佛朗哥任内推行一个名为"真正计划"的项目，结束了失控的通货膨胀，成功稳定了巴西经济。佛朗哥于2011年去世。

1995年1月1日至2002年12月31日担任巴西总统的是费尔南多·恩里克·卡多佐。卡多佐曾在佛朗哥政府担任外交部长和财政部长。在担任财政部长期间，1994年卡多佐实施调整经济结构的"雷亚尔"计划，成功遏制住了当时超高的通货膨胀,卡多佐因此获得了参选总统的威望。卡多佐虽然属于中间偏右政党巴西社会民主党成员,是右派政治人物,但他支持"第三条道路"①和新自由主义,亦主张加强与第三世界的外交关系。美国《新闻周刊》将卡多佐评为"1997年拉丁美洲人物"。1998年胜选连任后,卡多佐改组社会民主党,使该党更向右转;此外,进一步推行亲市场经济的新自由主义政策。2002年大选中,卡多佐支持的候选人不敌对手左翼人物卢拉,后者成为首位左派总统。卡多佐时代结束,多年右翼政党统治也告终结。

路易斯·伊纳西奥·卢拉·达席尔瓦出身贫寒,凭借工人运动经验与工人领袖身份,分别于1989年、1994年和1998年三次参加总统竞选,均落败。在第四次挑战中,卢拉改变竞选策略,由极端左派的主张转而向市场靠拢的右派,终于赢得2002年大选,连任两届巴西总统,在职时间为2003年1月1日至2010年12月31日。卢拉是巴西历史上第一位通过选举取得政权的左派总统。上任后,卢拉推行温和的社会经济改革路线,为巴西底层民众做了许多努力,增加社会福利,例如推出扶贫政策——"零饥饿"计划,直接补助贫困家庭每月50雷亚尔购买食物。卢拉也继承了过去社会民主党政府部分新自由主义经济政策。卢拉在职期间巴西社会结构发生改变,中产阶级占比超过50%,贫富差距稍微缩小。美国高盛公司把巴西列入"金砖四国"成员,在一定程度上可以看作对卢拉政绩的肯定。卸任之际,卢拉仍拥有高达87%的支持率。然而,卢拉在2016年因"巴西石油公司贪腐案"被联邦检察院以贪腐与洗钱等罪名起诉,并在2018年时入狱服刑,最后以8年10个月的有期徒刑结案。卢拉成为又一个下场不体面的总统。

同属劳工党的迪尔玛·罗塞夫接替卢拉,于2011年1月1日至2016年

---

① 第三条道路(Third Way)又称新中间路线(Middle Way),是一种走在自由放任资本主义和传统社会主义中间的一种政治经济理念的概称。它的中心思想是既不主张纯粹的自由市场,也不主张纯粹的社会主义,而是主张在两者之间取折衷方案。

8月31日担任巴西总统。罗塞夫是巴西首位女总统。罗塞夫在卢拉政府内担任总统府幕僚长,是卢拉的得力助手,卢拉的许多政策都是交由罗塞夫来执行的。在罗塞夫第一个任期内的2013年6月,巴西主要城市爆发大规模抗议示威游行,民众抗议政府上调公共汽车票价格、反对政府在世界杯工程上的巨大开支,要求打击贪污腐败、改善医疗、教育等社会福利。2014年大选罗塞夫虽成功连任,但仅以3.2%的微弱优势击败对手。2016年4月17日,巴西众议院513名议员中,367名议员(超过总数的三分之二)针对弹劾罗塞夫的议案投了赞成票。5月12日,巴西参议院大比数通过并正式启动弹劾罗塞夫的程序,罗塞夫被停职半年,总统之职由副总统代理。8月31日,巴西参议院以61票支持、20票反对的比数,正式通过对总统罗塞夫的弹劾案,罗塞夫因此成为自1992年第二位被弹劾下台的总统,也是世界上第一位被弹劾下台的女总统。

接替罗塞夫的是她的副总统米歇尔·米格尔·埃利亚斯·特梅尔·卢利亚。上台后不久,特梅尔被曝斥资40万美元为其专机订购了大量昂贵食物,被指不谙民间疾苦。2018年12月31日,特梅尔卸任。

雅伊尔·梅西亚斯·博索纳罗在2018年10月总统选举中获胜,巴西回归右派统治。博索纳罗极具争议,被称为"巴西特朗普""热带特朗普"。博索纳罗的许多主张与巴西传统价值观相冲突。比如在治安方面,博索纳罗主张以暴制暴,用放松枪支管制的方式来解决社会治安问题。博索纳罗的很多言论如"反同性恋""反非裔族群""歧视女性""反对堕胎"等也引发了争议。博索纳罗支持开发亚马孙雨林以增加耕地面积,导致雨林加速萎缩以及火灾频发,其上任首年发生的亚马逊大火更是引发国际社会广泛关注。博索纳罗崇敬美国总统特朗普,在选战中提出"巴西优先"和"让巴西再次伟大"等口号。博索纳罗追随特朗普的反华政策,在公开场合叫嚣"中国不是在巴西采购,他们是在采购巴西",甚至形容中国是"掠夺者",多次发表反对中国投资的言论。但在2019年下半年,博索纳罗改变态度,主张加强巴中双边贸易。2019年10月24日博索纳罗抵达中国,访华期间两国发表《中华人民共和国和巴西联邦共和国联合声明》,"强调继续在平等、尊重、互利的基础上加强和深化中巴全面战略伙伴关系"。11月13—14日金砖国家领导人第十一次会晤在巴西伊塔马拉蒂宫举行,博索纳罗在峰会期间表示,"未来中国在巴西的地位将越来越重要"。博索纳罗向媒体宣布,巴西已与中国签署政经贸易、卫生、文化等九项备忘录,扩大双边贸易并实现贸易多元化。然而,博索纳罗对华友好之情很快消散。2020年初疫情全球大爆发后,博索纳罗对中国的态度明显倒退。2020年11月17日金砖国家第十二次峰会召开之际,博索纳罗表示,"在后疫情时代,为了全球繁荣,巴西将为自由、透明和安全的国际体系而努力。为此,捍卫民主和捍卫国家主权至关重要"。博索纳罗这番言论与特朗普的完全相同,巴西与美国一起称"中国引发全球疫情扩散"并且要求中国对各国负责。不过,特朗普下台后,博索纳罗的对华态度又立刻改变,从讨好美国变成示好中国,对华嚣张气焰彻底熄灭了。博索纳罗在中巴疫苗谈判中表示,巴西需要中国,中国也需要巴西,"希望中方能够不计前嫌帮助巴西"。

四、2022年巴西大选

2022年10月30日,巴西总统选举结果尘埃落定。卢拉获得50.87%的选票,博索纳罗获得了49.13%的选票。

选战开始以来,局势呈三足鼎立。博索纳罗是一股势力,由自由党和民主党合并而成的巴西联盟党是另一大势力,而第三势力则是前任总统卢拉。

1. 博索纳罗的国际盘与国内盘

博索纳罗系军人出身,在从政33年时间里更换过8个党派。2018年大选前,博索纳罗为争取国内福音教派宗教团体的支持,加入右翼政党社会自由党并成功当选。但由于党内纠纷,博索纳罗于2019年11月退出社会自由党,一度成为无党派人士。在疫情、经济和司法追责三重压力之下,博索纳罗放弃对无党派人士的执着,尝试建立自己的政党,一个名为巴西同盟的极右翼政治团体由此诞生。博索纳罗将其定义为尊重所有宗教、支持家庭价值观的保守党。但是，刚成立的小党派自不必提，就连民主运动这样掌控国会的巴西政坛传统大党都难以推举自己的候选人。因此，博索纳罗在竞选连任路上不得不依靠意识形态更为接近的大党、至少是比"巴西联盟"更大的党。2021年11月8日，巴西自由党主席瓦尔德马尔·科斯塔表示，博索纳罗将加入自由党，并以自由党总统候选人的身份角逐2022年总统选举。博索纳罗对这一消息进行了确认，并表示"与自由党的谈判已经完成了99%"。自由党是博索纳罗加入的第9个党派。巴西自由党成立于2006年10月26日，初期为中间偏右至右翼，后发展成右翼至极右翼政党。如今，自由党在参议院81个席位中占有4席，在众议院513个席位中占有43席。从体量上看，自由党是一个具备一定政治实力的中型政党。从立场上看，自由党属于右翼至极右翼党派，与博索纳罗的政治理念总体一致。博索纳罗加入自由党，便于其继续争取介于左翼和极右翼之间的中间派的支持。

在争取国际社会支持方面，博索纳罗明显不敌卢拉。例如，法国总统埃马纽埃尔·马克龙（2022年4月当选连任）明确支持卢拉，和博索纳罗之间的关系却非常紧张。巴西的环境政策和2019年亚马孙地区大火曾遭到马克龙批评。博索纳罗认为，马克龙的言论是对亚马孙主权的威胁，法国总统必须"收回对他和巴西的侮辱"，他才会考虑接受七国集团提供的用于援助亚马孙大火的2000万美元援助金。博索纳罗曾经嘲讽法国第一夫人的外貌，引发他与马克龙之间"唇枪舌剑"。马克龙批评这种言论"极其不尊重人"，对于巴西人民来说是一种悲哀。

博索纳罗自诩，自他的政府2019年1月执政以来，没有发生一起腐败案件；巴西拥有一位"相信上帝、尊重军队、注重家庭，并忠于人民的总统"①。然而,博索纳罗争取连任的最大障碍恰恰是他不堪的政绩。2020年1—8月,亚马孙地区的森林砍伐增加9.5%,创过去12年纪录,森林损失面积比牙买加还要大。尤其是博索纳罗对抗击疫情的漠视和连续失策,致使其支持率一跌再跌。对外政策方面一味追随美国也并未得到预期的好处。总的来看,博索纳罗的国内支持盘与国际支持盘都不稳固。最终,博索纳罗输给了卢拉。

2.巴西联盟党实力稳健

2021年10月6日,博索纳罗所属的巴西社会自由党和民主党合并,成立名为巴西联盟党的新政党。2022年2月,最高选举法院批准合并并允许新政党登记。巴西联盟党在全国拥有超过108万名党员;在众议院513个席位中占有82席,超过左翼的劳工党,成为众议院最大党派;在参议院,巴西联盟党席位数排名第4,参议院议长帕切科也属于这一新政党。作为国会中的最大党派,巴西联盟党能够获得巴西2022年总统选举基金的1/6。

3.卢拉东山再起

卢拉是巴西著名左翼政治家,曾于2003—2010年担任两届总统。卸任后,卢拉卷入贪腐案。2021年,法官撤销了对卢拉的指控,为他再次参选铺平了道路。为了造势,2021年11月,卢拉前往欧洲游说,得到了前欧洲议会议长马丁·舒尔茨(德国社会民主党要员)的支持。欧洲政坛左翼人物,包括德国总理奥拉夫·朔尔茨、法国总统马克龙和前总统奥朗德、西班牙前首相萨帕特罗都看好卢拉东山再起。除了获得欧洲左翼势力的支持,近两年来拉丁美洲和加勒比地区政坛再度呈现的"左升右降"的态势也有利于卢拉回归宝座。在阿根廷、智利、玻利维亚这些巴西的邻国,左翼力量纷纷上台执政。这种地区性的形势变化,毫无疑问会对巴西总统选举产生影响。

---

①《巴西总统博索纳罗试图在联大展示"一个与媒体报道所不同的巴西"》,联合国新闻网,https://news.un.org/zh/story/2021/09/1091412。

截至2022年6月5日,卢拉保持着较高的支持率。民调机构FSB研究所于3月18—20日期间电话采访了2000名选民,其中61%表示不赞成博索纳罗治理巴西的方式,只有34%表示赞成。调查结果显示,如果选举在3月21日(星期一)举行,卢拉将以43%对29%的得票率赢得第一轮投票。[①]5月11日民调显示,在第一轮投票中卢拉的支持率扩大到46%,博索纳罗的支持率维持不变;5月25日民调再次显示,卢拉与博索纳罗的支持率变为48%对27%,前者相对于后者的优势进一步扩大。特别是一直参与竞争的前圣保罗州州长多里亚于5月23日宣布退出,此前支持他的票将主要流向卢拉。10月2日,巴西大选首轮投票,卢拉获得最多选票,得票率为48.43%,博索纳罗排名第二,得票率为43.2%。因第一轮投票中没有候选人得票数过半,得票最多的两人进入次轮投票。10月30日第二轮投票,卢拉击败博索纳罗,当选总统。

---

① Brazil's ex-president Lula holds lead over Bolsonaro: Poll, 2022-3-21, https://www.al-jazeera.com/news/2022/3/21/brazils-ex-president-lula-holds-lead-over-bolsonaro-poll.

第二章　巴西外交

　　巴西是一个区域性的中等大国，名义国内生产总值排名世界第12位，购买力平均国内生产总值排名第8位，被世界银行认为是世界上中等经济收入体和新兴工业化国家。由于其地域、人口和经济规模，巴西在南美大陆与拉丁美洲的政治与经济方面占据举足轻重的地位，是全球政治与经济关系中的重要角色与积极参与者。截至2022年5月31日，巴西同192个国家建有外交关系。巴西是联合国、世界贸易组织、美洲国家组织、拉美和加勒比国家共同体、葡萄牙语国家共同体、南方共同市场等国际和地区组织以及金砖国家、二十国集团、七十七国集团等多边机制成员国，不结盟运动观察员。

　　巴西的对外关系与外交政策以《联邦宪法》第四条为依据，将不干涉他国内政、国家和民族自决、国际合作与和平解决冲突确立为巴西与其他国家和多边组织关系的指导原则。巴西宪法规定，总统对外交政策拥有最终决定权，而国会负责审查和考虑所有外交官员提名和国际条约签署，以及在对外关系与外交政策方面的立法。巴西外交部是向总统提供外交政策建议并处理巴西与其他国家和国际机构的联邦政府部门，外交政策的优先事项由总统决定，其职责范围包括政治、商业、经济、金融、贸易和对外文化交流以及领事关系，保护和维护巴西侨民在海外的安全与利益。巴西主张加强联合国作用，积极推动联合国安理会改革，全力争当安理会常任理事国。巴西外交主要方向为：拉美、美国、欧盟、亚洲、金砖（新兴国家）。

作为一个区域性大国,巴西外交政策的主要目标在于保护巴西的国家利益、国家安全、意识形态目标和经济繁荣,同时发挥其地区大国和潜在世界大国的作用,扩大巴西在全球的影响力。美国外交关系委员会在分析巴西的全球雄心时指出:"作为拉丁美洲最大和最有影响力的国家,巴西长期以来一直在该地区发挥领导作用,将其经济和外交力量投入半球一体化的努力中。它还越来越多的在世界舞台上为发展中国家寻求更大发言权。"[1]

一、南美大本营:高度重视南方共同市场

南方共同市场(英文:South American Common Market;葡文:Mercado Comum do Sul,简称"南共市")是巴西、阿根廷、乌拉圭、委内瑞拉[2]和巴拉圭五个南美洲国家的区域性贸易协定,1991年3月签署协定,1995年1月南方共同市场正式启动。南共市旨在促进自由贸易及资本、劳动、商品的自由流通。南共市是南美地区最大的经济一体化组织,也是世界上第一个完全由发展中国家组成的共同市场。

巴西将发展同南美国家关系置于外交政策优先位置,一贯推动南方共同市场提高自贸水平,主张拉美国家自主解决地区事务。成立30多年来,南共市面临着不少问题。面对美洲自由贸易区可能带来的挑战和域外新兴经济体在拉美地区日益增长的投资,南共市于2000年初通过32/00号决议,重新强调各成员国必须共同进行对外贸易谈判。但2008年金融危机后,南共市制度设计落后的一面开始凸显,各成员国经济停滞,在全球价值链、产业链中处于孤立,加之新自由主义思想回潮,开放性需求在集团内部逐渐产生。各成员国间最大分歧点在于共同关税和灵活化问题。根据南共市章程,在实施共同对外关税和与该组织外国家签署自由贸易协定等问

---

[1] Diana Roy, "Brazil's global ambitions", *Council on Foreign Relations*, September 19, 2022.

[2] 委内瑞拉2017年被终止南方共同市场成员国资格。

题上，必须遵循所有成员一致同意原则。虽然该组织成员数量屈指可数，但达成一致同意相当困难。巴西和乌拉圭坚持认为应将所有产品关税统一下调20%并分两个阶段实施，巴拉圭对此表示支持；阿根廷则主张对不同产品分类别、分级减税。阿根廷给南共市关税改革造成了不小阻碍。2021年以来，巴西和乌拉圭两国政府多次敦促阿根廷政府，如果后者不能在南共市共同关税与开放自贸谈判问题上持积极协商态度，就应退出南共市，从而引发三国关系紧张和南共市可能解体的"史无前例的重大危机"。经过协商，巴西和阿根廷两国外长于2021年10月8日发表联合声明宣布：巴阿两国政府就下调该组织共同对外关税10%达成一致。南共市内部两个大国之间的危机暂时得到化解，但最终关税共识还需征询乌拉圭和巴拉圭的意见，再经南共市议会审议表决。

巴西身为南美大国，非常重视自己在南美大本营的地位塑造和巩固。作为南美地区经济一体化的最大组织，南方共同市场为巴西推行外交政策提供了一个相当好的平台。在巴西的推动下，南共市除了自身不断朝一体化发展外，还被用来促进整个南美地区的内部合作。例如，南方共同市场与同在南美的"安第斯共同体"签订自由贸易协定，互相降低关税；与中南美洲国家签订各项贸易协议。南共市还将目光由南美瞄向世界，与中国、欧盟、日本、俄罗斯和韩国等国家和国际组织建立了合作机制。不过，巴西在推动以南方共同市场为代表的南美一体化过程中，也遇到了阻力，除了要弥合内部成员分歧，还要时时提防国际霸权从中作梗——美国推行"美洲自由贸易区"，利用"分而治之"的策略分散中南美洲、南美洲的力量。

二、博索纳罗任期内的巴西—美国关系及巴美俄三角

巴西高度重视与美国的关系，前任总统博索纳罗与美国前总统特朗普有着两年任期重合（2019年1月至2021年1月）。博索纳罗在巴西的崛起与特朗普在美国的情形如出一辙，二人的执政理念及风格具有高度一致性。自始至终，可以说博索纳罗都是特朗普的拥趸。博索纳罗胜选后，特

朗普在第一时间向他表示祝贺；博索纳罗也从不吝啬对其偶像特朗普的崇拜和夸赞。博索纳罗和特朗普两人在意识形态领域的高度一致以及他们之间的惺惺相惜、互相欣赏为巴美意识形态走近提供了有力支撑。在二人任期重合期间，巴美关系进入蜜月期。巴美蜜月期的主要特征是巴西获得美国给予的"非北约主要盟国"地位。博索纳罗上任后不久就赴美访问。2019年3月19日，特朗普在会见到访的博索纳罗时表示，美国有意给予巴西"非北约主要盟国"地位。7月31日，特朗普确认巴西为美国的"非北约主要盟国"。巴西至此成为继阿根廷之后第二个获得该地位的南美洲国家。"非北约主要盟国"是美国政府给予不属于北约组织、但与美国军方有战略合作关系盟国的定位，这一定位并不自动包括共同防卫条款，但为这些国家提供美国本不与非北约盟国开展的军事与财政合作，方便他们购买美国制造的武器和军事设备。随即，2020年3月8日，巴美两国代表在美国迈阿密签署《研究、开发、测试和评估协议》，博索纳罗出席仪式。这份协议旨在提高两国军事能力及实施国防领域联合项目。美军南方司令部司令克雷格·法勒称，该协议有助于在地区层面应对委内瑞拉危机等威胁。此外，该协议也有助于为巴西军工业打开世界最大军火市场的大门。

拜登上台后巴美关系逐渐变冷，蜜月期结束。拜登历来不支持博索纳罗的政策。2020年美国总统选战期间，拜登在与特朗普的辩论过程中批评巴西在亚马孙地区的森林砍伐行为。拜登表示，他将立即开始组织世界各地为亚马孙提供200亿美元，迫使巴西不再烧毁亚马孙。"请停止破坏森林。如果不停止下去，巴西将面临重大经济制裁。"对于拜登的声明，博索纳罗将其描述为"不幸、灾难性"，并在自己的社交媒体账号上发文批评拜登。

拜登奉行多边主义，重视与盟友的关系，与特朗普倡导的单边主义和保护主义完全不同。拜登和特朗普在气候变化、人权、民主及移民等很多问题上立场针锋相对。博索纳罗的理念接近特朗普，自然会与拜登发生龃龉。拜登上台对巴西而言，不仅意味着美国政府更替带来的惯常政策调整，更预示着美巴关系中矛盾分歧的一面将显著上升。

博索纳罗与美国的关系变僵，但与俄罗斯的关系却热络起来。巴俄贸易额并不高，2021年只有72.9亿美元。然而，在俄罗斯对巴西的出口中，化肥约占60%的额度，这对巴西这样的农业大国和农产品出口大国来说至关重要。2022年初，美国向巴西施压，希望博索纳罗取消访俄行程，而巴西方面认为总统此行主要是为了推动巴俄经贸关系。博索纳罗顶住美国的压力，坚持于2月15日到访莫斯科。博索纳罗不认为访俄就是在北约和俄罗斯之间选边站。英国《卫报》将巴西总统在敏感时刻访问克里姆林宫解读为，博索纳罗试图向外界表达一种"这位在国际上孤立的巴西领导人仍然拥有强大的外国朋友"的观点。

三、南共市—欧盟框架内的巴西—欧盟合作

历史上曾作为葡萄牙殖民地的巴西与欧洲有着千丝万缕的联系。巴西非常看重与欧洲国家间的经济合作，多年来一直努力携同阿根廷等邻国与欧盟达成协议。南方共同市场与欧盟早在20年多前就开始了有关自由贸易协定的谈判，但进程十分缓慢。2017年1月特朗普就任美国总统后奉行贸易保护主义政策，在此背景下南共市与欧盟加速了自贸协定谈判。欧盟是南共市最大的贸易和投资伙伴，也是与其商品贸易往来的第二大经济体。双方发展经济合作具有广阔而深厚的基础。

欧盟和南方共同市场4个成员国的贸易谈判始于2000年，前后经历了至少39个回合。经过漫长的谈判历程，2019年6月28日，欧盟与南共市终于达成一项自由贸易协定，这将创造一个拥有7.5亿人口的巨大市场。该协定涵盖政府采购、贸易便利化、卫生检验检疫以及知识产权等多领域内容。协定生效后，南共市国家出口欧盟的部分农产品关税将被取消，出口商有望增加肉类、糖和乙醇等产品对欧盟的出口。同时，协定生效后，欧盟对南共市大部分出口产品的关税也将被取消，这有助于促进欧盟工业产品出口。时任欧盟委员会主席容克表示，在国际贸易紧张局势下，该协定表明欧盟支持"以规则为基础的国际贸易体系"。

受疫情影响，2020年，除中国外，巴西对主要贸易伙伴出口均显著下滑，其中对欧盟下滑7.8%。但这并非常态，在南共市—欧盟框架内，巴西与欧盟的经贸关系在疫情之后定会反弹。巴西更主要的困境是，欧洲对博索纳罗政府不信任，对巴西缺乏保护亚马孙雨林的承诺感到担忧，因此推迟了批准欧盟—南共市贸易协定。

四、《国家经济和社会发展战略》指导下的巴西对华整体战略

1974年8月15日，中国与巴西建立外交关系。1993年，两国建立战略伙伴关系。2012年，中巴关系提升为全面战略伙伴关系。

巴西联邦政府于2018年发布了2020—2031年《国家经济和社会发展战略》，并于2020年1月对其进行了修订和整合。在《国家经济和社会发展战略》所考虑的大趋势中，很多与中国有直接联系，比如："全球经济增长将继续依托于新兴国家；全球粮食需求将持续扩大；随着亚洲经济和地缘政治重要性的增长，世界将更加多极化和全球化；全球能源需求将继续增长。"在其他许多方面，巴西也认为中国将带来巨大贡献，例如，"可再生能源将更具竞争力，并且会在能源构成中占据更重要的地位；信息和通信技术将重新定义工作的性质，并且改变生产、教育、人际关系和娱乐休闲的方式；多学科技术的发展速度将越来越快，技术应用的综合性越来越高；对水资源的需求将越来越大；可持续发展模式的压力将越来越大；生物技术和生物经济也将持续发展深化"。

中巴关系具有坚实的经济基础。2020年11月26日，巴西副总统莫朗表示，巴西虽然拥有丰富的自然资源，但在合理利用方面做得还很不足。在绿色经济发展模式框架下，巴中两国可以通过重组生产链、增加农业贸易中数字化程度等方式来加强合作。2010—2020年间，中国投资者在巴西投资了657亿美元（约合3422亿雷亚尔），其中3/4投资于能源行业，特别是电力。至2022年，中国连续第13年成为巴西第一大贸易伙伴。2021年，中巴双边贸易额达1353.47亿美元，再创历史新高，同比大幅增长32%。

其中，巴对华出口额876.96亿美元，占巴出口总额比重31.28%，同比增长28%；自华进口额476.51亿美元，占巴进口总额比重21.72%，同比增长36.7%；巴对华贸易实现顺差400.45亿美元，较2020年同期增长21.3%，占巴总顺差比重高达65.6%。

中国与巴西在国际事务上也有着共同而广泛的利益。中巴均一贯坚持《联合国宪章》宗旨和原则，认为联合国在国际事务中发挥重要作用。中巴两国支持对联合国进行全面改革，包括优先增加发展中国家在安理会的代表性。在应对全球气候变暖议题上，中国和巴西作为世界上两个领土面积排名前列的国家都应肩负起相应的责任。近两三年来，博索纳罗在中国和美国之间飘忽不定，中巴关系在一定程度上受到损害。博索纳罗逐渐认识到，巴西不必在中国或美国之间只选一个。选边站对巴西没有任何好处。中美贸易摩擦之际，巴西却成了受益国。在中国买进农产品来源国的名单上，巴西一举超越了美国。博索纳罗随后修正言论，期望在最大程度上扩大与中国的商业往来。概而观之，博索纳罗即使在大方向上追随特朗普的对华政策，但偶尔也显现出较为中立的态度。

第三章　巴西对华政策及与中国的双边关系

巴西是中国在南美洲/拉丁美洲最重要的经济与政治伙伴,是金砖国家新兴大国集团的主要创始者、参与者与贡献者。全面研究和认识巴西的对外政策,特别是了解巴西的对华政策与巴中关系的发展,对中国努力维护和发展与巴西的伙伴关系,深入推动金砖国家合作,推进新工业革命伙伴关系意义重大。

一、巴西对华政策及目标

巴西历来追求自主独立的外交政策,根据自己的国家利益探索政治和经济发展道路,但其外交政策也不断受到全球秩序中相互依存关系与变动局势的影响。现代几乎每一届巴西政府与领导人,不论是军政府、右翼政府或是民主的左翼政府,均希望巴西能够成为一个在区域内有影响力的、受人尊重的新兴大国,同时提升巴西在世界上扮演角色的重要性与地位。美国研究拉美问题的著名学者马拉斯和特林库纳斯在他们合著的《巴西的强国梦:回顾与展望》一书中指出,无论帝国或共和国时期、独裁或民主时期,以及右翼、左翼或中间派执政时期,巴西历届政府都在不断追寻强国梦,都怀有实现重要全球影响力的抱负。

巴西的外交政策优先与总体追求目标,是要成为一个重要的区域与全球事务参与者。尽管巴西尝试了不同的外交政策与策略来确保与其愿望所相称的国际地位,但它通往新兴大国地位的道路并不平坦。巴西曾努力与同在西半球及全球头号强国的美国合作，如在二战时期、冷战时期以及冷战后的一段时期，而且这个时期，巴西在为维持与美国的合作和保持自己大国地位的自主道路之间摇摆不定——有时靠近美国，有时疏离美国，因此也没有得到美国多少实质性的提携与帮助。每一次，巴西的雄心壮志都被国际国内的各种危机所削弱，这些危机损害了巴西大国地位的实现。

在寻求其大国地位以及在国际事务中获得重要影响力的过程中，巴西在亚洲寻找到了中国这个对国际事务有相似看法的潜在合作伙伴，因为双方都是发展中国家，在南南合作问题上有共同语言，都制定有实现工业化的伟大目标。1974年夏天，巴西与台湾当局断绝外交关系，与北京正式建交。随后，巴西政府领导人与工商界人士多次访问中国，积极发展两国友好合作关系。这个时期，巴西与中国在友好团结、互不干涉内政和互相尊重的基础上，优先考虑与全球南方的合作关系，并有意将其做法与超级大国的做法进行对比。两国都反对国际关系中的强权政治，批评美国所宣称的以规则为基础的战后自由秩序，认为这个秩序及其规则与发展中国家、特别是新兴大国的利益相冲突。巴西与中国都坚持独立自主的外交政策，都寻求经济与技术的快速发展，并将实现工业化作为实现大国地位的重要手段。美国顶级外交政策智库布鲁金斯学会指出，在寻求国际合作伙伴与改善国际治理的过程中，巴西找到了中国这样一个有吸引力的伙伴，双方都对美国主导建立的战后国际秩序不满，认为这种国际秩序与规则不利于发展中国家。"因此，在全球问题上，中国与巴西历来在对自由国际秩序的批评上保持一致。"

经过近20年的友好交往与经贸合作，1993年，巴西与中国正式构建双边战略伙伴关系，这个伙伴关系最初是以经济与技术合作为主。这是拉丁美洲第一个与中国建立战略伙伴关系的国家。巴西政府认识到，与中国保持友好合作关系符合巴西长期利益，全方位与中国进行合作已成为巴西外交政策坚定不移的优先目标。

21世纪初被认为是世界新兴大国崛起的时代,不仅中国快速崛起,巴西、俄罗斯、印度与南非等国,也成为快速增长的新兴经济体。据国际货币基金组织的统计,2006年至2008年,巴西、俄罗斯、印度与南非的经济平均增长率为10.7%,成为世界上经济发展比较快的几个新兴国家。随着经济快速发展,这些国家出现不断壮大的中产阶级和不断扩大的消费市场,其影响力日益扩大。他们在各自的地区,多边讨论和国家关系中开始发挥前所未有的作用,而且很多时候是互相联手的。特别是巴西,在21世纪头10年,巴西经济发展迅猛,海外对巴西投资年年增长,从2004年至2007年,平均每年增长140亿美元,仅在2007年就达到令人印象深刻的560亿美元。巴西资本国际化水平很快就接近亚洲两个快速发展大国——中国和印度的水平。巴西政府在这个时期投入大量财力与人力,加强了其雄心勃勃的对国际地位的追求,一时间被称为新兴经济体在21世纪走向全球的典范。

这个时期,巴西各届政府领导人,从卡多佐、卢拉到罗塞夫,都力图向全球推销巴西,将巴西外交的全球影响力扩大到前所未有的水平。曾担任外长与财政部长的卡多佐加强了总统在外交政策中的作用,超越了以往总统对外交的参与度。左翼总统卢拉上任后,积极推动全球多极化,加强与中国、俄罗斯与印度等新兴国家的政治联系与经贸合作,竭力促进巴西国有和私营企业的全球扩张。他担任总统期间,为了推销巴西产品和吸引外来投资,平均每年出访30多个国家,并多次由巴西商界与企业界领袖陪同。卢拉特别重视中国改革开放以来取得的伟大成就与经验,努力发展与中国友好合作关系,将中国视为巴西践行南南合作、帮助巴西实现大国梦与强国梦的重要伙伴。

巴西是个极具民族自豪感的国家。有西方学者认为,巴西在国际事务中的一种"天命"理念一直是巴西外交政策与国家目标叙事中不可或缺的一部分,巴西一直想成为全球"未来大国与强国"。2000年至2015年这15年中,巴西政界人士在巴西国会的演说以及巴西外交官在联合国大会的演讲中,都一直强调巴西要积极参加国际事务,强调世界格局的多极化与巴西的地位和作用。① 巴西的一些主要智库如"智库基金会"和"巴西跨国企业分析协会"所发表的政策报告,都将巴西的全球化努力描绘成积极正面的,对提升巴西国际地位和影响力,具有良好作用。巴西的外交政策学说认为,权力从美国和欧洲向全球南方扩散是不可避免的,也是可取的。巴西领导人认为,全球秩序的最佳服务是价值观的日益多样化,通过创造一种"良性多极化"的形式来实现。②

巴西国际关系研究中心是巴西最有影响力的外交政策智库之一,该智库在2001年至2008年对巴西外交政策界的成员进行了数次调查,其中包括外交官、学者和意见领袖,当被问及哪些国家会在未来10年增加其国际影响力时,受访者都表示对中国充满信心。2010年,巴西推动的"巴西—美洲和世界"项目,向受访者展示包括中国与印度在内的8个国家名单,询问他们是否认为这些国家会在未来10年提高国际影响力时,受访者的答复结果与巴西国际关系研究中心获得的调查数据相似。当被问及中国经济增长是否良好以及对巴西的影响时,对中国持积极正面看法的人数比例从2007年的47%上升到2008年的53%,和2010年的62%。这显示,巴西政府努力与中国发展战略伙伴关系以及向全球扩张的民意基础越来越深厚,得到媒体舆论和公众的广泛支持。

巴西在寻求和加强与中国及全球南方国家合作、参与全球化与世界经济一体化的过程中,发现了新兴国家合作的崭新平台框架——金砖国家集团。金砖国家集团概念是由美国高盛公司首席经济学家奥尼尔提出的,他认为巴西、俄罗斯、印度与中国是当今世界发展比较快的四个新兴经济体,发展潜力巨大,这四个国家联合起来,将对全球贸易与经济增长发挥重大影响力。因巴西、俄罗斯、印度与中国四国英文名字首个字母缩写是

---

① Luis Schenoni , Pedro Feliu Ribeiro, "Myths of multipolarity: The sources of Brazil's foreign policy overstretch", *Foreign Policy Analysis*, Vol. 18, Issue 1, January 10, 2022.

② Matias Spektor, "Five goals for Brazil's new foreign policy", *America's Quarterly*, September 30, 2016.

BRIC，因此被称为金砖国家。受这个概念启发，2006年夏，巴西、中国、俄罗斯和印度外交部部长举行首次会谈，讨论四国合作前景问题。2008年夏，四国外长聚集在俄国叶卡捷琳堡，再次讨论在国际舞台上进行全面合作的前景。2009年6月，为应对全球金融危机，四个金砖国家领导人在俄罗斯举行首次会晤，金砖国家合作机制正式启动。巴西总统卢拉出席了这次会议，对金砖国家集团的创立表现出极大的热情，并一直不遗余力地撮合"金砖四国集团"，成为金砖国家的主要创始国、参与国与贡献国。卢拉总统后来表示："我参与金砖国家建立时，我不仅确信，而且也很肯定，金砖国家可以改变地球上多边关系中的许多事情。"

2010年4月15日，卢拉总统在巴西首都巴西利亚主持召开第二次金砖国家首脑峰会，并邀请南非总统祖马参加，使金砖四国变成金砖五国，巴西从一开始就积极参与推动创建金砖国家集团，为金砖国家合作机制的创建发挥了重要作用。这个时期，尽管美国一些政府官员与学者质疑巴西积极发展与中国友好合作关系以及参与金砖国家集团的动机，但巴西政府与媒体舆论认为，他们只是为了自己的经济利益行事。

2014年夏，在巴中两国建交40周年时，巴西罗塞夫政府与中国政府将两国战略伙伴关系提升为全面战略伙伴关系，将两国友好合作关系带进一个新时代。巴中两国政治关系的不断改善推动了双方的经贸合作。2015年，巴西成为全球第七大经济体，并在全球治理中扮演了重要角色，从国际维和、全球气候变化，到反恐和防核扩散，都有巴西的身影。

到了罗塞夫总统的第二个任期，由于多种原因，巴西经济开始下滑，2015年后开始衰退，国际资本市场对巴西丧失信心，巴西的信贷评级随之被下调。与此同时，巴西政界与商界暴露出大量腐败丑闻，诸多政府高官牵涉其中，社会抗议活动不断高涨，罗塞夫总统民意支持率急剧下降，并被国会弹劾，于2016年夏下台，由副总统特梅尔代理总统职位。有西方国际关系学者认为，巴西这个时期经济下滑与国内矛盾大爆发，是由于巴西外交政策过度扩张造成的。前几届巴西政府将巴西外交政策目标和野心扩张到超出其能力范围之外的程度,他们为了实现对国际地位的追求,外交政策支出不可持续地膨胀,投入大量资金,导致严重的财政压力,从而造成代价高昂的经济与政治危机。

2018年10月,在巴西四年一度的总统大选中,右翼社会自由党的博索纳罗击败劳工党竞争对手,赢得总统大选。奉行民粹主义、亲近美国、长期批评中国的博索纳罗就任总统后,巴中外交关系受到严峻考验,两国紧张关系一度加剧。然而,美国外交关系学会外交政策学者认为,即使在博索纳罗的领导下,巴西与中国的经济合作与贸易往来仍在继续发展,这是巴西国家利益和双方经济普遍的互补性决定和推动的,博索纳罗不可能违背这个趋势,损害巴西的国家利益。① 2019年巴中双方贸易额达到创纪录的1000亿美元。巴西朝野从巴中友好合作的实践中认识到,发展与中国的友好关系,具有重大价值,符合巴西根本的国家利益。

2019年5月,巴西副总统莫劳访问中国,称赞中国为"全球领导",表示欢迎中国公司到巴西投资。同年10月,博索纳罗总统应邀访问中国,表示重视巴中两国传统合作关系,宣称巴西与中国有共同的目标。他说:"今天,我们可以说,巴西的很大一部分需要中国,而中国也需要巴西。"② 博索纳罗在出访中国返回巴西之后,于11月13日至14日在巴西首都巴西利亚主持了第十一次金砖国家领导人峰会,并在会上强调要以"经济增长,创新未来"为主题,促进科学和技术创新,发展数字经济。他在与中国国家主席习近平会晤时表示,"中国是巴西未来的重要组成部分"。2020年11月,巴西宣布加入亚投行,这是在博索纳罗访问北京和在巴西利亚金砖国家峰会一年后完成的。

2022年10月,巴西总统大选中卢拉击败博索纳罗胜选,他会继续曾经

---

① Rogerio Studart, "Reimaging China-Brazil relations under the BRC: the climate imperative", *Council on Foreign Relations*, January 19, 2021.

② Emilie Swigert and Gabriel Cohen, "Brazil's evolving relationship with China", *America's Quarterly*, October 19, 2021.

亲华的外交政策,推动发展巴中友好合作关系。

二、巴西与中国的友好合作关系

(一)巴中关系发展的奠基时期

1974年8月15日,在中国恢复联合国常任理事国席位后不久,巴西政府与台湾当局断绝外交关系,承认北京中华人民共和国政府为代表中国的唯一合法政府,两国开始建立和发展正常的双边外交关系。20世纪70至80年代,巴西由军政府执政。当时执政的军政府以及后来上台执政的民主政府都试图通过推行国家主导的产业政策和独立的外交政策来发展巴西经济,提升人民生活水平,同时扩大巴西在南美与全球的影响力。尽管当时美苏争霸的冷战仍然主导世界格局,但是,奉行独立自主外交政策、坚持多边主义的巴西主张南南合作来避免美苏两极对抗,争取更大的国际活动空间,与相关国家共同推动和平,发展经济,帮助巴西崛起成为世界大国。因此,巴西十分重视发展与当时坚持独立自主外交路线、反对美苏霸权、在亚洲拥有最大面积和最多人口的发展中国家——中国的外交关系。

1979年,中国实行改革开放之后,将推动"四个现代化",发展经济建设作为国家主要战略目标。中国改革开放的总设计师邓小平审时度势,创造性地提出"和平与发展是当今世界两大主题"的重要战略论断,并用"东南西北"理论概括了当时的国际格局和矛盾结构,指明东西关系的本质是和平问题,南北关系的本质是发展问题。他最著名的一个论断是"发展才是硬道理",为中国的改革开放明确了方向。在邓小平的中国国家发展与国际合作战略视野中,南南合作是中国改革开放与对外合作的一个重要方向,中国通过南南合作,不仅可以与广大发展中国家合作,促进经济发展,还可以推动国际格局向多极化方向发展。这个战略设想与巴西主张的南南合作目标是一致的。

1984年5月下旬,在中巴建交10周年前夕,巴西军政府总统菲格雷多应中国政府邀请访问中国,这是巴西历史上首位总统对中国进行国事访问。菲格雷多总统对这次访问非常重视，他在出访前接受新华社记者采访时表示："巴西和中国建交以来，两国关系得到逐步而和谐的发展。虽然两国地理上相距遥远，社会、经济制度方面存在差异，但是，巴西与中国有许多共同点。例如，国土辽阔，自然资源丰富，两国都在为现代化和发展而努力，希望加强两国在经济方面的充分合作。"陪同菲格雷多总统访华的有巴西外交部部长、矿业和能源部部长、参众两院议员和一批工商界人士。在访华期间，巴西总统会见了邓小平等中国领导人，与中国签署了"科学技术合作与贸易协议"等多个双边协议，以及"巴西政府与中国政府和平利用核能合作谅解备忘录"。巴西总统对中国的首次访问，打开了巴中两国友好交往合作的大门，中国与巴西的技术合作开始起步。

1985年10月底至11月初，时任中国国务院总理赵紫阳应巴西时任总统萨尔内邀请对巴西进行正式访问，这是中国政府领导人首次访问拉美重要大国。在访问巴西期间，赵紫阳阐述了中国与巴西及拉美国家发展经贸关系的六个有利条件，它包括：第一，中国和拉美国家资源丰富，可以互补；第二，经济发展水平接近，技术各有特点，市场广大，利于互相交流；第三，双方都根据本国条件探索自己的发展道路；第四，都是发展中国家，相互了解对方的处境和困难；第五，在对外经贸关系中，都愿意遵守平等互利，共同发展的原则，而不是损人利己，强加于人；第六，有进一步发展相互关系的政治愿望，并认为是发展南南合作的重要组成部分。在这次访问期间，中巴两国政府签署了"中巴政府文化教育合作协议"等多个双边协议。中国政府领导人对巴西的首次访问，为两国关系进一步发展明确了方向，奠定了坚实基础。

1988年7月上旬，时任巴西总统萨尔内应邀对中国进行为期六天的国事访问，并与邓小平进行友好会谈。在会谈中，邓小平对萨尔内总统表示，中国和巴西处在相似的发展阶段，经济发展水平也相似，应该相互补充，取长补短。他强调指出，中巴两国加强合作有很好的政治基础。第三世界的发展是保证世界和平的主要力量。我们要为人类做贡献，第三世界国家要加强合作。邓小平对世界局势的看法与强调中巴合作的主张,深得巴西总统的赞同。①

萨尔内总统非常重视发展与中国的友好合作关系。他在前往北京访问之前,在全国广播中说:"巴西和中国联合起来,可以成为拥有最新技术的国家",并称巴西与中国将要签署的联合地球卫星发射协议,"具有历史意义"。萨尔内总统在访华期间,在人民大会堂发表了题为"科学技术:人类的共同财富"的演讲,表达了对巴西与中国在科学技术方面合作的重视与期待。他还见证了由两国外交部部长共同签署的"中巴地球资源卫星联合发射协议"。随同萨尔内总统访华的巴西科技部部长西尔维托表示:"这是巴西与另一个国家签署的最重要的科学协议。"他告诉巴西媒体说,巴西从这个项目中获得的知识将在许多其他领域发挥作用,因为"卫星发射带来的技术衍生非常棒"。中巴还同意在电能、水电大坝、交通运输和医药等领域进行技术交流与合作。②

《洛杉矶时报》发表文章报道巴西总统对中国的访问时说,巴西是拉丁美洲面积最大、人口最多的发展中国家,中国是亚洲面积最大、人口最多的发展中国家,这两个国家在地球卫星发射方面的共同合作,开启了两国"关系的新阶段"。③

(二)从战略伙伴到全面战略伙伴关系时期

1990年5月17日至21日,作为对巴西总统的回访,中国国家主席杨尚昆应巴西时任总统科洛尔邀请,对巴西进行国事访问。在访问期间,中巴两国政府签订了"中华人民共和国政府和巴西联邦共和国政府经济技术合作协定"和"关于铁矿石贸易谅解备忘录",中巴两国的经济贸易合作开始

---

① 《南南合作的"世纪对话"》,观察者网,http://www.guancha.cn。

② William R. Long, " 'New stage in relations': China, Brazil to build, launch earth satellite", *Los Angeles Times*, July 8, 1988.

③ William R. Long, " 'New stage in relations': China, Brazil to build, launch earth satellite", *Los Angeles Times*, July 8, 1988.

进入实质性阶段。

1992年初，在苏联解体、东欧剧变、冷战结束、国际格局发生翻天覆地的变化、中国发展面临何去何从的关键时刻，邓小平发表南方谈话，强调发展是硬道理，中国必须坚持改革开放不动摇，为中国未来发展指明了正确方向。中国开始加大改革开放步伐，集中精力发展经济，进一步扩大对外贸易，吸引外国投资，学习西方先进管理经验，国民经济发展进入快车道，吸引了全球关注。1992年秋，巴西新任外交部部长卡多佐上任后，对巴西外交政策进行调整，制定了"亚洲战略"，将中国和亚洲作为巴西稳定的进口来源、出口市场和科技合作伙伴，并把发展同中国的关系放在其"亚洲战略"的核心位置。

1993年11月，中国国家主席江泽民应邀访问巴西，两国领导人就建立"长期、稳定和互利的战略伙伴关系"达成共识，同时提出发展中巴战略伙伴关系的四点具体建议：一是不断推进两国经贸关系的发展，促进共同繁荣，为南南合作树立榜样；二是加强民间往来，广泛开展各种形式的文化、教育、学术和体育交流与合作；三是在国际组织和国际事务中密切磋商，加强协调，相互支持，共同维护发展中国家利益，推动和平、稳定、公正、合理的国家政治新秩序的建立；四是保持高层领导人之间的直接接触和对话，增进相互了解和信任，共筑中巴长期、稳定、互利的友好合作关系。江泽民的提议得到巴西总统的积极响应，双方在建立战略伙伴关系上达成共识，巴西成为拉美国家中第一个与中国建立战略伙伴关系的国家，这是两国关系的一个重要里程碑。

在中巴确立战略伙伴关系后，两国政府与领导人开始在此框架下，统筹规划，不断充实双方战略伙伴关系内涵，两国间高层领导人与政府代表团互访大增，相互了解更加深入，两国省、州与市之间也逐步建立起相应的经贸联系与文化交流。曾任巴西外交部部长与财政部部长的卡多佐当选总统后，虽然为了推动巴西参与全球化，扩大对外贸易，吸引外国投资，注重发展与美国和欧盟的关系，但也相当重视与中国的关系。1995年12月他应邀访问中国,在与江泽民主席会谈时表示,巴中领导人的高层互访增进了相互了解,为两国成熟的友好关系建立了很好的基础。巴中两国的战略伙伴关系,不仅体现在国际政治方面,还涉及科技与经贸等各个领域,前景良好,希望巴中两国继续保持密切合作的势头。

2002年,巴西左翼政党劳工党总统候选人卢拉赢得总统大选。作为巴西历史上首位左翼政党执政的政府首脑,卢拉对中国怀有好感,十分重视发展与中国的友好合作关系。2001年,他曾率领巴西劳工党访问中国,对中国留下良好印象。2004年5月下旬,在巴中建交30周年前夕,卢拉总统应时任中国国家主席胡锦涛的邀请对中国进行国事访问。卢拉对这次访问极其重视,率领庞大的政府与商业代表团访问中国,其中包括8名政府部长和300多位巴西企业家。他形容这可能是他任内最重要的一次对外访问。卢拉在接受《中国日报》采访时说,巴西是西半球最大的发展中国家,中国是东半球最大的发展中国家,"巴西与中国都希望共同建立以多元化和以国际法为基础的更公正和平等的国际秩序"。5月24日,卢拉在北京与胡锦涛进行了广泛深入、富有成果的会谈,讨论如何进一步增进两国在政治和经济方面的合作关系。卢拉说,他的政府决定与中国加强联系,这次访问是为了在多方面"巩固两国的战略伙伴关系",包括在贸易、科技、文化和军事交流方面。卢拉表示,巴西和中国作为两大发展中国家,在多方面有共同利益,两国将会建立一个"广泛的联盟"。

同年11月中旬,胡锦涛应卢拉总统邀请对巴西进行国事访问,两国领导人就进一步发展战略伙伴关系以及共同关心的地区和国际问题深入交换了意见,达成广泛共识。双方还签署了一系列合作文件,加强两国在各个领域的深入合作。巴西政府同时宣布,承认中国的市场经济地位。

卢拉与胡锦涛在2004年相互进行了卓有成效的互访后,还多次在各种场合进行会晤,双方建立了良好的个人友谊,并同时推动巴中建立高层协调与合作委员会,建立和启动战略对话机制,使两国关系迈进全面合作发展的新时期。在卢拉两届总统任期内(2003—2010年),是巴西政府外交政策对中国最友好最稳定的时期,也是巴中两国政府与两国合作关系接触交往最活跃最富有成果的时期。巴中两国根据独立自主,平等尊重的原则,开始在国际事务中密切合作,包括在联合国、世界银行、世界贸易组织、二十国集团、金砖国家集团等国际组织与多边机制中共同磋商,相互配合,并且在全球气候变化、国际金融体系改革、能源安全、粮食安全、核安全、基础设施建设、联合国千年发展目标等重大而紧迫的国际问题上进行战略沟通与合作。巴中两国合作成为全球南南合作的典范。

与此同时,巴西与中国建立了广泛的经贸关系,双边贸易额从2001年的30亿美元增长到2010年的440亿美元,增长了10多倍。中国这时期加大了对巴西的贷款与投资,2005年以来,中国两大政策性银行已向巴西提供贷款289亿美元,仅在2009年,中国就向巴西石油公司提供100亿美元贷款。据美国智库布鲁金斯学会统计,到2017年,中国在南美的投资有一半流向了巴西。[1]巴西则向中国出口了大批粮食、石油与矿产等资源。卢拉政府务实的外交、内政政策,促进了巴西的经济发展,提高了巴西人民的生活水平。在卢拉的第一个总统任期内,巴西贫困人口减少了19%,在他的第二个总统任期内,总共有2000多万巴西人摆脱贫困,进入中产阶级。中产阶级的比例从2004年的42%上升至2010年的53%,庞大的中产阶级带来了巨大的消费能力,扩大了巴西对中国商品的进口需求。巴西企业界与商界积极支持和肯定本国政府加强与中国的经贸合作。巴西—中国商业委员会执行秘书马西尔表示,许多巴西公司现在正从中国公司筹集资金,并引进中国的管理和技术。他说,中国正在成为巴西的主要投资者。这些投资将提升两国关系,并使其更加重要。美国《基督科学箴言报》指出:"许多巴西商界人士明白,中国是一个潜在的巨大投资者,他们会在那

---

① Harold Trinkunas, "Testing the limits of China and Brazil's partnership", *Brookings*, July 20, 2020.

里寻找机会。"①

2011年4月中旬,刚就任巴西总统不久的罗塞夫应胡锦涛的邀请对中国进行为期六天的访问。罗塞夫是卢拉在劳工党的追随者与亲密盟友,具有相同的执政理念,巴西媒体称她上任后执行的是没有卢拉的"卢拉主义",她对发展巴西与中国的战略伙伴关系极为重视,上任后出访的第一个国家是中国。在中国访问期间,罗塞夫总统与胡锦涛主席进行了深入友好、内容广泛、富有成果的会谈,就进一步发展巴中两国关系等一系列重大问题达成广泛共识。罗塞夫向胡锦涛表示,巴西十分重视发展对华关系,巴中战略伙伴关系意义重大,同中国发展战略伙伴关系是巴西的战略选择。罗塞夫赞同胡锦涛关于进一步发展两国关系的主张,表示巴西愿意进一步密切两国战略伙伴关系,加强贸易、投资、金融、科技、农业、能源矿产、基础设施建设,以及人文等领域的交流与合作,使两国关系在现有关系的基础上实现质的飞跃。

2012年,温家宝应邀访问巴西,与罗塞夫总统举行会谈,决定将两国关系提升为全面战略伙伴关系并发表联合声明,指出中巴关系提升为全面战略伙伴关系反映了两国全球性和战略性日益提升,在国际形势发生深刻变化的背景下,两国合作领域将更加广泛。双方决定建立外长级全面战略对话,每年至少举行一次会议。温家宝在访问巴西期间,还与巴西政府签署了《十年合作规划》,以指导两国未来十年在科技创新、航天、能源、矿产、基础设施、交通、金融、投资以及文化教育和民间交流等领域的全面合作。

2014年,罗塞夫赢得总统竞选连任后,开始她的第二个总统任期。这一年是巴中建交40周年。为了纪念巴中两国建交40周年,进一步加深巴西与中国的战略伙伴关系,罗塞夫邀请中国国家主席习近平出席在巴西举

---

① Sara Miller Liana and Andrew Downie, "In Brazil, Hu Jintao aims for bigger piece of Latin American trade", *The Christion Science Monitor*, April 15, 2010.

办的第六届金砖国家首脑峰会，并在会后对巴西进行正式国事访问。7月17日，在巴西利亚出席金砖国家峰会后，习近平开始对巴西的正式访问，并与罗塞夫举行会晤，为两国加强中巴全面战略伙伴关系达成共识，发表进一步深化中巴全面战略伙伴关系的联合声明，将两国关系推向全面战略合作的新时期。这个时期，中巴两国在各个领域加强合作，经贸关系进一步加深，双方贸易额在2019年首次达到1000亿美元，截至2019年底，中国在巴西的投资亦达到1000亿美元。中国已经连续10年保持巴西全球第一的贸易进口国和出口国，同时是对巴西的最主要投资国。中巴两国的战略伙伴合作关系，被一些西方媒体称为是真正的南南合作的典范，双方都从这种战略伙伴合作关系中深受其益。

（三）国际突发公共卫生事件期间的巴中关系

2020年初，国际突发公共卫生事件后，巴西时任总统博索纳罗从一开始就跟随美国总统特朗普，轻慢新冠大流行病，忽视防疫，导致经济下滑与大量人口失业，使巴西经济与人民生活遭受沉重打击。2020年9月，巴西累计确诊450万新冠病例，死亡13.5万人，位居世界第三。国际货币基金组织估计，巴西经济在大流行的第一年下滑了4%，下一个年度，巴西经济增长率将低于2%。对于一个曾处于工业化门槛的南美大国来说，这是一个极其糟糕的数字。德国经济研究所所长胡特尔认为，缺乏政治稳定，通常也缺乏法律确定性，是巴西这个曾经的南美新兴大国之星陨落的原因之一。

尽管巴西总统博索纳罗在疫情问题上最初追随美国总统特朗普对中国进行了一些攻击，引起中国驻巴西大使的强烈驳斥，但中国政府本着中巴友好合作原则精神，尽可能对巴西人民提供各方面帮助。中国不仅为巴西提供新冠疫苗，中国的科兴生物、国药控股、康希诺生物和开拓药业，都在巴西宣布了共同开发和生产疫苗的计划。如果合作生产成功，将会缓解巴西大部分公共卫生健康与经济复苏问题。

在大流行期间，中国与巴西双方的贸易需求不减。据统计，2020年全年,巴西对中国出口额增长 7.3%,占巴西全年出口总额的 33.4%,高于 2019 年的 29.2%。另据巴西政府统计,2020 年,巴西对中国出口 679 亿美元,中国对巴西出口 364 亿美元,巴西对中国有高达 300 多亿美元的顺差。美国研究拉丁美洲学者伊凡·艾利斯指出,在大流行期间,尽管中国经济活动受到疫情影响,但从 2020 年 1 月至 7 月,中国仍然购买了巴西 1213 亿美元对外出口额中的 34%。相比之下,美国只购买了这些出口中的不到 15%。这位美国学者认为,中国对农产品、矿产资源和石油的需求,很可能成为巴西的生命线。① 目前,巴西 46% 的农产品出口到中国,31% 的食糖出口到中国。巴西大豆对中国的出口在 2020 年达到创纪录水平,增长了 9.1%。中国对巴西的咖啡、水果和肉类等农产品的需求也增加了。巴西有 45 家肉类加工厂获准对中国出口。美国智库威尔逊中心巴西研究所发表的《巴西报告》指出,大流行危机导致的全球经济增长放缓正在改变巴西出口的格局,但它继续加大巴西对其无可争议的最大贸易伙伴中国的依赖。自 2019 年以来,中国一直位居巴西贸易伙伴之首,并在 2020 年上半年占了巴西出口的 33.7%。②

2021 年,在大流行仍在全球蔓延期间,巴西与中国的经贸合作却在持续深化,双边贸易额不断增长。一些巴西商界人士与经济专家表示,中国防疫成功及继续推动中巴经贸发展,给巴西经济提供了强劲增长动力。巴西里约热内卢州立大学经济学教授雅布尔在接受新华社记者书面采访时说,对华贸易是巴西经济运转的一个重要支柱,巴西与中国的贸易仍在扩大。2021 年 1 月至 8 月,巴西对中国的贸易顺差占同期贸易顺差总额的 67%,前三季度对华贸易顺差已超过去年全年对华贸易顺差水平。雅布尔教授认为,中国政府在大流行期间继续采取对外开放和对巴西的经济合作

① Evan Ellis, "The future of Brazil and China relations in the context of COVID-19", *Global Americans*, September 18, 2020.

② The Brazilian Report, "Pandemic makes Brazil even more reliant on China", *Brazil Institute of Wilson Center*, September 4, 2020.

措施,有力地帮助了巴西经济,因此,对华贸易保持增长对巴西经济至关重要。2021年岁尾,据巴西有关方面统计,在疫情下,2021年巴中贸易仍创下1380亿美元的新纪录。

2022年3月5日,中国驻巴西大使杨万明在离任返回中国之前接受巴西最大报纸《圣保罗页报》的采访,回答了巴西记者关于中巴关系、中国外交政策以及巴西总统大选后中国对巴政策等问题。在回答关于今年10月巴西总统大选后中国的对巴政策时,杨万明大使指出,巴西是独立自主的新兴大国,我们尊重巴西的外交政策,也对中巴关系的未来充满信心。中巴建交48年的历史证明,中巴两国完全可以超越意识形态和政治制度差异,通过互利合作实现共同发展。他表示:"中国从长远和战略眼光看待中巴关系。中国深化对巴关系的政策是稳定的,不会因一时一事而轻易动摇。中巴两个大国求同存异,紧密合作,可以发挥更大全球性影响。双方应加强交往,增进互信,把握发展机遇,拓展合作,共同推动两国关系在新时期取得高度发展。"①

巴西的外交政策,特别是其对华政策具有稳定性、连续性和高度预测性,这一点不仅得到国际社会的认可,而且被中巴建交48年的经历与两国友好合作关系所证明。中巴建交以来,巴西历届政府都将发展与中国的友好合作关系作为推进其工业化进程的一部分,通过加强与中国的战略伙伴关系来实现其国家经济发展战略,实现巴西的大国梦和强国梦。在可预见的未来,巴西会继续坚持与中国友好合作的外交政策,并可能会继续在其对外政策中优先发展对华关系。

1980年,在巴西与中国交往的早期,中国的人均国内生产总值是200美元,巴西是3500美元。2019年,中国人均国内生产总值达到1万美元,翻了50倍。而占中国人口约1/6的巴西,2019年的人均国内生产总值为

---

①《驻巴西大使杨万明接受巴西〈圣保罗页报〉专访实录》,中华人民共和国驻巴西联邦共和国大使馆网站,http://br.China-embassy.gov.cn。

8796美元,不到1万美元,同期仅增长了2.5倍。巴西政府与民众在亲身经历与中国交往的过程中,目睹了一个贫穷落后的东方发展中大国,是如何在短短40年中快速崛起成为世界第二大经济体,开始在世界舞台上发挥越来越重要的作用。他们在中国身上看到了巴西未来的身影与希望,并坚信与中国发展良好的战略伙伴关系是不会错的。这是巴西对华外交政策的坚实基石。

巴西是拉美最大的新兴经济体,是金砖国家中非常重要的成员国。今后不论任何政府上台执政,中国应始终从战略高度和长远眼光重视与巴西关系,通过与巴西长期友好合作推进金砖国家集团壮大发展。中巴两国相距遥远,没有地缘政治利益冲突,两国在南南合作与构建多极国际格局方面有多重利益上的一致性,在经贸合作上有难以替代的互补性。布鲁金斯学会专家认为:"中国与巴西建立密切的外交关系具有长期利益,这对于其拉丁美洲的战略和最大限度地发挥全球领导作用都很重要。"①

---

① Harold Trinkunas, "Testing the limits of China and Brazil's partnership", *Brookings*, July 20, 2020.

第四章　巴西产业政策与产业发展

　　巴西是拉丁美洲的经济大国。1994年国内生产总值就达5545.87亿美元，占整个拉美的34.1%，居世界第8位。自那时以来一直位居世界十大经济体之列。2006年其国内生产总值达1.06万亿美元，2008年国内生产总值达1.26万亿美元。根据国际货币基金组织的数据，2018年巴西国内生产总值估计为2.14万亿美元，成为拉丁美洲第一大经济体，世界第九大经济体。2019年（疫情前）国内生产总值1.80万亿美元，世界排名仍是第九。但到2020年，巴西国内生产总值为1.44万亿美元，世界排名跌出前十，排名十二。2021年国内生产总值增长3.9%，为1.72万亿美元，巴西经济复苏但仍然不平衡且不完整，只有部分行业恢复到了2020年疫情爆发前的水平。根据经合组织报告，巴西在2022年对外直接投资排名中位居第四。丰富的自然资源、庞大的国内市场以及巴西战略性地理位置和多元化经济是巴西经济发展的重要因素。

　　巴西经济发展大致分为三个阶段：第一阶段是二战后到20世纪70年代。这个时期巴西经济快速增长，被誉为"巴西经济奇迹"；第二阶段是20世纪80年代至90年代。这个时期受到1982年债务危机和1999年货币危机的影响，巴西经济发展处于低迷时期；第三阶段是21世纪以来至今。受到外部需求旺盛的影响，特别是中国、印度等新兴市场对大宗商品的需求上升，巴西贸易条件得到极大改善，经济增长进入稳步发展时期。

　　巴西早在1975年就进入中等收入国家行列，1990—2008年是产业结构调整几乎停滞的时期。此时则正处于进口替代工业化后期。根据有关研究,巴西三大产业的比例大致为5.6%(第一产业)、27.9%(第二产业)、66.5%(第三产业)。[1]到2021年,巴西三大产业占国内生产总值的比值如下:农业占6.9%,工业占18.9%,服务业占59.4%,其他占14.9%

一、巴西的产业结构及三大产业政策

(一)巴西产业结构的演变

以全部经济活动为标准来划分,巴西产业结构分为农牧业、工业和服务业三大类。第一产业一般包括农业和牧业;第二产业即工业,包括采矿、制造业、民用建筑以及为工业服务的公用事业等项目;第三产业即服务业,包括商业、政府机关、金融中介人(银行、保险)、不动产、交通与通讯及其他项目。[2]

第二次世界大战后,为了尽快实现工业化,改变畸形的产业结构和经济结构,巴西历届政府都不遗余力地推行进口替代工业化发展战略。这一战略的实施使巴西经济获得了迅速增长。1949—1981年的33年,巴西经济年平均增长速度为7%。尤其是1968—1974年的7年,巴西经济的实际年平均增长率都在10%以上,工业的年平均增长率则高达12%。在经济高速增长过程中,一些新兴工业部门从无到有、从小到大地建立起来。殖民时期遗留下来的畸形产业结构得到初步扭转,产业结构趋向合理化。巴西经济引人注目的增长及伴随快速增长而来的产业结构的合理化,引起国际经济学界的关注,被誉为"巴西奇迹"。但20世纪70年代中期、特别是步入80年代以来,由于受国际经济形势、特别是世界石油危机的影响,加之巴西在推行进口替代发展战略过程中的失误,巴西经济在80年代备受经济衰退、通货膨胀、结构失衡和债务危机的困扰,经济增长长期处于"滞涨"状态。80年代也

---

① 张勇:《巴西经济增长及其转型的结构视角》,《当代世界》2015年10期。
② 参见1983年《巴西统计年鉴》,第952页。

被称为巴西经济发展中"失去的十年"。据统计，1981—1990年的10年间，巴西国内生产总值年平均增长率仅为2.2%，其中工业的年平均增长率仅为1.4%。与此同时，通货膨胀却居高不下。进入90年代以来，巴西加快经济结构调整和经济体制改革步伐，实现了持续的温和增长，1994年国内生产总值增长达到5%。进入21世纪以来，巴西经济保持了快速增长的势头。2008年国内生产总值增长达5.1%。但2011—2013年巴西经济增长率分别为2.7%、1%和2.5%；2014年巴西经济增长仅为0.1%。

二战结束以来，巴西的产业结构大致经历三个阶段的发展：

第一阶段。1950年至1960年，巴西实行替代进口工业化，工业生产发展迅速。20世纪40年代末至60年代初，巴西政府所确定的主导产业是纺织和食品等较易进行进口替代和具有比较优势的工业部门。轻工业品的生产能力随之增强。工业化的推进，造成第二产业的工业产值增加，第一产业的农业产值相对比重急剧下降。1960年至1970年，虽然60年代初期工业生产相对停滞，农业比重下降缓慢，但从60年代后期开始，巴西经济进入"经济奇迹"发展时期。60年代后半期，巴西进入以重化工业为主导的工业化阶段。在这一阶段，巴西政府又将主导产业调整为钢铁工业、化学工业、机械工业。60年代末至70年代中期，重工业取得了飞速增长，国家工业面貌焕然一新。此后，尽管重工业的增长速度仍超过轻工业，但二者间差距不断缩小。60年代以来，产业结构升级使得传统工业在制造业中的产值比重在缩小，但巴西依然很重视传统工业的发展，巴西不仅鼓励食品行业投资开发新技术，同时对农产品生产实行价格补贴，而且对纺织工业进行技术改造并为其提供新的人工合成原料。

第二阶段。1970年至1980年，巴西调整经济政策，放慢了发展速度，特别是工业发展速度，工业在整体经济结构中的占比逐渐下降。进入80年代以后工业比重降幅尤其明显，巴西逐渐掉入"发展陷阱"，即所谓的"去工业化"时期。这个时期农业产值比重时有上升，服务业的比重稳步上升，在1970—1980年间，服务业比重与工业相当，1980年后，服务业比重迅速增加,工业比重降幅明显。其中1980—1982年第三产业比重达到56%。1982年债务危机之后,巴西进入一个较长的结构性调整时期,工业结构开始朝自然资源加工业扩张;农业方面,1984年,谷物产量为五千万吨,同期牛的存栏数为一亿两千三百万头;由于1975年全国酒精计划的执行,1984年全国酒精产量已超过九十三亿公升,部分替代了进口石油。农业发展不仅保证了国内市场对粮食和原料商品的需要,而且也成为外汇的重要来源。[①]70年代后半期,汽车工业、电子工业成为巴西政府着力鼓励发展的主导产业。合理引进外资不仅弥补了巴西国内资本短缺的制约,改善了巴西的国际收支平衡状况,而且对巴西工业化及产业结构的升级发挥了不容忽视的积极作用。

巴西的制造业部门大多靠外国资本和技术建立起来。如巴西汽车工业的建立和发展基本上是在外资帮助下完成的。巴西在利用外国直接投资和引进技术方面提供了可供借鉴的经验。随着巴西经济实力的增强和民族工业的壮大,巴西政府对跨国公司在巴西设立子公司及合营企业的外资股权逐步实行了各种限制。20世纪80年代末以来,随着东南亚发展中国家利用外资步伐的加快和引进外资竞争的加剧,巴西转而又放松了对利用外国直接投资的限制。为加速工业化,特别是为加快制造业的发展,巴西在推行进口替代政策时期,在一些战略性部门和私人投资者无力进入的资本密集型或技术密集型部门中,直接建立国有企业。国有经济的建立在巴西摆脱外国垄断资本的控制、争取民族经济独立、建立相对完整的工业经济和国民经济体系等方面,曾起到积极作用。但问题在于随着巴西国有经济分布行业的扩展,国有经济不仅在公益性行业和垄断性行业占据了主导地位,而且在一些竞争性行业也大量存在。国有企业由于机制和管理方面的原因,经济效益下滑,出现了普遍的不景气,并成为巴西财政的一大负担。因而从80年代起,巴西政府就开始进行国有企业民营化改革。

---

① 张宝宇:《巴西的产业结构与产业结构政策》,《拉丁美洲研究》1986年第6期。

第三阶段。经历了20世纪80年代的经济低迷期，进入21世纪以后，巴西经济逐步强势崛起。在21世纪头10年，巴西三大产业的比例基本保持稳定，国内生产总值总量的2/3集中在服务业。世界银行数据显示，2000—2012年，服务业占国内生产总值的比重由66.67%略微降至66.14%，其间仅有2003年和2004年出现了明显下降，其余年份基本保持在该比重区间。这表明，服务业在巴西经济中的主导地位基本稳定，它对近十多年来巴西经济走势具有决定性影响。同期，农业占国内生产总值比重相对较低，除了个别年份外，基本在6%左右波动。伴随着初级产品出口增加和"去制造业化"趋势，巴西经济呈现出"初级产品化"趋势。自然资源部门和采掘业部门在工业生产结构中的比重逐渐增大，并且对新世纪以来的巴西经济增长具有重要的拉动作用。在2001—2011年的绝大多数年份中，制造业的增长幅度都小于采掘业，唯独在2004年和2007年例外，而这一变化同外部经济环境的变化有较为密切的关系。另外，在2008年全球金融危机后，巴西制造业的萎缩程度大大高于采掘业。2009年制造业的下降幅度达到8.7%，而采掘业只有3.2%的下降。[1] 这一差异使工业部门中制造业的比重越来越小，"去制造业化"现象日趋严重。工业在三大产业中的份额相对稳定主要依靠采掘业占比的增加来维持。[2]

从2021年第一季度公布的经济指标来看，农业表现最为突出，同比实现5.7%的增长，工业和服务业同比增幅仅分别为0.7%和0.4%。首季度的农业增长主要源于农作物的丰产。据巴西国家统计局的数据，2021年农作物产量创历史新高，达到2.585亿吨，较2020年的2.541亿吨增长1.7%。在工业方面，采掘行业在第一季度同比取得3.2%的增幅，建筑业同比增长2.1%，但制造业同比则出现了0.5%的负增长。在服务业方面，运输、仓储和邮政行业同比实现3.6%的增幅，金融和保险行业同比增长1.7%，信息和

---

① 陆佳琦:《金砖国家产业结构优化与升级合作》,《东北财经大学学报》2018年第5期。
② 吴国平、王飞:《浅析巴西崛起及其国际战略选择》,《拉丁美洲研究》2015年第1期。

通信行业同比实现1.4%的增长,贸易同比增幅约为1.2%,房地产同比增长1%。唯一出现负增长的行业是公共管理、卫生和教育。从三个产业的表现来看,农业受疫情影响最小,工业和服务业受到的冲击则较大。但是,从采掘、运输、仓储、邮政、贸易等行业的表现来看,国际市场的需求回升对巴西相关产业起到了比较明显的提振效果。[1]

目前巴西的产业以服务业为主,工业发展严重滞后,仅占国内生产总值的两成多,并且其现有工业产业的整体现代化水平较低,产业集群不明显。巴西第三产业近年来出现了负增长,这一方面是由于传统产业所占比重过大,总体产业结构尚处于调整优化期,因而经济效益仍较为低下;另一方面是由于产业缺乏创新动力以及优势带动的有效支撑,使相应产业呈现出明显的弱化趋势。产业优势弱化主要表现为低端产品过剩、高端产品低端化、产业素质逐步下降以及产品缺少自主创新品牌等方面。[2]

(二)巴西政府的三大产业政策

二战战后初期,巴西没有明确的产业政策。1950年后,巴西加快了进口替代工业化进程,工业完全成为国家经济发展重心,农业被进一步忽视;1951年瓦加斯再度执政,制订了一个发展基础工业、交通运输和动力产业的《全国经济重新装备计划》(1952—1956年)。

库比契克(1956—1961年)上台后,积极推进工业化进程,制订了一个包括30多个项目的《五年发展纲要》(以下简称《纲要》),重点是大力推进"增长点"工业和突破瓶颈结构。所谓"增长点"工业,在发展经济学中是指那些能带动和加速工业化进程的工业部门。在巴西,当时是指钢铁、建材、化工等基础工业和汽车、造船、化纤与机械等新兴工业。为执行《纲要》,巴西成立了全国发展委员会和各个优先发展部门的"执行小组";国家承担能源、电力和基础设施投资,而把大部分基础工业留给私人;大力吸引外资,

---

① 周志伟:《巴西经济反弹仍面临较大脆弱性》,《中国远洋海运》2021年第9期。

② 陆佳琦:《金砖国家产业结构优化与升级合作》,《东北财经大学学报》2018年第5期。

鼓励跨国公司在巴西建立子公司等。由于上述措施,这五年成为巴西经济发展的第一个高潮,1956—1961年年平均增长率达7.5%,不仅加强了工业基础,还依靠外资建立了汽车工业。

20世纪60年代初,巴西实行进口替代工业化政策。可是,新建的进口替代工业多数为资本密集型工业,所吸收的劳动力有限,国内市场相对狭小,又导致工业设备严重开工不足。同时,也造成了机器、设备与原材料进口的增加,导致国际收支恶化,加上巴西政局动荡,经济已濒临崩溃边缘。60年代至70年代后期,巴西开始重视农业农村发展问题。为增加粮产量,1964年巴西军政府颁布了《土地条例》进行土改,鼓励开荒,对农牧业提供金融及信贷支持。同期,巴西创立了所谓"合伙"购物体制旨在扩大耐用消费品市场。同时,为使工业发展建立在本国资源基础上,巴西特别注意矿产的普查和开采,为此做了以下努力:1965年,在第一届军政府布朗库总统执政期间,制定了巴西矿产资源十年开发计划。随后,1967年制定了矿物法典并在新宪法中取消了"土地所有者拥有开采其地下资源优先权"的规定,以鼓励全民对国家矿物资源的勘探和开采。席尔瓦将军上台后,全面推进工业化,为此采取了:第一,大力鼓励出口特别是制成品出口,扩大对外经济关系;第二,在加强国家对经济的主导作用的同时,积极扶植本国资本,吸引外资进入;第三,在产业政策上,大力发展新的"增长点"工业,继续加强基础设施,并重视农业发展。巴西一向重视交通和通信事业发展,这一时期为推进落后地区(东北部、亚马孙河地区和中西部)的发展,主要精力用于实施全国公路一体化计划和通信现代化计划。巴西有发展农业的巨大潜力。从60年代后期起,政府在资金、价格、税收、运输、仓储等方面采取多项措施,以增加出口农业和粮食的生产。在工业方面,除继续加强基础工业外,重点发展汽车、飞机制造和电子电器等新兴工业。

1968—1974年是二战后巴西经济发展的第二个高潮,年平均增长率达10.1%,被称为"巴西经济奇迹"时期,在此期间,巴西实行以高速增长为目标的产业结构政策,突出基础设施的超前发展,强调能源和交通运输的建设。为此,巴西军政府在下述两方面作了巨大努力:第一,是建设"出口走廊"。所谓出口走廊,即建设铁路、公路、乡间公路,把出口物资产地与港口连成一体,在港口建立完善的仓储设施,以消除运输体系中的瓶颈现象,增强产品出口能力。第二,是在北部和中西部修建公路干线,完善以首都巴西利亚为中心的全国公路运输网。此外,在运输组织管理方面,巴西运输计划公司、巴西城市运输公司和巴西港口公司等相继建立。同时军政府强化对工业,特别是所谓原动力工业的投资,1969年建立了矿业资源勘探公司,实施拉丹工程计划和雷马科工程计划,以先进手段进行矿产普查,绘制基础地质图;同时,扩大国营多西河谷公司的铁矿生产能力,对新发现的卡拉雅斯铁矿进行规划,使其早日建成投产。在此期间,矿业大约以二倍于工业的增长速度发展。军人执政以后所实行的财政及金融领域改革和行政改革,为经济发展创造了良好条件。[①]此外,1971年巴西出台"救助农业劳动者计划",实施农业劳动者福利项目,旨在改善农民生活条件,促进农村经济发展。

1973年世界石油危机爆发,巴西经济进入缓慢增长的经济调整期。对此,1974—1978年间,为更好地适应国际经济环境,增强本国自主能力,巴西政府瞄准资本化工业、基础工业建设及能源开发,采取了以下措施:严控进口,替代进口,允许外国公司在巴西领土勘探石油和暂时降低生产增长率,进一步加强石化工业。

但巴西长期形成的倚重石油的能源消费结构短期内难以扭转。1977年巴西石油消费占能源消费构成的43.8%,而当时国内所需石油的80%仍靠进口。因此,面对油价上涨的国际形势,巴西在加强本国石油勘探、开采的同时,努力发展替代石油的能源生产。例如,巴西出台并实行了"国家发展乙醇"计划,为建设酒精蒸馏厂提供低息贷款和信用担保,同时为购买乙醇动力汽车提供税收优惠。此外,政府还引导巴西国家石油公司参与可再

---

① 巫宁耕:《印度、巴西产业政策的比较分析》,《国际技术经济研究》1989年第4期。

生燃料的销售。各加油站都装备有乙醇燃料泵。政府与主要汽车企业签订协议,为他们生产100%乙醇燃料汽车提供激励性举措。[1]1979年国际石油价格第二次上涨,巴西再次调整了产业结构,前期的调整方针依旧执行。此外,为了改善就业形势、提高创汇能力、控制通货膨胀、改善收入分配状况,巴西政府开始优先发展农业,以此吸纳劳动力、增加出口种类、增加国内粮食供给,减缓社会问题。80年代,巴西联邦政府主要采用政府收购、贷款和预支贷款三种形式促进农业结构调整,增加农业投资,鼓励农产品出口,调整了最低保护价格机制,重视农业科研发展,鼓励多种经营,扩大耕地面积;90年代后,实施自由化改革,农业部门获得较快发展。

巴西科洛尔政府1990年颁布了"产业与外贸政策一般准则",提出要通过进一步促进开放与消除管制,提高劳动生产率,在"准则"列举的一系列"战略行动"中,包括产业重组,以及通过"有选择地"保护高技术产业与促进创新成果扩散,来提高本国企业的技术能力等。[2]但是受制于当时的经济社会条件,尤其是政府面临着稳定宏观经济、解决国际收支问题的迫切任务,因此大多数发展中国家政府在这一阶段,未能提出系统的结构调整方案并有效实施,巴西也不例外。

此后,巴西1996—1999年的四年计划在分析巴西经济面临的主要障碍的基础上,提出了巴西经济发展的三项基本战略,其中包括"以有竞争力的方式参与世界经济,以及生产的现代化"[3]。推行了一些促进和支持重点产业发展的政策。

随着市场化改革的推进,政府主导的科研政策发生了明显变化。巴西

---

① Tarun Khanna and Santiago Mingo, Brazilian Lessons for Industrial Policy, English Digest,2010(7).

② Wilson Suzigan, Annibal V. Villela, "Industrial policy in Brazil", *Universidade Estadual de Campinas, Insti - tuto de Economia*, 1997, pp.327-328.

③ Alberto Melo,"Industrial Policy in Latin America and the Caribbean at the Turn of the Century", *Research department,InterAmerican Development Bank*, Working Paper 459, 2001.

政府在继续通过税收奖励和金融支持推动企业研发的同时,还对部分政府科研机构实行私有化或减少对其的财政拨款,以促使其面向企业开展应用技术研究。巴西在1997年之后又陆续颁布了《专利法》《工业产权法典》《应用技术研究和知识转让法》《创新法》(MDIC 2006)等一系列法律,以激励和保护知识创新。

此外,巴西还实行支持重点产业发展的政策。发展中国家90年代之后的产业政策仍然包含对重点产业给予选择性干预的内容。但这种选择性干预的目的在于促进技术进步,因此其选择的重点产业主要是高技术部门,将高技术部门的发展当作技术创新的平台和技术扩散的源泉。巴西2003年年底出台的"产业、技术和对外贸易政策",旨在选择那些有助于技术扩散和创新的部门,包括资本品、软件、半导体的生产制造,作为重点产业部门。通过设立技术基金,在行业层面上协调创新活动,并在某些巴西技术知识水平还很低的产业部门创立公共研究中心,进行基础和应用研究。[1]

巴西"联邦创新金融机构"的"整体支持"信贷项目则为以技术创新为目的的商业方案提供全面支持。其支持的内容除了研究开发,还涵盖了项目设计、土建施工、机械技术设备采购安装、技术贸易、培训与技术支持,以及初始运营资本的提供等各个方面。此外,巴西政府还通过发展银行,向石油、天然气、能源、运输、电信以及计算机软件产业等提供优惠信贷。[2]

90年代之后,虽然巴西进口关税持续下调,但从1995年起,巴西贸易自由化的步伐有所放慢,而且还一度出现提高平均关税水平的情况。贸易

---

[1] Alberto Melo,"Industrial Policy in Latin America and the Caribbean at the Turn of the entury", p.34.

[2] Alberto Melo,"Industrial Policy in Latin America and the Caribbean at the Turn of the Century", p.23.

救济措施也成为巴西保护本国产业的一个重要手段。①

总的来看,巴西20世纪90年代之后的产业政策以创新和技术进步为核心,以市场为导向,通过政府干预,主要是税收奖励和金融支持,以及适度的贸易保护,来推动企业研发和技术进步,特别是某些高技术部门的技术创新、技术进步、技术扩散。这种产业政策既不同于发展中国家进口替代工业化时期的产业政策,也不同于发达国家针对市场失灵问题的功能性产业政策,而是一种新的产业政策模式。②

自2003年起,巴西政府立足国情从以下个方面开展积极的宏观经济政策:首先是通过增加家庭信贷、转移家庭公共支出、增加实际就业岗位、提升劳工实际工资来刺激家庭消费扩张,经济年均增长约5.3%;其次是实行就业扩张、增加工资、提高最低工资标准等政策来促进税收增加,同时增加政府支出及国企投资,以此积极的经济政策刺激国内总需求增长,进而活跃私人投资,促进经济发展。

罗塞夫政府第一任期(2011—2014年)内的宏观经济政策开始更为注重财政盈余目标,巴西央行在2010年2月后开启升息周期,将基础名义利率从8.5%升至2011年8月的12.5%,还采取措施控制消费者信贷,2013年年中,央行利率再度上升,消费增长率随即在2014年跌至0.9%。在投资战略上,罗塞夫政府降低政府及国企地位,转而强调私人企业在推动经济增长方面的角色和作用。结果是,2011年中央政府和国企的投资分别下降17.9%和7.8%。2012年,政府大力提倡公私伙伴关系战略,承诺在基础设施领域为私人投资者提供优惠利率,还采取税收减免措施鼓励耐用商品的私人投资。2012年罗塞夫政府开始降低电力和能源价格,这使能源价格与成本价格扭曲,损害了能源领域私人投资者的利益,挫伤了私人投资

---

① [印]蒙特克·S.阿卢瓦利亚著,刘英译:《渐进主义的功效如何?——1991年以来印度经济改革的回顾》,《经济社会体制比较》2005年第1期。

② 盛浩:《市场经济改革背景下的产业政策调整——印度和巴西的实例》,《东南亚纵横》2013年2月。

的积极性。虽然莱维财长上台后提升了电力和能源价格,但最终却推高了通胀效应,而且凸显了政府政策的不稳定性。2015年巴西居民用电价格提高了40%。能源领域价格变动不居降低了政策的可预见度,从而降低了私人投资者在基础设施等领域投资的获利预期和参与积极性。2010年2月以来的升息政策导致巴西家庭债务负担变重,那些难以享受巴西国家开发银行提供的长期补贴利率贷款的私人企业融资成本更高。不断攀升的利率和紧缩性财政政策的叠加进一步加剧了经济复苏的困难。①2014年总统大选中,尽管罗塞夫凭借着受益于民生政策的中下层民众的支持险胜获得连任,但是其影响力逐渐下降。就经济而言,滞胀局面始终是罗塞夫政府的最大困扰,也是牵制整个巴西国内形势的核心要素。

(三)巴西的"去工业化"及"再工业化"政策

所谓"去工业化",实际上指的是"去制造业化"。2000年,巴西工业占比为23%,2017年只有18.5%,降幅为19.56%;制造业占比则从13.1%降至10%,降幅高达23.8%。2000年,巴西制成品出口占总出口的比重为58.4%,2017年只有37.6%,降幅高达35.6%;而同时期内巴西初级产品出口比重则从29.8%提升至49.3%。更为严重的是,巴西高科技产品出口额在制成品出口额中的比重从2001年的19.25%降至2016年的13.45%。而在2011年和2013年,该指标甚至低于10%。值得注意的是,不同于发达国家工业发展到一定高度后的"去工业化",巴西的"去工业化"发生在相对较低的收入水平上。换句话说,巴西并未实现从中等收入向高收入国家的完全跨越,就出现了工业部门萎缩的"怪象"。因此,巴西实际上正在经历"过早去工业化"。

巴西出现"过早去工业化"有如下主要原因:

一是进口替代工业化时期结束后,巴西并未在此基础上继续实行有效的工业发展政策。进口替代工业化时期(1930—1980年),巴西重视基础

---

① 牛海彬:《当前巴西经济困境的政治经济学视角》,《拉丁美洲研究》2015年第5期。

工业的建立和发展。如前文所述，20世纪50年代，汽车工业和家电工业成为巴西工业主要的发展领域，交通和能源基础设施也是政府建设重点。在明确的产业政策引导下，以汽车、造船和耐用消费品为主的基础工业体系于60年代初期在巴西建成。但是从90年代起，巴西采取了错误的产业政策，过度注重原材料出口，忽视制造业的发展。左翼劳工党于21世纪初执政后，为了获得选票又实施一系列与巴西经济不相符的社会福利政策，虽然使得巴西的贫困率迅速下降，但是大规模社会支出给国内经济造成巨大的负担。在此背景下，资金和劳动力流向矿产品开采、金融、房地产、大宗商品贸易等这些利润率更高的部门，而制造业的发展遇阻严重。

二是制造业转型升级缓慢。理论上，只有生产技术发展到关键阶段，并且出现规模报酬递增且出口竞争力增强后的制造业发展，才能对收入水平提高产生实质性影响。但是巴西并未彻底完成工业化，在收入水平尚未跨过中等收入阶段时就出现"去工业化"，这样的做法使其制造业转型升级被迫延迟。另一方面，巴西自然资源丰富，大宗商品出口经济的繁荣，容易使得工业发展"倒退"。进口替代过程中，为加快制造业发展，巴西政府利用金融抑制降低资金成本，将大量资源投入制造业，结果是巴西制造业越来越向资本密集型方向发展，而非技术密集型。近年来，大规模的社会支出政策加重了劳动力成本，巴西也成为全球制造业成本最高的新兴经济体。因此，巴西制造业技术水平长期低下。

三是经济全球化并不都利于巴西工业发展。作为资本主义世界体系外缘地区国家之一，巴西从独立起就已经是全球主要初级产品出口国。因此，巴西的工业化动力来自外部，是在西方对农、牧、矿产品大量需求的拉动下开启。巴西进口替代工业化战略的结束也是被迫的，1982年债务危机使包括巴西在内的拉美国家认识到进口替代的弊端，但只是在这些国家沦为制造业净进口国之后进口替代过程才被逆转。没有发达的制造业，也就没有新的财政来源，政府就会更加依赖大宗商品的出口，也就更无力应对大宗商品价格下跌造成的经济衰退。①

巴西在经历"去工业化",进口替代工业化的浪潮后,第三产业"服务业"比重急剧上升。但近来巴西产业政策有所回归,进入21世纪之后,制定了工业强国计划,重新调整国家发展方向。也谓之为再工业化。

2003年11月,巴西政府出台《工业、技术和外贸政策》指导原则,将"部门战略选择"集中在以下四个知识密集型生产行业:半导体、软件、药品药物以及资本品。随后成立了国家工业发展委员会和巴西工业发展署,这被誉为巴西产业政策重生的里程碑。

2008年5月巴西公布一项新的产业政策《生产性发展政策》。除了"水平性"政策(主要是财政和信贷措施)以及由科学技术部负责协调的6个战略技术项目外,该政策还包括由巴西国家社会经济发展银行负责的7个优先项目,以及由发展、工业和外贸部负责的12个具有竞争力的项目。

2011年8月巴西政府发布了"工业强国计划"(2011—2014年)。该计划包含一系列刺激创新和优惠税收政策,明确了工业强国的具体指标,同时从组织保障体系上制定了执行方案和行动准则。

2018年巴西推出了奖励工业4.0措施,政府将投入高额预算协助推动工业转型,并在同年7月设立"工业4.0枢纽"平台,以此助力巴西产业转型。

1985年至2014年,工业生产占巴西国内生产总值的比重从21.6%减半至仅10.4%。从巴西参与全球贸易的情况来看,近年来其在全球工业化产品出口中的份额下降。仅从出口的工业化产品来看,其中高技术含量的出口产品份额有所下降。尽管巴西政府做出了许多努力,但巴西最终真的可以被视为工业政策复兴的一个典型案例吗?还是巴西重振工业政策的计划再次无疾而终?再工业化的效果如何尚值得观察。

---

① 王飞:《"从去工业化"到"再工业化"——中国与巴西的经济循环》,《文化纵横》2018年6月。

二、巴西对外贸易政策与现状

巴西的关税和非关税壁垒繁杂,有"世界上最封闭的经济体之一"的称号。几十年来,保护主义一直是巴西的常态,即使是在巴西实施进口替代工业化战略的20世纪也是如此。巴西的贸易额低于其他收入水平相似的国家。进出口占巴西国内生产总值的不到1/4(而墨西哥的贸易额占国内生产总值的60%以上)。正如经合组织在2018年对该国的调查中显示的那样,巴西一直处于全球价值链的边缘——其唯一可识别的贸易联系是与邻国阿根廷,在该地区没有其他重要联系(经合组织,2018年)。经合组织2018年对巴西的经济调查指出:一是按进口加权计算的平均关税水平,巴西是墨西哥或智利的8倍以上;巴西最常用的关税税率为14%,而大约450个关税细目的关税税率最高为35%,包括纺织品、服装和皮革以及机动车辆;三是由于关税在生产链不同层次的级联效应,有效保护水平平均为26%,但纺织品、服装和机动车辆的有效保护水平按升序排列在40%至130%之间。巴西是10%以上关税细目数量最多的国家;四是除关税外,各种形式的含量要求可能会增加对国内生产商的保护,模型模拟表明它们是进出口大幅减少的根源。[①]

因此,巴西应当减少贸易壁垒,扩大对外开放,才能提高巴西的对外贸易竞争力,以及更好地吸引外资。目前巴西正在积极利用外部经济环境,发展与新兴经济体,尤其是金砖国家之间的经贸关系,不断扩大其优势产品的出口市场份额。近年来巴西陆续对数项产品实施免关税措施,比如巴西经济部外贸执行署管理执行委员会在2020年11月通过了67项汽车零件降低关税至2%的决议。

目前巴西主要出口国家是中国、美国、阿根廷、荷兰和智利;主要进口

---

① Diogo Ramos Coelho, " Brazil's economic reform roads", *National Association for Busi - ness Economics*, 2020.

国是中国、美国、阿根廷、德国、韩国;主要出口产品是大豆(11.5%)、石油和提炼油(10.7%)、铁矿和精矿(10%)、玉米(3.23%)、化学木浆等(3.16%)。

进入21世纪后,在全球金融危机爆发之前,伴随着世界经济的增长及全球对初级产品需求的强劲上升,巴西卡多佐政府抓住此机遇,积极发展与快速增长中的新兴经济体之间的经贸关系。卢拉政府延续了卡多佐政府的政策,进一步推进了同中国、印度等在内的新兴经济体的关系,尤其是贸易关系。

21世纪以来,中巴关系全面发展,双方的战略伙伴关系得到明显深化,从而推动了双边经贸关系超常规的快速发展。以双边贸易变化为例,在最近十多年中,巴西对中国出口额由2001年的19亿美元增加到2012年的410亿美元。尤其在2008年全球金融危机爆发后,中国经济增长对巴西出口起到了积极的拉动作用,显示出强劲的活力。2009年,巴西对华出口额超过其对美出口,中国成为巴西第一大出口市场。在此后的两年内,巴西对华出口额翻了一番多,2011年巴西对华出口额达到443亿美元,创下了历史新高,其对华出口额占其全部出口总额的比重达到17%,中国已经成为巴西的重要贸易伙伴。

巴西是拉美地区对华贸易首个突破1000亿美元的国家。2019年,中巴贸易规模与2018年基本持平。从巴西对华出口来看,2017年和2018年分别有超过30%的增速,在2018年达到了666.8亿美元的规模。相较而言,中国对巴西出口的增长虽呈增势,但增速相对较为平缓。由此可以看出,中美贸易纠纷对巴西对华出口起到了显著的助推作用。值得关注的是,巴西在对华贸易中不仅一直维持顺差水平,而且顺差额占巴西外贸总顺差的比重在最近4年间一直呈迅速扩大的趋势,2016年约占27.3%,2017年达到33.2%,而2018年和2019年甚至分别达到了53.8%和62.4%。由此也可以看出,中国在最近两三年间成为巴西外贸的重要动力,成为巴西外汇收入的重要来源,对巴西经济的恢复起到了支撑作用。

巴西与印度、俄罗斯和南非等其他金砖国家之间的贸易增速也非常快。2001年巴西与重要的贸易伙伴印度、俄罗斯和南非的贸易总额分别只有8.28亿、15.66亿和7.09亿美元。但从2005年开始，巴西与金砖国家之间的贸易发展开始增速，2008年达到历史高峰。受全球金融危机影响，2009年巴西和俄罗斯以及南非的贸易额都有所下降，尤其是俄罗斯，下降近50%。但是巴西和印度之间的贸易并未受到影响，巴西对印度的出口在2009年增长2.1%，印度成为金融危机后除中国外唯一从巴西进口额没有下降的国家。①

巴西还积极参与金砖国家的活动，推动金砖国家合作的制度建设。自2009年第一次会晤以来，金砖国家间的贸易实现了大幅增长，金融合作方面也在2014年取得突破性进展，五国建立了金砖国家新开发银行、应急储备安排及工商理事会。由于2011年下半年以来国际资本流动增加，风险上升，巴西货币一年内贬值近30%，因此，巴西高度重视金砖国家之间的金融合作，希望为巴西经济的稳定提供良好的外部环境。②

此外，巴西对外贸易中的实用主义特点还表现在其将南共市作为整体与欧盟进行自贸区的谈判策略上。2001年，巴西作为南共市最大的成员国和牵头人首次与欧盟进行自贸区磋商，此举被看作巴西对美洲自贸区的回应。由于欧盟在农产品补贴和配额方面限制了南共市农产品出口，且双方无法就工业品关税达成共识，谈判于2004年10月暂停。全球金融危机之后，巴西出口面临重大挑战，于是2009年11月双方重启谈判，在技术层面首先恢复沟通。近年来，受南共市主要成员国阿根廷的牵制，南共市与欧盟的自贸谈判基本陷于停滞状态。但是，巴西一再向阿根廷施压，表示如果此种现象继续，巴西将单独与欧盟进行自贸协定谈判。③

巴西主导的南共市与其他国家和区域的双边经济合作以及其积极拓宽与金砖国家之间的贸易往来，充分体现了巴西寻求国际市场、确保外部

---

① 参见联合国商品贸易数据库网站，http://comtradeplus.un.org。
② 吴国平、王飞：《金砖国家金融合作的机遇与挑战》，《中国金融》2013年第12期。
③ 吴国平、王飞：《浅析巴西崛起及其国际战略选择》，《拉丁美洲研究》2015年第1期。

需求的对外贸易战略。但是由于本国出现"初级产品化"和"去制造业化"的现象,巴西又成为世界上贸易保护最严重的国家。根据世贸组织2014年年初的报告,2013年巴西新增反倾销措施达39起,高居全球第一。巴西的某些政策,如汽车工业产品税减免政策原本是一项临时措施,但最终演变成为一项长期工业政策。

三、目前巴西经济状况存在的问题

根据瑞士洛桑国际管理发展学院最新发布的《2022年世界竞争力年报》,在全球63个经济体中巴西排名59,名次仅仅高于南非、蒙古、阿根廷和委内瑞拉。自2011年以来,巴西的竞争力排名一直处于下降趋势。该报告认为影响巴西竞争力排名的因素主要是巴西低投资、劳动力素质不足、高通胀和国内经济表现不佳的现状。除此之外,巴西政府缺少长期愿景,也是该国迫切需要面对以及改善的经济问题之一。

从产业结构视角来看,巴西经济目前存在以下五个问题:

第一,巴西制造业不占优势,而且过度依赖初级产品专业化生产和出口。初级产品专业化不利于技术进步,进而会加深"去工业化"的程度。忽视农业、透支工业造成产业升级无序,进而导致制造业逐渐衰落。1973年石油危机不仅打断巴西高速发展的势头,而且使20世纪60年代中后期"萌芽"的从内向发展转入外向发展的努力也半途而废,债务危机后"去工业化"的序幕由此拉开。因此直到今天巴西制造业衰退的趋势未得到根本扭转。而且巴西还存在着税赋负担较重、基础设施落后、劳工成本较高等问题,这些也还未得到实质改善。

第二,受到"去工业化"的影响,巴西就业结构出现分化,非正规就业的比重增加,就业创造能力降低。收入分配不合理以及大量非正规就业也对财政政策形成压力。非正规就业难以参与到收入分配之中,政府又不得不通过大规模转移支付以换取这部分人的选票,造成恶性循环。

第三,产业转型中所需的职业教育不足与创新的缺乏。2021年,巴西获批公共教育资金约为1298亿雷亚尔,比2020年(1269亿雷亚尔)高出约30亿。然而该年获批资金的实际支出金额较低,仅为1184亿雷亚尔,连续5年下降,并达到了自2012年以来的最低水平。事实上,从2019年到2021年,教育实际支出减少了80亿雷亚尔。教育经费的削减不仅影响高等教育的质量,也影响到职业教育与培训体系。根据国家工业技能培训服务中心发布的《2019—2023年工业就业人口地图》,巴西到2023年需要至少1050万名合格的各领域技术工人,其中最为紧缺的是钢铁、民用建筑、物流保障和交通运输等行业的劳动者。另外,巴西年轻人口比重偏高,疫情对巴西的教育和就业都造成了巨大的冲击。

到目前为止,巴西创新政策的成果仍然值得商榷。研究人员数量在2005年达到约50000人的峰值后,在2010年下降了近20%,甚至比2000年还要少。由于财政原因,政府还一再缩减部门资金。在专利申请方面,尽管其总数量从大约21000件(2001—2004年)增加到27000件(2007—2011年),但自2004年以来巴西公司的专利申请量一直停滞不前。

根据《巴西工业战略图景(2013—2022)》,巴西已经意识到全球化对巴西工业部门及其经济带来的挑战,并提出通过教育和创新两个渠道提高巴西工业,尤其是制造业的竞争力。"再工业化"并不只是简单地重振传统制造业,而是必须重点发展高科技含量、高附加值的创新型先进制造业。

第四,基础设施建设跟不上发展的速度。基础设施瓶颈一直被视为阻碍巴西经济增长的关键因素,这不仅影响生产率和市场效率,而且制约国内一体化和出口表现。过去20年巴西公共投资特别是对基础设施的投资一直很低,导致公共投资规模和基础设施建设质量低于中国、俄罗斯、印度、南非等新兴国家。巴西的基础设施投资占国内生产总值的比例从20世纪80年代早期的平均5.2%大幅下降至近20年来的2.25%,到2013年微反弹至2.5%。巴西基础设施投资下降主要在于对基础设施的公共投资下降。此外,鉴于预算刚性和初级支出的强制性,始于1999年的财政调整措施也限制了巴西用于公共投资的财政可支配空间,与此同时,私人部门投资也没有填补公共部门留下的空间。90年代,私有化和特许经营权向私人投资开放了诸如电信、能源和交通等关键的基础设施部门,但是,私人投资不足以弥补公共投资的下降。

第五,高税负、高利率、货币升值抑制了巴西工业投资的积极性。此前巴西经济复苏,主要依赖于基础设施投资增长、国内消费的增加以及矿产品的大规模出口,而工业和制造业部门却持续低迷,尤其是劳动力市场改善状况十分有限。近年来,受巴西政局不稳、经济发展不景气的影响,巴西的通货膨胀率和利率处于较高值,这不仅影响居民消费能力提高,而且也对市场产生明显不确定影响。对于外国投资者来讲,原材料等价格的变化,劳动力成本的大幅增长都会对其带来不利影响。另外,巴西币值不稳。自1994年巴西实行雷亚尔改革,1美元兑换1雷亚尔,但之后雷亚尔持续贬值。2012年以后受大宗商品价格走低等多种因素影响,巴西经济陷入衰退,巴西雷亚尔大幅贬值。正是因为巴西经济结构不合理,过于依赖初级产品出口,整体经济脆弱,容易导致其货币雷亚尔币值难以保持稳定,这也给在巴西的外国投资企业带来巨大风险。

四、中国与巴西经贸投资合作现状

(一)双边贸易方面

中国连续十年保持为巴西的第一大贸易伙伴。可以说中国在巴西经济快速增长的过程中扮演了重要角色,特别是中国对巴西的高品质铁矿石、黄金以及原油的需求。2019年中巴贸易额约为美巴贸易额的1.7倍,中国在巴西外贸、出口、进口中所占比重分别为25.2%、29.2%和20.2%。

在中巴双边贸易中,农产品贸易表现抢眼。2013年,巴西对华农产品出口额为228.8亿美元,中国取代欧盟成为巴西最大的农产品出口市场,占巴西农产品总出口的比重高达22.9%(欧盟占比为22.1%)。2018年,巴西对华农产品出口总额约为354.4亿美元,中国占比进一步升至35%。2019年,两国农产品贸易规模降至310.1亿美元,同比下降12.5%,但是中国占比依然维持在32%的较高比重。

大豆、牛肉、鸡肉和猪肉是巴西对华出口的四种主要农产品。2011年,中国占巴西大豆总出口的比重达到了67.1%,2018年进一步攀升至82.2%,2019年虽有回落,但仍保持在78.5%的超高比重。2019年,巴西对华大豆出口额约为205亿美元,大豆占到巴西对华出口总额的比重约为32.6%。牛肉对华出口同样增长迅速,2019年对华牛肉出口约49.4万吨,出口额约为26.7亿美元,出口量和出口额分别较2018年增长53.2%和80.1%,中国占巴西牛肉总出口的比重从2018年的2.3%增至4.3%,稳居巴西牛肉最大出口目的地国地位。鸡肉对华出口额在2010年约为12.3亿英镑,同比增速达53.70%。猪肉对华出口额在2010年更是实现了101.4%的增长,达到了6.1亿英镑。另外,值得关注的是,除大豆、肉类产品外,巴西棉花对华出口增速也很明显。2019年对华棉花出口额达到了8.2亿英镑,较2018年增长了56%,巴西已取代美国成为对华最大棉花出口国。可以预测,在中短期内,农产品将成为推动中巴双边贸易未来发展的主要引擎。

虽然巴西对华出口产品出现多样化趋势,但目前仍主要集中在大宗产品和资源密集型产品方面,它们占巴西对华总出口的比重基本维持在80%~90%。其中大豆和铁矿石两者就占到巴西对华出口量的70%以上。相反,中国出口巴西的产品多为附加值较高的工业制成品,并且产品类型非常多样化,涵盖电力机械、仪器、家用电器、通信设备、录音设备、办公机械和自动数据处理器等高科技和机电产品。

(二)直接投资方面

中国也是巴西外国直接投资第一大来源国。据中巴商务委员会的数据显示,2010年至2020年,中国投资者在巴西投资了657亿美元,其中四分之三投资于能源行业,特别是电力。电力和天然气行业集中了中国投资的48%,其次是石油和天然气开采行业,占据了28%。另外,巴西占该时期中国在拉美实际投资额的比重高达49%,遥遥领先于排在第二位的秘鲁(17%)。从投资的产业分布来看,2010年之前的项目主要集中在石油、矿业和大豆等资源型行业。2010—2013年,由于巴西中产阶级的壮大以及市场消费潜力的释放,中国企业开始更多关注巴西的制造业。在制造业中,中国资本也进入了不少领域,从汽车业到机械和重型设备行业。2014年以来,电力和基础设施则成为中国投资者关注的新领域。近年来,中国企业参与投资了拉美最大跨海大桥萨尔瓦多—伊塔帕里卡跨海大桥、拉美最大燃气发电项目里约阿苏港热电联产项目、南美最大集装箱码头巴拉那集装箱码头等大型项目。但中国资本也在巴西寻求多样化业务,从农业到信息技术,也包括银行业。例如,中国建设银行收购了巴西BIC银行。这些都推动中巴投资合作向多样化、高水平发展。

巴西计划部数据显示,截至2022年2月,2003年以来中国已在巴西投资共97个项目。其中大部分投资都集中在能源和采矿领域。中国国有企业是投资的主体,比如中国三峡集团、中国国家电网、中国石油化工集团等。从项目数量看,中国资本在汽车行业的投资数量最多,中国奇瑞、江淮、力帆等汽车制造商在巴西共投资了18个项目。此外巴西其他行业也吸引了中国的投资,比如航空运输、机械和设备制造、基础设施、技术服务等行业。

(三)合作潜力与价值

巴西有世界粮仓之称,主要农作物有大豆、玉米、稻米,拥有丰富的自然资源,工业体系比较完备,工业实力在拉美国家中居首位,着重发展石油加工业、钢铁业、纺织业、汽车业等。巴西的汽车和航空配件的行业水平在世界上也处于领先地位,航空业以巴西航空工业公司(Embraer S.A.)为代表,该公司位于圣何塞·多斯·坎波斯市,是世界第三大飞机制造商,仅次于美国波音和法国空客。巴西也是铁矿石出口大国,世界上铁矿石储量丰富,但矿藏集中在少数几个国家,储量前五的国家约占总矿藏的77%(独联体、澳大利亚、加拿大、美国、巴西)。巴西的铁矿石储量位居世界第五约占8.3%,相当于170亿吨。巴西和澳大利亚的矿石中铁含量最高,约为60%,品质优异。服务业是巴西产值最高的产业,其以金融业为主。2018

年中美贸易冲突以来，许多跨国企业纷纷调整策略，全球供应链朝向"去中心化""区域化"等趋势发展，以此来规避美国的报复性关税。而2020年以来，因国际突发公共卫生事件造成人流与物流管制、消费活动需求降低等现象，导致了全球市场需求萎缩。全球经济大幅度衰退的同时也加速了全球供应链变革。巴西正在逐渐参与或融入全球供应链，虽然程度不及亚洲发展中国家，但发展潜力大。

目前，巴西处在经济改革周期，实现出口产品多样化、促进国际产能合作、增强巴西制造的附加值、吸引外资成为巴西经济改革的核心目标。由此可见，中巴两国经济政策具有较高的契合度。中国对巴西的基础设施投资呈现出"井喷式"的增势，有效弥补了巴西投资能力的欠缺；两国产能合作能帮助巴西解决"去工业化"问题，实现产业结构的升级，融入全球生产链；金融方面，中巴开展了一些有效实践，例如货币互换，而且两国金融机构在对方市场的业务增长迅速。除此之外，两国同为金砖开发银行、亚洲基础设施投资银行的创始成员国，货币流通很有可能成为未来双边关系的重要突破口。①内需市场上，巴西拥有人口红利与庞大内需市场，是不可忽视的新兴潜力市场。虽然巴西近年来经济增长趋缓，但拥有消费能力的中产阶级逐渐兴起，旺盛的购买力有望成为其市场的动力。虽然疫情下全球宏观经济形势、贸易环境都面临挑战和不确定性，但基于中巴经贸合作的特征，在后疫情时期，中巴经贸关系仍具有较大发展潜力。

第一，制造业：巴西年轻人口众多，劳动力充沛、工资低廉、原料丰富、消费市场大。中国在当地办厂，对内巴西可以提供广大内需市场，并辐射整个拉美市场，且拉美目前的购买力逐渐增长；对外可出口到北美市场，甚至欧洲市场。巴西工业体系比较完备，工业实力居拉美首位，工业发展潜力巨大。巴西目前已经建立电子、汽车等产业基础，可以作为

---

① 周志伟：《后疫情时代中巴经贸合作展望》，《中国远洋海运》2020年第9期。

市场的组装与生产基地。比如中国奇瑞、江淮、力帆等汽车制造商在巴西都有投资。2019年比亚迪公司与巴西巴伊亚州签署云轨项目合同,为该州打造全球首条跨海云轨,连接州府萨尔瓦多市和海滨地区,该项目投资金额超过7亿美元。可以说,许多民营企业投资项目都属于制造业,比如TCL、山东碧海、华为等。

第二,进出口贸易:进出口贸易也是拓展巴西市场的主要模式。巴西虽然人力充沛,工资水平相对低廉。但是在当地设厂可能会面临供应链不完整的问题。且巴西员工技术能力和效率也存在较大问题。如果仅仅充实进出口贸易代理商,以采购和进口为主,对于中小企业来说可以降低一些潜在投资风险。

第三,农业:巴西自然资源丰富,经济以农业生产为基础,是世界上大豆,鸡肉和橙汁的主要出口国之一。在糖和甘蔗,纤维素和热带水果衍生物领域的地位也举足轻重,是全球重要的牛肉生产国。中国可以在农业方面加强与巴西的合作,比如提供技术协作,帮助巴西建立完整产业链,保持持续性发展。

第四,服务业:巴西服务业是三大产业中最大的,因此服务业是其重要的潜力市场。餐饮业、旅游业、职业培训、金融业等都是中资企业可以投资的方向。巴西以及整个拉美地区,市场和人口发展潜力巨大。2019年巴西政府放宽外资在巴设立金融机构限制后,中国徐工集团获准筹建徐工巴西银行。这是首个由巴西中央银行批准筹建的外资银行。中资制造企业首次在美洲获得银行牌照,且外资持股比例达100%。另外我们还需注意到,疫情导致了新型服务业的兴起。巴西民众可通过电商平台运作商业活动,如网购居家健身器材等。疫情后许多产品在电商平台上的销售大幅增长,通过脸谱网、照片墙等社交媒体进行直播销售的情况大幅增加。而外送服务的兴起,又带动了电动自行车、摩托车等销售量大增。

第五,能源与新兴产业:目前中国在巴西的投资,电力领域占总投资额的45%。中国企业也可以考虑在巴西发展新兴产业，比如光伏、电动汽车、汽车电子、自动化等。中国广核能源国际控股有限公司在巴西先后完成Gamma、Atlantic新能源项目的100%股权交割，并成功中标24.8万千瓦绿地项目，已成为巴西第二大风电和太阳能清洁能源公司。

第五章　巴西智库、行业协会及中巴相关领域合作

巴西作为新兴经济体，在国际社会的影响力与日俱增。外界对巴西的关注和研究，巴西对外界的观察与宣传，过去十年一直在加深。这种相互观察和理解的一个突出表现是巴西智库近年来的蓬勃发展。2020年，巴西拥有190家智库，在数量上名列全球第9位。[①]

一、巴西代表性智库

（一）巴西国际关系中心（Brazilian Center for International Relations，CEBRI）

巴西国际关系中心系独立智库，致力于制定巴西的国际议程。20多年来，巴西国际关系中心一直致力于促进关于国际视角和巴西外交政策的多元化和有目的的对话。巴西国际关系中心声誉卓著，在宾夕法尼亚大学劳德研究所发布的"2020年全球智库报告"中位列"中南美顶级智库"榜单第二名。[②]

代表人物一：何塞·皮奥·博尔赫斯，巴西国际关系中心董事会主席。皮奥·博尔赫斯曾任巴西国家经济和社会发展银行行长，获得过许多荣誉和勋章。

---

① 2020 Global Go To Think Tank Index Report, p.44.

② 2020 Global Go To Think Tank Index Report, p.48.

代表人物二：朱莉娅·迪亚斯·莱特，巴西国际关系中心首席执行官。她领导巴西一些十分重要的独立外交机构，召集巴西国内外公司、政府机构和组织的庞大网络。她曾担任巴西−中国商业委员会执行秘书，巩固了该委员会作为主要的双边机构的地位。此外，朱莉娅·迪亚斯·莱特是纽约美洲理事会常驻研究员，也是华盛顿美洲对话亚洲和拉丁美洲项目非常驻研究员。

（二）金砖国家政策中心（BRICS Policy Center，BPC）

金砖国家政策中心是一个独立、无党派、非营利的研究中心，位于里约热内卢。金砖国家政策中心致力于研究和分析全球变化及其对巴西和全球南方的影响，目的是促进公共辩论和决策，减少不平等现象，促进基于权利的议程。自2011年以来，金砖国家政策中心被列为世界顶级智库之一。金砖国家政策中心的研究项目主要包括：金砖四国与国际秩序；金砖四国—欧洲复兴开发银行、全球南方调解单位（Global South Unit of Mediation, GSUM）、国际合作与发展融资实验室（Laboratory of International Cooperation and Finance for Development, LACID）、社会环境平台、创新与发展治理。

代表人物：保罗·埃斯特维斯，该智库执行委员会成员之一。保罗·埃斯特维斯身兼数职，是社会环境平台协调员国际合作与发展融资实验室协调员、全球南方调解单位研究员。保罗·埃斯特维斯拥有丹麦哥本哈根大学博士学位，是里约热内卢天主教大学国际关系研究所教授，他是巴西国际关系协会的创始成员，2005—2009年间担任该协会理事。此外他还是国际研究协会"国际政治社会学"执行委员会的当选成员。目前，保罗·埃斯特维斯研究国际安全、人道主义和发展领域的融合，以及巴西、中等大国和周边国家如何参与新的国际安全架构。

（三）应用经济研究所（The Institute for Applied Economic Research, IPEA）

应用经济研究所是一家公共机构，在财政、社会和经济等公共政策方面向巴西联邦政府提供技术支持。应用经济研究所成立于1964年,总部位于巴西利亚,在里约热内卢设有分支机构。该研究所约有800名员工,其研究人员中有200多名是医生和博士后。

该智库的主要目标是:评估并提出基本公共政策和方案,以改善国家的社会、经济和结构发展;制定前瞻性研究,以指导中长期发展战略;协助巴西联邦政府提高决策效率;促进并改善与国家发展和政府行动有关的公共辩论。

（四）费尔南多·恩里克·卡多佐基金会（Fernando Henrique Cardoso, FHC）

该基金会由巴西著名政治家、前总统费尔南多·恩里克·卡多佐（1995年1月1日至2002年12月31日担任总统）于2004年牵头成立。卡多佐曾在英国《展望》杂志于2005年开展的一项调查中被选为全球100位顶尖知识分子之一。卡多佐基金会的目标有两个:促进公众辩论;在巴西与世界的关系中,创作和传播有关发展和民主挑战的知识。除此之外,基金会还保存并向公众提供露丝和费尔南多·恩里克·卡多佐夫妇以及其他与这对夫妇有关的公众人物的档案,以便于研究和传播有关巴西历史的知识。

二、巴西代表性行业协会

（一）巴西全国工业联合会（Brazilian National Confederation of Industry, CNI）

巴西全国工业联合会成立于1938年,是代表巴西工商界的最高官方组织,代表巴西27家国家级商业协会和1245家行业雇主联盟,涉及相关企业70万家。自成立以来,巴西全国工业联合会积极推动针对国家重大事宜的讨论协商,尤其是影响巴西工业经济发展的重大问题,在巴西社会中发挥着重大作用。该联合会总部位于巴西利亚,于圣保罗设有办事处。

代表人物为罗布森·布拉加·德·安德拉德,巴西全国工业联合会现任主席。安德拉德出生于1948年。2010年11月,他首次担任巴西全国工业联合会主席，2014年和2018年连任。安德拉德毕业于机械工程专业，是奥尔滕设备与系统有限公司总裁。这是一家为能源、石油、天然气、采矿、钢铁、卫生、电信和运输部门生产设备的行业领头公司，总部位于贝洛奥里藏特大都会区康塔格姆。

（二）全国农业联合会（Confederação Nacional de Agricultura，CNA）

全国农业联合会是一个庞大的系统，由三个实体组成：巴西农业和畜牧业联合会，代表巴西中小型和大型农民；国家农村学习服务局，是农村专业培训、社会促进和农村男女生活质量的机构；研究所，负责发展社会领域和农业综合企业研究。

代表人物：小若昂·马丁斯·达席尔瓦曾担任农村学习服务局–巴伊亚地区管理局–SENAR/AR/BA行政委员会主席（2000—2015年）；代表巴西农业和畜牧联合会的国家SEBRAE审议委员会候补成员（2012—2014年）；塞布雷·巴伊亚审议委员会主席（2009—2014年）；巴伊亚州政府运输物流国家委员会理事会正式成员，代表巴伊亚州农业和畜牧业联合会（2013—2014年）；巴伊亚州经济和社会发展委员会成员，代表巴伊亚州农业和畜牧业联合会（2010—2015年）；以及代表巴伊亚州农业和畜牧业联合会的国家科学技术委员会成员（2004—2014年）。

第六章　未来发展与政策思考

一、关于中巴经贸合作

虽然中巴经济合作关系日益紧密,投资迅速增长,且仍将保持强劲势头。但由于巴西经济结构不合理,通胀率比较高,整体经济尚较为脆弱,而且社会稳定性和秩序性等方面也存在一些问题。可能会对贸易和投资产生影响,在现实中,也已经出现这类问题。如前述的奇瑞、江淮等汽车制造商就碰到很大困难。因此,在加强中巴合作的同时,需要重视合作中的风险,积极采取有效措施加以防范。

第一,进一步夯实中巴经济关系,为中巴关系乃至中拉合作奠定坚实基础。首先,这对中巴关系的长远稳定发展具有重要的价值。虽然巴西与美国关系密切且具有优先性,甚至有时会跟着美国指挥棒,但中巴经济关系的现实利益也会对其产生一定的制约性和引导性。其次,中巴经贸关系的加强具有战略上的意义。因为巴西是中国资本进入南美洲的绝佳平台。最后,中国在汽车和消费品中的投资可以利用南方共同市场和南美洲国家联盟的内部税收优势。因此,进一步加强中国与巴西的经贸关系对于中国与拉丁美洲的合作交流具有积极意义。

第二,利用厦门金砖创新基地,构建中巴双方企业人才培训平台。巴西等拉美国家与中国乃至亚洲市场差异巨大,大部分中国企业对巴西国家经济发展、市场商机以及运作不甚了解。巴西也是如此。而企业家如果不了解当地语言和文化，想打入市场或是寻找合作伙伴更是难上加难。因此，政府应利用金砖基地平台，积极了解中巴经济复兴的情况和最新的市场资讯；积极培养了解中巴文化、语言（中文和葡萄牙语、西班牙语）和熟悉中国、巴西的贸易、法规的人才等；从而推动中国企业扩展巴西市场乃至拉美市场，这也有利于巴西企业进入中国。

第三，积极引导适合产业投资，鼓励企业到巴西投资布局。由于巴西产业链不尽完善，且投资环境并非理想，政府应选择适合产业，鼓励企业到巴西布局。如前文所述，中国企业已在多领域与巴西有合作。政府可及时跟进巴西政府产业政策，引导中国企业和中国资本进入。如光伏产业，应以国家电网等国有大型企业出面投资为主，以此带动光伏上下游产业的发展，在巴西建立一套完整的产业链，并吸引中国民营资本合作进行投资。可通过驻外机构（使馆等）与巴西当地有关部门探讨，提出助力我国年轻人在当地创业发展的方案，这不仅有助于双边关系也有利于当地经济发展，同时还为我国青年人创造更多创业的可能性。

第四，积极鼓励中国金融机构前往巴西设点，协助在巴西的中资企业获得资金保障。巴西政局不稳、汇率波动较大，这是中资企业进入巴西市场的较大挑战。中国企业在当地缺乏我国金融业的支援。因此，建议政府鼓励我国金融机构前往巴西设点，协助在巴西的中资企业能更快更便利获取资源，保障企业在当地的现金流。

第五，中国企业应注意中巴及巴西各地风土民情与法规、文化差异，聘用熟悉巴西文化及当地语言人才。巴西国土面积广大，各地风土民情不同，而且与我国差异巨大。我国企业应该多了解当地语言、文化与法规发展，并随时注意法规的变动。居住在当地的华侨华人或许能够为中资企业在当地的发展提供助力。懂语言不一定懂文化，只有了解当地文化才是更快打入巴西市场的敲门砖。同时，企业扩展当地市场应该需要可信赖的当地合作伙伴。拉美国家偏好现金付款且作业流程较久，因此企业在当地交易容易产生风险。建议企业到巴西拓展市场时应通过当地商会或华侨华人等途径多方了解,寻找合适的当地合作伙伴,避免出现收不到款的情况。

第六,重视巴西内部社会因素的影响。巴西虽然也是法治国家,但是社会经济秩序相对紊乱,民众不安全感在上升,有比较高的犯罪率。据笔者调研了解到,因为巴西日照充足,此前吸引了中国私人资本、光伏厂家到巴西设厂,但最后由于巴西政府机构的腐败(寻租成本太高)以及巴西人契约精神的缺失(比如用电后不缴纳电费等),最终以亏本经营、惨淡收场告终。因此,在中国资本和企业进入巴西时需要重视规避这类问题引发的风险。

第七,重视中巴经贸合作中美欧日因素的影响。巴西与美国、欧洲、日本的经济政治关系密切,与美国的关系处于优先位置。日本在巴西也深耕已久。在中美关系日趋紧张的状况下,要重视美国因素—所带来的负面影响。这方面要未雨绸缪。如前所述,2003—2019年,巴西曾经向我国举债800亿美元,未按期偿还。两国曾经互为最大贸易伙伴国,我国曾大量从巴西购买石油。国家开发银行给巴西贷款100亿美元,以便于巴西每年向我国企业提供石油。直到2015年,巴西石油公司陷入危机,我国基于两国友谊又继续为巴西提供了上百亿的贷款。此后国际油价开始持续走低。我国贷款给巴西之时,国际油价在100美元/桶左右,后来油价跌破了40美元/桶。如果按照合同约定,巴西需要再为我国提供3倍左右的石油。但是在2019年,巴西为了解决自身债务问题,居然向我国提出减免其偿还贷款本金的要求。我国本着和平共处、互利共赢的原则,最终同意延长巴西的还款期限,但拒绝减免贷款本金。在博索纳罗执政期间,巴西首先退出了《巴黎气候协定》。随后,巴西与美国开始频繁交流。在某些场合其又强调中国是巴西最大的贸易伙伴,要加强与中国的合作。其原因就是全球贸易虽然受疫情影响严重,但中巴贸易却逆势增长。我国仍应清醒看到美国因素对中巴关系的影响并对此保持警惕。

二、关于智库、行业协会合作

第一，中国大学、智库、研究机构和巴西学术机构之间的交流需要继续深化。国内学术机构可更多地采用线上会议的形式与巴方联合举办学术会议，及时讨论全球和地区热点问题。线上会议成本低，可以容纳尽可能多的人参会，是一个非常不错的交流方式。即使疫情结束后，线上会议也应该继续保持使用，它具备面对面交流不可比拟的巨大优势。

第二，凝聚人心最终要落实到最普通人与最普通人的交流。智库交流多属半官方性质，在促进双方相互理解方面其实作用有限。究其原因，智库交流多发生在具备一定友谊基础的机构之间，它们之间的对话，更像是老朋友们定期相聚。这种思维相近的上流知识分子阶层优雅的沙龙对话，对于加深普通民众之间相互理解究竟有多少帮助呢？实在不多。真实的交流，真正的了解，往往发生于萍水相逢。互相不熟悉，更可能说真话。

第三，每个人都能成为"大使"，鼓励民间随机交流。真正能够促进民心相通的形式或许是民间随机的、无障碍的交流。在互联网时代，这在技术上是完全可以做到的。我国相关部门可以尝试设立专项资金，鼓励民间人士与巴西民众进行网上互动。在轻松的聊天中，民间人士可以把我方的主张和政策柔和地传递给巴西普通民众，潜移默化，润物无声。

三、关于巴西联邦州与中国省份的合作

圣保罗州是巴西经济最发达的州，其国内生产总值约占巴西全国的三成，外商直接投资占全国的四成。在巴西所有州中，圣保罗州是最积极与中国进行合作的州。2019年8月，圣保罗州州长若昂·多利亚表示："圣保罗州有义务和责任在各层级上继续保持与中国良好的伙伴关系。"圣保罗州与中国有19个合作项目，包括公路、铁路、城际快速列车、滨河道路整治、沿海渡轮系统、城际客运巴士公共交通、机场、港口等交通基础设施项目，以及动植物园、公园、体育场馆等旅游休闲设施项目，预估投资总额达

400亿雷亚尔（约合104亿美元）。

亚马孙州位于巴西西北部，面积多达157万平方公里，是该国最大的一个州，也是美洲继加拿大努纳福特和美国阿拉斯加后的第三大州。中国各界曾大力帮助亚马孙州渡过难关。例如中国红十字会向亚马孙州提供过紧急援助，广东省政府和徐工、中国银行、华为、格力、比亚迪等在巴中国企业，以及中巴社会文化研究中心向亚马孙州捐赠了氧气、制氧机、口罩和大量食品包。亚马孙州自然资源丰富，感恩中国，是中国未来发展地方合作的重要目标对象。

2021年10月22日，巴西中部州份马托格罗索州与中国四川大学签署合作协议。根据协议，双方将在该州设立孔子学院分部，教授中国语言和文化。四川轻化工大学校长表示，希望通过这一项目为该校的葡语系学生提供在巴西交流的机会，同时也吸引更多巴西学生到中国内地进修。福建省厦门市也可接触该州进行合作。

2022年2月7日，伯南布哥州举行"伯南布哥州对华环境合作可行性及其路径"视频研讨会，该州希望与中国开展环保合作。州首府及该州最大城市累西腓市副市长伊莎贝拉·德罗当表示，环保是巴中两国的重要合作领域，期待早日看到中国龙舟在累西腓市河流争渡的情景。累西腓市欢迎包括中国在内的合作伙伴参加首届累西腓国际固体废物大会，共同促进全球可持续发展。

综上，中巴合作非常重要，是进一步推动金砖合作的重要动力来源。金砖国家在金融合作、经贸合作、数字经济合作、科技合作等领域大有可为。应探索金砖全面合作机制。在新的形势背景下，金砖国家也应坚定信念、加强团结，推动金砖务实合作朝着更高质量方向前进。

俄罗斯篇

第一章　俄罗斯国家概况

俄罗斯联邦亦称俄罗斯。国土面积为1709.82万平方公里,居世界第一位。森林覆盖面积占国土面积65.8%,居世界第一位。人口约1.47亿人(截至2020年1月1日),是由194个民族构成的多民族国家,其中主体民族俄罗斯族占77.7%,主要少数民族有鞑靼、乌克兰、巴什基尔、楚瓦什、车臣、亚美尼亚、阿瓦尔、摩尔多瓦、哈萨克、阿塞拜疆、白俄罗斯等族。俄语是俄罗斯联邦全境内的官方通用语言,各共和国有权规定自己的国语,并在该共和国境内与俄语一起使用。主要信仰宗教为东正教,其次为伊斯兰教。

俄罗斯的自然资源十分丰富,种类多、储量大、自给程度高。木材蓄积量821亿立方米。已探明天然气蕴藏量占世界探明储量的25%,居世界第一位。石油探明储量占世界探明储量的9%。煤蕴藏量居世界第五位。铁蕴藏量556亿吨,居世界第一位,约占世界探明储量的30%。铝蕴藏量4亿吨,居世界第二位。铀蕴藏量占世界探明储量的14%。黄金储量居世界第三位。此外,俄罗斯还拥有占世界探明储量65%的磷灰石和30%的镍、锡。

根据俄罗斯宪法,俄罗斯联邦现由85个平等的联邦主体组成,其中包括22个共和国、9个边疆区、46个州、3个联邦直辖市、1个自治州和4个民族自治区。为维护国家统一,强化总统对地方的管理,俄罗斯联邦主体按地域原则划分为8个联邦区(中央区、西北区、南部区、北高加索、伏尔加河沿岸区、乌拉尔区、西伯利亚区和远东区）。首都莫斯科是俄罗斯政治、经济、金融、科学、艺术、教育、商业中心，也是欧洲最大的城市，面积为2560平方公里，常住人口1267.8万（截至2020年1月1日）。主要经济中心城市有：莫斯科、圣彼得堡、新西伯利亚、下诺夫哥罗德、叶卡捷琳堡、萨马拉、鄂木斯克、喀山、车里雅宾斯克、顿河畔罗斯托夫、乌法、伏尔加格勒、彼尔姆等。

俄罗斯联邦总统是国家元首和俄罗斯联邦武装力量的最高统帅。对武装力量和其他军事力量实施全面领导，并通过国防部长和总参谋长对武装力量实施作战指挥。俄罗斯联邦武装力量由管理机关、军团、兵团、部队、军事院校以及后勤部门组成。未编入武装力量的其他军事力量包括国民近卫军、联邦安全总局、联邦警卫总局所属部队、民防部队等。现任俄罗斯联邦总统弗拉基米尔·弗拉基米罗维奇·普京于2018年3月23日第四次当选，5月7日宣誓就职，其总统任期到2024年5月初。

俄罗斯联邦政府是最高国家执行权力机关。俄罗斯联邦政府由俄罗斯联邦政府总理、副总理和部长组成；总理依据俄罗斯联邦宪法、联邦法律和俄罗斯联邦总统令，确定俄罗斯联邦政府活动的基本方针和组织政府的工作。2020年1月16日，普京签署总统令，任命米哈伊尔·米舒斯京为新一任联邦政府总理。2020年1月21日，俄罗斯新一届政府成立，设1名总理、9名副总理和21名部长。

第二章 俄罗斯内政外交

一、俄罗斯内政

(一)俄罗斯政治制度

俄罗斯联邦实行的是联邦制及半总统制,以俄罗斯联邦宪法和法律为基础,根据立法、司法、行政三权分立又相互制约、相互平衡的原则行使职能。

1.行政部门

总统是国家元首,任期6年,可以连任一次,由人民直选产生。总统拥有相当大的行政权力,有权任命包括总理(正式名称为政府主席)这一政府首脑在内的高级官员,但必须经议会批准。总统同时也是武装部队的首领以及国家安全会议的主席。并可以不经议会通过直接颁布法令。总统不可以连任超过2届,但可隔届再次参选。俄罗斯现有18个部门及其他与部同级的总局,其中有9个部门较为特殊,有重要权力的部门是由总统直接管辖,称为强力部门,分别是:联邦内务部、联邦外交部、联邦国防部、联邦司法部、联邦民防、紧急情况及消除自然灾害后果部(简称紧急情况部)、联邦安全局、联邦对外情报局、联邦警卫局、国家近卫军。其余9个部则是直属总理,分别是:联邦财政部、联邦卫生部、联邦教育与科学部、联邦工业与贸易部、联邦农业部、联邦文化部、联邦交通运输与通信部、联邦自然资源与环境保护部、联邦能源部。①

2.立法部门

1993 年之前俄罗斯采行一院制——俄罗斯联邦人民大会(原苏联最高苏维埃改组)。1993 年俄罗斯宪政危机,修改宪法之后,俄罗斯联邦会议是俄罗斯联邦的代表与立法机关。联邦议会采用两院制。下议院称国家杜马(State Duma,代表联邦各主体),上议院称联邦委员会(Federal Council,代表联邦)。国家杜马的法案联邦委员会只能批准或者是通过而不得修改,然而联邦委员会若否决国家杜马的提案,两院可以共组一个调解委员会以制订出妥协版本,依旧无法达成妥协或国家杜马坚持原案,国家杜马在取得三分之二的赞成票后可以否决联邦委员会的决定。②

国家杜马是俄罗斯的民意代表机关,"杜马"一词,是俄文 дума 的音译,意为"议会";而 Дума 又来源于俄文动词 думать,意为"思考"。1993 年,俄罗斯恢复了"国家杜马"的名称,在此之前,俄沿用苏联时期的办法。苏联时期的议会是"人民代表苏维埃",其常设机构是两院制的"最高苏维埃",内分联盟院和民族院,1993 年 10 月俄罗斯发生炮打白宫事件后,叶利钦总统宣布废除苏维埃制度,建立新的联邦议会,上院称"联邦委员会",其下院即"国家杜马",主要职能是通过联邦法律、宣布大赦、同意总统关于政府首脑的任命等。

国家杜马的职权包括同意总统对总理的任命;决定对总统的信任问题;任免审计院主席及半数检查员;实行大赦;提出罢免俄罗斯联邦总统的指控;通过联邦法律。其选举方式从 1993 年开始实施混合制,十多年后的 2005 年 5 月,在时任总统普京的主导下,俄罗斯国会修改法律,将选举制度由混合制改为政党名单比例代表制。在新的选举制度下,全部的 450 名国家杜马议员皆由以全国为范围的政党名单比例代表制选举产生,且将政党

---

① 俄罗斯联邦总统网站,http://kremlin.ru/。

② 俄罗斯国家杜马网站,http://duma.gov.ru/。

可分配席次门槛由原本的5%提高为7%。

第七届国家杜马一共有450名代表（议员）席位，代表任期5年，于2016年9月选举产生。共有4个议员团，分别为统一俄罗斯党党团（342席）、俄罗斯共产党党团（42席）、公正俄罗斯党党团（23席）、俄罗斯自由民主党党团（39席）、公正俄罗斯党（23席）、俄罗斯国家党（1席）、公民纲领党（1席）、无党籍（1席）。维亚切斯拉夫·维克托罗维奇·沃洛金（Вячеслав Викторович ВОЛОДИН，统一俄罗斯党）于2016年10月5日当选第七届国家杜马主席。

第八届俄罗斯国家杜马选举，于2021年9月20日举行。总共450个议席，本次选举实行混合选举制即一半议席按照政党比例代表制选举产生；另外一半议席则在单席位选区中选举产生，即在俄罗斯全国设立225个选区，每个选区选举产生一名议员。选举统计结果，统一俄罗斯党获得了49.82%的选票，以此获得126个席位。该党还在198个单席位选区投票中获胜，以此获得198个单席位。总计统一俄罗斯党获得324个国家杜马席位。俄罗斯共产党将获得57个国家杜马席位，"公正俄罗斯—爱国者—为了真理"党将获得27个席位，俄罗斯自由民主党将获得21个席位，新人党获得13个席位。

俄罗斯总统弗拉基米尔·普京建议第七届国家杜马议员支持克里姆林宫办公厅副主任——维亚切斯拉夫·维克托罗维奇·沃洛金继续出任新一届国家下议院议长及俄国家杜马主席。2021年10月12日，在举行的第八届俄罗斯国家杜马第一次全体会议上，"统一俄罗斯党"推举的国家杜马主席候选人沃洛金再次当选国家杜马主席。

（二）俄罗斯政府机构

1.俄罗斯联邦总统办公厅

俄罗斯联邦总统办公厅是由俄罗斯联邦总统设立的行政机构，负责协助总统完成宪法赋予的权限与职能。总部位于莫斯科基泰格罗德区旧广场4号。总统办公厅的主要职责是保障总统的一切活动，为其实施宪法职权创造条件。主要负责起草和编写政策性和规划性纲要文件；准备，执行和发布总统签署的文件；为总统提供各种活动信息和决策方案；协调总统与联邦安全会议及顾问咨询机构的联系等。2004年4月6日普京上任总统后签署关于改组总统办公厅的总统令，改组后的分支机构为21个。

安东·爱德华多维奇，俄罗斯联邦外交官、政治人物。1972年生于爱沙尼亚苏维埃社会主义共和国，自2016年起担任总统办公厅主任、俄罗斯联邦安全会议常委。他的祖父卡尔·瓦伊诺曾在1978年至1988年担任爱沙尼亚共产党中央委员会第一书记。父亲曾是俄罗斯最大的汽车企业瓦兹公司副总裁。1996年他毕业于莫斯科国立国际关系学院，后供职于俄罗斯驻日本大使馆（东京）。2001年回国后在外交部第二亚洲司工作。2003年进入总统办公厅礼宾局工作。2007年4月，任总统办公厅礼宾和组织局第一副局长。2007年10月，任政府办公厅副主任。2008年4月，任政府办公厅副主任兼礼宾局局长。2011年12月，升任俄罗斯联邦部长兼政府办公厅主任。2012年5月，任总统办公厅副主任。2016年8月12日，普京免去总统办公厅主任谢尔盖·伊万诺夫的职务，任命总统办公厅副主任安东·瓦伊诺为新主任。随后安东·爱德华多维奇任俄罗斯联邦安全会议委员、常委。2020年7月，他在俄罗斯百大政治人物排行榜位列第三，仅次于普京和米舒斯京。①

2.俄罗斯联邦国防部

俄罗斯联邦国防部是统辖俄罗斯联邦军队的俄罗斯联邦政府部门。俄罗斯国防部长为名义上的全军首脑，受俄罗斯联邦总统领导。现任国防部长为谢尔盖·绍伊古。俄罗斯联邦国防部大楼位于莫斯科市阿尔巴特广场，建于1940年代，1980年代加以改建。2012年11月6日，原来的国防部长阿纳托利·埃杜阿尔多维奇·谢尔久科夫因腐败丑闻被普京解除职务，绍

---

① 安东·爱德华多维奇个人资料，俄罗斯联邦总统网站，http://kremlin.ru/catalog/persons/307/biography。

伊古被任命为国防部长。2012年11月7日,绍伊古决定恢复苏沃洛夫军校和纳希莫夫海军学校学生参与5月9日胜利日阅兵的传统。2013年7月,绍伊古下令指挥官每天早上在军营一边播放俄罗斯国歌,一边阅读爱国主义的军事书籍;同年8月,他下令国防部文职工作人员、其他工作人员和管理人员穿着办公制服。2014年2月26日,绍伊古表示,俄罗斯计划与越南、古巴、委内瑞拉、尼加拉瓜、塞舌尔、新加坡等多个国家或地区签署协议,设立永久性军事基地和飞机加油站;2014年7月,乌克兰刑事检控绍伊古,指控他协助乌克兰东部攻打乌克兰军队的"非法军事团体"。对于2022年初的俄乌冲突,绍伊古称,俄罗斯的"特别军事行动"旨在保护本国免受西方威胁。

3.俄罗斯联邦外交部

俄罗斯联邦外交部是俄罗斯联邦政府组成部门之一,负责俄罗斯外交事务。谢尔盖·维克托罗维奇·拉夫罗夫2004年出任外交部长。拉夫罗夫1972年毕业于莫斯科国立国际关系学院,其后进入苏联外交部。2022年2月25日,因俄乌冲突,拉夫罗夫与总统普京等俄罗斯联邦安全会议成员一道被美国列入《特别指定国民和被封锁人员》进行制裁。①

4.俄罗斯联邦安全委员会

俄罗斯联邦安全委员会的前身为苏联国家安全委员会,是一个直属于俄罗斯联邦总统的组织,主要任务是为总统决定国安事务方针,由总统召集几位重要的部委首长参与,整合各部委的意见以制定国家安全政策。目前联邦安全会议主席由总统普京兼任,副主席由统一俄罗斯党主席梅德韦杰夫兼任。俄罗斯联邦安全委员会由总统直辖,每个月都会召开一次会议,其概念定义是承办国家安全的相关文件,例行性会议按照计划由担任主席的联邦总统来主持,必要时可召开紧急会议,主席依照俄罗斯联邦安

---

① 谢尔盖·维克托罗维奇·拉夫罗夫个人资料,俄罗斯国际事务委员会网站,https://russiancouncil.ru/sergey-lavrov/。

全委员会秘书长的建议设置议事程序和秩序并主持会议,秘书长和会议成员负责定期的会议工作。

5.俄罗斯联邦总统事务管理局

俄罗斯联邦总统事务管理局简称俄总统事务局,成立于1993年11月15日,是俄罗斯联邦行政机构(联邦机构),职能是为联邦政府机构提供物资和技术支持以及社会、医疗和疗养等服务;按照俄罗斯联邦法律规定的程序组织和直接执行事务管理;为俄罗斯联邦总统、俄罗斯联邦政府、俄罗斯联邦总统办公厅和俄罗斯联邦政府办公厅的活动提供资金。

6.俄罗斯经济发展部

俄罗斯经济发展部是俄罗斯联邦政府部门,主要负责规划和制定与社会经济和商业发展的政策,该机构成立于2008年,前身为俄罗斯联邦经济发展和贸易部。

7.俄罗斯联邦内务部

俄罗斯联邦政府组成部门。是负责维持俄罗斯国内治安的执法机关,俄罗斯联邦内务部总部位于莫斯科。现任内务部部长是弗拉基米尔·科洛科利采夫,2012年5月21日上任。

8.俄罗斯联邦卫生部

俄罗斯联邦政府组成部门,总部位于莫斯科。负责俄罗斯国内卫生事务。现任卫生部部长为米哈伊尔·穆拉什科,2020年1月21日上任。

9.俄罗斯联邦工业和贸易部

俄罗斯联邦政府组成部门,总部位于莫斯科。负责管理对外贸易、度量衡学、行业、国防工业、航空科技发展和技能规范化。现任工业和贸易部部长为丹尼斯·曼图洛夫。

10.俄罗斯联邦教育与科学部

俄罗斯联邦政府组成部门,总部位于莫斯科负责科学研究、教育、学校资格认定等工作。2018年,俄罗斯联邦教育与科学部被分为俄罗斯联邦教育部和俄罗斯联邦科学及高等教育部。

11.俄罗斯联邦能源部

俄罗斯联邦政府组成部门,总部位于莫斯科主要负责能源政策等事务。能源部于2008年成立,为当时总统梅德韦杰夫政府改革的一部分。现任部长为亚历山大·诺瓦克,2012年上任。

12.俄罗斯联邦国家统计局

俄罗斯联邦政府统计机构,其前身是苏联国家统计委员会,国家统计委员会则是1987年由苏联中央统计局升格而来。俄罗斯联邦国家统计局成立于2004年,自2017年起隶属于俄罗斯经济发展部,工作人员23000人。

13.俄罗斯联邦文化部

俄罗斯联邦政府的组成部门,负责制定与发展国家的文化、艺术与电影摄影政策,并具有管理档案的功能。联邦文化部同时也是俄罗斯国内的电影审查机构,负有禁止反俄电影上映的职责。现任文化部长为奥莉佳·柳比莫娃。

14.俄罗斯联邦民防、紧急情况及消除自然灾害后果部

俄罗斯联邦民防、紧急情况及消除自然灾害后果部,简称为紧急情况部,国际上通称为EMERCOM(Emergency Control Ministry的字首缩写,意为紧急情况控制部),是俄罗斯联邦政府的行政部门。2016年时的紧急情况部部长为弗拉基米尔·普契科夫,他于2012年5月17日上任,取代了先前已担任本部部长达20年之久的谢尔盖·绍伊古。

15.俄罗斯联邦安全局

俄罗斯联邦安全局,是俄罗斯负责国内事务的情报机构,是苏联时期契卡、内务人民委员部、克格勃的继承组织,目前总部位于莫斯科卢比扬卡广场。现任局长是亚历山大·博尔特尼科夫。联邦安全局主要负责俄罗斯国内事务,负责国外谍报工作的则为俄罗斯对外情报局。联邦安全局内部含有一个政府单位FAPSI,专门进行国外的电子监控,也就是说,联邦安全局可以自行调整行动内容。例如联邦安全局可以通过总统直接下令,进行

全世界的反恐怖军事行动,而且在需要的时候,联邦安全局也可以公布法律或是与其他俄国情报单位合作,像是在车臣共和国内,联邦安全局就曾与俄罗斯内政部下属的格勒乌、内部小组、俄罗斯特种部队合作。联邦安全局必须为俄罗斯内部事务负责,例如进行反情报、与黑社会、恐怖分子或毒枭对抗等工作。

16. 俄罗斯联邦对外情报局

俄罗斯联邦对外情报局,俄罗斯情报机关之一,专责俄国境外的情报活动。总部位于俄罗斯莫斯科亚先捏沃,约有一万三千名员工,特工会化身为外交人员或记者进行情报活动。现任俄罗斯总统普京,也曾经是对外情报局成员。该局现任局长是谢尔盖·纳雷什金。

17. 俄罗斯联邦警卫局

俄罗斯联邦警卫局是俄罗斯联邦负责保护总统和其他高级别官员的机构,它继承自苏联时代的克格勃第9总局。除了负责俄罗斯总统和其他高官的安全,联邦警卫局控制着可以在全球核战争爆发时使用的"黑匣子"。联邦警卫局下面还有克里姆林团,负责保卫克里姆林宫的安全。联邦警卫局下属的特别通信与信息处则负责搜集信号情报以及维护俄罗斯的密码安全。

18. 俄罗斯联邦国家近卫军

俄罗斯联邦国家近卫军是俄罗斯联邦负责保卫国内主要目标、维护国内公共秩序及保障法律顺利执行的国家宪兵部队。它由俄罗斯总统普京以俄罗斯内卫部队、特别用途机动单位、特别迅速应变分队和其他俄罗斯联邦武装部队以外的准军事武装部队为基础改组而来。隶属于俄罗斯联邦安全会议下的国家近卫军指挥部。编制包括俄罗斯国家近卫军一级指挥部门的7个军区,东部军区、西伯利亚军区、乌拉尔军区、西北军区、伏尔加军区、北高加索军区、中部军区。另外,国家近卫军还有自己独立作战任务师、特种部队、航空部队。

（三）俄罗斯主要党派

目前,俄罗斯国会国家杜马有六个政党,执政党统一俄罗斯党长期牢固掌握政权,令国家长期处于一党独大状态,其余五个在野党基本完全无力挑战其地位。

1.统一俄罗斯党(EREP)

政治主张:俄罗斯保守主义、实用主义、普京主义

党魁:德米特里·阿纳托利耶维奇·梅德韦杰夫

议员席位:343

俄罗斯目前的执政党。成立于2001年4月,是由尤里·米哈伊洛维奇·卢日科夫、叶夫根尼·马克西莫维奇·普里马科夫和明季梅尔·沙里波维奇·沙伊米耶夫领导的"祖国—全俄罗斯"联盟与以谢尔盖·库茹盖托维奇·绍伊古、亚历山大·古洛夫和运动员出身的亚历山大·卡列林为首的"团结"党合并而成。俄罗斯总统普京曾任该党主席,现仍与其关系紧密。俄罗斯联邦安全会议副主席梅德韦杰夫现为该党主席。

统一俄罗斯党在俄罗斯算是比较年轻的政党,但因普京的高人气,使其在地方与联邦选举中有很好的成果。在2003年俄罗斯议会选举之中,该党得到37%的支持率。2005年1月,该党拥有全议会450席中的305席,达到了"宪法多数"。统一俄罗斯党也在俄罗斯联邦委员会(上议院)178个代表中拥有88名代表席次。在2004年总统选举中,统一俄罗斯党支持普京,并有助于他的胜利。在普京政府任职的部长、许多地区的首长以及其他在整个俄罗斯联邦政府的高级官员都是该党的党员。根据官方网站信息[1]:到2007年7月20日时该党已经有1530000名党员。根据统一俄罗斯党自己在2005年9月20日登记的资料,彼时该党在全俄罗斯就有2600个地方党部与29856个小办事处。

2.俄罗斯联邦共产党(KPRFKΠPΦ)

---

[1] 统一俄罗斯党网站,https://er.ru/regions。

党魁：根纳季·久加诺夫

议员席位：42

俄罗斯联邦共产党简称俄共，是俄罗斯的一个共产主义政党。该党一般被认为是苏联共产党的主要政治遗产继承者。目前，该党是俄罗斯第一大在野党，并在奥廖尔州、乌里扬诺夫斯克州、哈卡斯共和国和俄罗斯第三大城市新西伯利亚执政。

俄罗斯联邦共产党被谢尔盖·巴布林的俄罗斯人民同盟所认同，并在2011年的大选中获得一些议席。俄罗斯联邦注册署声明有164546个合格选民为共产党籍的公职人员。2014年，该党呼吁俄罗斯正式承认顿涅茨克人民共和国和卢甘斯克人民共和国。在2022年俄罗斯对乌克兰发动特别军事行动，俄罗斯共产党发表声明予以支持，并指责北约计划"奴役乌克兰"，从而"对俄罗斯的安全构成严重威胁"。它呼吁乌克兰"非军事化和去纳粹化"。该党认为，此次军事行动是乌克兰班拉德派和法西斯分子与俄罗斯武装部队之间的冲突。此外，该党还指控乌克兰班拉德派和法西斯分子对讲俄语的人实行种族灭绝。俄罗斯共产党还指责美国和北约将欧洲法西斯同情者和中东恐怖分子部署到乌克兰与俄罗斯军队作战。不过俄罗斯共产党三位国家杜马议员反对此次军事行动。

3. 俄罗斯自由民主党（LDPRЛДПР）

党魁：弗拉迪米尔·季里诺夫斯基（2022年4月过世）

议员席位：39

俄罗斯自由民主党简称俄国自民党，是由俄罗斯极右翼政治家弗拉基米尔·日里诺夫斯基于1989年创建的政党，亦曾是苏联实行多党制后成立的第一个政党，也是目前俄罗斯第四大在野党。总部位于莫斯科。该党派自称为中间派的亲改革民主党派，呼吁实施混合经济体制和俄罗斯力量的复兴，实际上奉行排外的极端民族主义路线。2018年9月，俄罗斯自民党候选人谢尔盖·富尔加尔在哈巴罗夫斯克边疆区州长选举中战胜了统一俄罗斯党候选人、前州长维亚切斯拉夫·什波特。2019年，在哈巴罗夫斯克边疆区杜马选举中获得多数席位。2020年,谢尔盖·富尔加尔被俄联邦政府逮捕,引发当地大规模抗议。

4."公正俄罗斯—爱国者—为了真理"党(SRCP)

政治主张:社会民主主义、民主社会主义、左翼民族主义

党魁:尼克莱·列维切夫

议员席位:23

俄罗斯的一个社会民主主义政党。该党是当前俄罗斯第二大在野党,成立于2006年10月28日,当时名为公正俄罗斯;2021年1月,改用现名。公正俄罗斯于2006年10月28日由全俄政党"祖国"(部分派别)、俄罗斯生活党和俄罗斯退休者党三个中左翼党派组建而成,后来又有六个小党加入进来。该党宣称支持公正、自由和团结,提倡保障个人的权利、自由以及建设福利国家的价值理念。2011年12月10日,公正俄罗斯在莫斯科举行代表大会,米罗诺夫被推选为总统候选人以参加2012年3月举行的总统选举,米罗诺夫争取进入总统选举的第二轮是该党的目标。米罗诺夫表示该党不会与统一俄罗斯在国家杜马中结盟。公正俄罗斯宣布其不会参加2018年俄罗斯总统选举,但会支持现任俄罗斯总统普京。2021年1月,民主社会主义政党"俄罗斯爱国者"和右翼民族主义政党"为了真理"并入该党,该党遂更名为"社会主义政党'公正俄罗斯—爱国者—为了真理'"。

5.俄罗斯未进入杜马的政党

俄罗斯爱国者党、正确事业、俄罗斯统一民主党"亚博卢"、全俄政党"祖国"、新人、公民纲领、成长党、俄罗斯自由和公正党、共产党"俄罗斯共产党人"、俄罗斯生态党"绿党"、社会民主人士联盟、俄罗斯君主党、俄罗斯复兴党、未来俄罗斯等政党。

(四)俄罗斯政治发展的特征

1.俄罗斯政治文化特征

在俄罗斯历史和现实中一直存在着大西洋主义(西欧派)、斯拉夫主义(本土派)和欧亚主义(欧亚派)之争。西方派认为俄罗斯本来是欧洲的一

部分。主张西化。本土派强调俄罗斯政治文化和发展道路的特殊性，而欧亚派认为俄罗斯既不属于欧洲，也不属于亚洲。而是地处欧亚的一个特殊的国家。欧洲的政治文化以个人主义为中心，关注个体的自由和权利；而东方政治文化（传统意义上）以共同体为中心，以社会、集体和国家为导向。俄国政治文化和欧洲政治文化存在着巨大差异。主要体现在以下三个方面：

一是俄罗斯政治文化中的国家专制主义导向。俄罗斯横跨欧亚大陆。不同语言和文化的众多民族生活在这片辽阔的疆域中。在这样的条件下，为了整合这些不同的民族，保证他们的认同。国家专制主义导向成为俄罗斯政治文化的重要特点。俄罗斯人既惧怕国家和权力，又要亲近国家和权力，由此形成了俄罗斯政治文化和国民性格中的二律背反。在缺少欧美社会结构中的公民社会的情况下。这种对国家和权力的认知，反映了国家要素在俄国历史和现实中的核心作用。

二是俄罗斯政治文化中的帝国意识和弥赛亚（救世）情怀。俄国的历史和东正教紧密相连，862年基辅罗斯建立；988年罗斯受洗，接受了来自拜占庭帝国的东正教；1442年，罗斯教会取得独立于君士坦丁堡教会的地位。东正教信仰对俄罗斯人的大俄罗斯观念、爱国主义、俄罗斯的特殊性等政治意识的形成起了重要作用，并成为俄罗斯人的精神支柱。俄罗斯人以此安身立命来面对东方的伊斯兰教和西方的天主教。特别是继承自拜占庭帝国东正教文化中的帝国意识和弥赛亚情怀，更是深深影响着俄罗斯人的政治意识，成为俄罗斯政治文化中的又一显著特点。为了维护对多民族国家的统治，超大型的俄罗斯帝国必须依靠强势的中央集权国家机器，由此带来的是个体对权力和国家意志的臣服，以及国家不断地对外战争和领土扩张。从"第三罗马"到沙俄帝国的对外扩张，再到两次世界大战及战后两极格局的形成，都体现了俄罗斯的争霸意识，也不可避免地显示出大国沙文主义、强权政治的文化色彩。

三是俄罗斯政治文化中的家长制传统和"聚合性"社会理想。俄罗斯政治文化的家长制传统和"聚合性"社会理想源于俄国的历史。以爱为基础,体现自由与统一的"聚合性"与俄罗斯传统的村社集体生产方式相结合,使服从于集体、国家、政权及其代表者的集体性、集体主义精神成为俄罗斯民族性格的主要特征。在俄国历史上,农业社会"村社"的基本单位就是以家长为首的家庭。作为一家之主的家长领导几十人的家庭从事生产,他的权威无可争议。由于俄罗斯地处高纬度,农作物生长期短,农活不能耽搁,需要家长利用权威分配家庭成员并集中精力在短时间内完成繁重的农业劳动,以保证秋收。家庭中的其他成员必须执行家长的命令,否则个人利益也必然无法实现。个人的命运依赖于家庭、国家和权力。在这种情况下,个人必须服从家长、服从领导;反过来家长也照顾和庇护个人。

独特的政治文化孕育出俄式政党制度并对政治行为具有内在的指引作用。可以说俄罗斯政治文化特性对于包括政党制度在内的当代俄罗斯民主制度产生了直接的影响。

第一,在以总统制为核心的中央集权制度中,俄罗斯联邦总统没有政党属性,超越三权之上,这与典型的西方总统制明显不同。俄罗斯独立后,俄罗斯联邦总统的超党派特性在《俄罗斯政党法》第十条中得以确认:"俄罗斯联邦总统在任职期间必须暂时中止其政党党员资格。"《俄罗斯联邦宪法》第八十条规定:"总统是俄罗斯联邦宪法、人和公民的权利和自由的保证人。"俄罗斯总统权力巨大,其地位超越于西方所谓的立法、行政、司法三权之上。这在现代西方民主国家中是不可能的。

第二,在俄罗斯现行的民主制度下,政党从属于国家权力。俄罗斯存在"政权党",但没有"执政党",这和我们通常认识的西方民主制度又是不一样的。1993年颁布的《俄罗斯联邦宪法》第八十三条规定,政府总理由总统提名,经国家杜马"同意"并"任命",而不是由在国家杜马选举中"获胜的党进行组阁"。虽然俄罗斯没有执政党,但在国家杜马却存在着"政权党",即为支持总统的党。当代俄罗斯政党在国家杜马中没有组阁权,所以与国家行政权力绝缘,只承担立法和监督职能。

第三，俄罗斯的民主是主权民主。普京称："俄罗斯按照本国人民的意愿，选择了自己的民主制度。它遵守所有通行的民主规则，走上了民主之路。它将就如何贯彻自由和民主原则做出独立的决定，这必须从本国的历史、地缘政治及其国情出发。作为一个主权国家，俄罗斯能够也将自主地决定民主道路上的一切时间期限，以及推进民主的条件。"主权民主，是俄罗斯现阶段转型时期的民主表现形式，必然还要随着俄罗斯国情的发展而变化。

2. 俄罗斯政党政治特性

当今俄罗斯的政党政治奠基于苏联后期的多党制。1993年的俄联邦宪法第十三条正式以法律形式确定了多党制："在俄罗斯联邦，承认政治多元化和多党制。"俄罗斯从一党制向多党制的转变是在剧烈的社会动荡中完成的，1991年12月，统一的苏维埃联盟国家崩溃，长期执政的苏联共产党以被强制终止活动的形式消失了，争夺政治权力的纷扰仍在延续，经济衰退、民生破坏、人才流失，多党政治远未完善。直至普京执政时期，俄罗斯才形成了相对稳定的政党政治。

以2001年7月《政党法》的颁布为时间节点，多党制时代的俄罗斯政党政治经历了两个发展阶段。在《政党法》颁布之前的这一阶段，其首要特征是：以新宪法为基础，政党成为政治活动的主体。政党政治运行的基础是1993年12月颁布的俄罗斯联邦宪法，俄罗斯进行的国家杜马选举成为各政党宣示自己政治力量的舞台。根据杜马选举规则，国家杜马的450名代表中，有一半即225名代表在全联邦选区按照政党或竞选联盟比例代表制原则选举产生。这样，政党就正式被承认为政治活动的主体，在杜马选举及其之后的杜马活动中扮演非常重要的角色，从而使政党的参政特征真正体现出来。

这个阶段政党政治的第二个特征是：政党的不稳定及其活动的不规范。虽然俄罗斯进入政党政治时期，各政党拥有了国家杜马这样的活动舞台，但总体来看，政党活动仍然延续着此前的街头政治风格，政党活动不稳定,也没有稳定的政治活动空间;就政党自身而言,许多政党甚至没有稳定的政治纲领,政党领导人更换频繁;政党众多,政党产生和消失的速度都很快。

这一阶段政党政治的第三个特征是:政党间,以及政党和政府之间的对立严重。首先,左、右两端的政党力量比较强大,持中间立场的政党力量相对薄弱;其次,各政党纷纷将自己的独特性作为吸引民众的旗帜,因此极端民族主义的、宗教性的、地方性的政党纷纷出现;再次,政党之间的相互攻击更为频繁,许多政党为强化自己在公众中的印象,常常对其他政党进行攻击,造成政党间关系的紧张状态;最后,政党与总统及政府之间的斗争比较激烈。这一时期左翼政党在国家杜马中占有一定优势,以俄共为代表的左翼政党对总统和政府的自由主义政策提出批评,并在杜马中行使相应的权力,与支持总统和政府的政党进行斗争。

上述这一时期是俄罗斯政党政治的初始阶段,不成熟、不稳定是其最显著的特征。

自2001年7月俄罗斯颁布《政党法》,俄罗斯政党的活动具备了一个新的法律基础,其核心内容之一是提高政党及社会组织注册的标准,从而达到降低政党及社会组织数量的目的。按照俄罗斯关于社会组织的法律,1998年有200个左右的组织可以参加杜马选举,到2003年选举时仅有44个可以参加选举。2004年11月,俄罗斯国家杜马通过《政党法》修正案,再次提高了政党注册的标准,并要求各政党在2006年1月1日前重新注册,未达到注册要求和未按规定注册的政党取消其政党资格。结果只有17个政党符合要求而获得注册。在对政党进行规范约束的同时,政党在政治生活中的地位也相应地得到加强。根据2002年12月普京总统签署的国家杜马选举法规定,只有政党或政党与其他社会联合组织结成的选举联盟才有权提出联邦代表候选人;次年1月公布的总统选举法则规定,符合《政党法》规定的政党有权提名总统候选人;2007年开始,所有国家杜马代表均按政党代表制原则选举产生,这也就意味着不能得到政党支持的人选就不可能成为杜马代表。

因此政党在俄罗斯国家政治生活中的基础性地位日益得到凸显和加强。普京担任总统后致力于建立有广泛支持和稳定威望的政党。2001年12月，"团结党""祖国"运动和"全俄罗斯"运动联合改组成立了"全俄罗斯统一和祖国党"，通称"统一俄罗斯党"。普京亲自参加成立大会并在讲话中指出："俄罗斯需要能真正博得俄罗斯人民尊敬和支持的政党。社会需要的是能够始终不渝地维护公民的权利和利益的政党。"统一俄罗斯党成立后即成为国家杜马中的第一大党，其拥有的杜马席位具有压倒性优势。统一俄罗斯党的优势地位一直延续至今。当代俄罗斯政党政治具有非常明显的三个特征，这些特征显示了俄罗斯政党政治的独特性。①

第一，一党独大、多党并存的政党格局。统一俄罗斯党自成立时起，就一直是俄罗斯最大的政党，它在国家杜马中的席位数量和政治影响力都是其他政党无法比拟的。统一俄罗斯党成立前，俄共是第三届国家杜马中的第一大党，总共有110个议席，居第二位的"团结党"有74个议席，然后才是"祖国"运动和"全俄罗斯"运动，总共有66个议席。合并后的统一俄罗斯党随即取代俄共成为杜马第一大党。此后的第四届国家杜马中，统一俄罗斯党的优势更加明显，议席数达305个，占总数的67.78%，比占第二位的俄共高出57个百分点；第五届国家杜马情况没有发生大的改变，统一俄罗斯党议席达到396个，第二位的俄共只有27个。从政治影响力上看，统一俄罗斯党也远远高于其他政党。众所周知，统一俄罗斯党是在作为最高领导人的普京（此后还有梅德韦杰夫）的扶植和支持下建立并发展起来的，是典型的政权党，是贯彻和执行普京强国战略的工具。凭借统一俄罗斯党在杜马中的优势，普京和梅德韦杰夫的执政方针和国策可以顺利得到通过和落实。同时，统一俄罗斯党因为与最高领导人的这种特殊关系而拥有了其他政党所不具备的政治影响力。

①《统一俄罗斯党党章》，统一俄罗斯党网站，https://er.ru/party/rule。

第二，总统主导下的多党制。根据1993年通过的联邦宪法，俄罗斯总统拥有广泛的权力，组阁权属于总统而不属于杜马中的多数党，杜马对总统的弹劾权也受到严格的限制，俄罗斯就此确立了以联邦总统为核心的政治体制。在俄罗斯政党政治形成与发展的过程中，作为政治权力核心的总统发挥着关键甚至是决定性的作用。众所周知，俄联邦宪法就是在究竟是总统主导还是议会主导国家权力的争执中诞生的，当时俄共在议会中占据着优势；进入21世纪后，《政党法》的颁布和修改也都是在总统的指导下完成，忠实地贯彻了总统的意图，而《政党法》也对俄罗斯政党制度的发展产生了重要影响；统一俄罗斯党的出现和一党独大政党体制的形成也是总统努力的结果。在这种强总统、弱议会的体制下，以杜马为中心舞台的各政党自然也不可能在与总统的政治博弈中占有优势；联邦总统在政治体系中利用总统的强势地位，促使统一俄罗斯党在杜马中一党独大，在俄罗斯多党政治中占据着主导地位。

第三，政党的不成熟性。正像统一俄罗斯党具有不成熟性一样，俄罗斯的其他政党也带有明显的不成熟特征。从根本上说，这是因为俄罗斯社会仍处在转型时期，政治和社会力量处于不断调整之中，作为各种政治力量和多种政治意愿的反映，各政党自然也会不断调整，政党自身的发育很不成熟。直至当今，俄罗斯各政党仍然普遍面临着社会基础不稳定、理论纲领不完备、政党目标不明确等一系列问题。此外，政党的不成熟性还表现在政党的分化组合十分频繁，统一俄罗斯党也是分化组合而来。作为统一俄罗斯党的前身，1999年9月成立的"团结党"也是在叶利钦和普京的支持下仓促成立的，"是典型的为参加议会选举而成立的组织，没有明确的理论纲领和政治主张，提出的竞选口号只明确表示'支持政府、维护稳定、发展经济'"。俄罗斯政党产生与消亡的速度很快，这也是其不成熟的表现之一。

（五）普京时代的俄罗斯政党政策

2022年是普京执政的第22年。俄罗斯在普京的领导下，各个方面都取得了巨大的成就。上台之初，普京就提出强国战略，并贯穿其执政的22年。强国战略旨在纠正叶利钦时期全盘西化的改革路线，把建设强大的俄罗斯作为一切工作的中心。普京强调俄罗斯保守主义思想，力图在俄罗斯历史、文化和精神的基础上保持俄罗斯特色，走上一条俄罗斯自身越来越熟悉的俄罗斯化的发展道路。

苏联解体后俄罗斯的政治进程可以分为四个特点鲜明的阶段：叶利钦时期是大破、大立和大动荡的时期；普京前八年是调整、恢复和实现稳定的时期；"梅普组合"时期是应对经济危机、开启全面现代化进程的时期；2012年普京重返总统职位，一般称为普京新时期。从时代内容和历史发展的主导力量来看，俄罗斯独立30年可以划分为两个时期：叶利钦时代和普京时代。叶利钦时代的俄罗斯国家总体战略是实行"全盘西化"的全面改革，使俄罗斯在最短的时间内融入"西方文明世界大家庭"。这个过程并不顺利。俄罗斯为了新的国家构建付出很大代价，政治、经济和社会危机持续爆发，国际地位严重下降。在1999年普京曾言：俄罗斯已不属于代表着当代世界最高经济和社会发展水平的国家；俄罗斯正处于数百年来最困难的一个历史时期，大概这是俄罗斯200—300年来首次真正面临沦为世界第二流国家，抑或三流国家的危险。①普京执政前八年完成了三件大事：第一，调整国家发展战略为：建设强大的俄罗斯；第二，重建国家权威和垂直权力体系，实现国家政治和法律的统一；第三，把经济命脉重新掌握在国家手中，从自由资本主义转向国家资本主义。通过这三项有的放矢的国家治理，俄罗斯建立了统一的国家政权，经济快速恢复，人民生活水平提高，以强国的姿态重返世界舞台。梅普组合时期，普京事实上继续掌权，应对金融危机，实施从"普京计划"到梅德韦杰夫"新政治战略"的转变，开启现代化战略，宣称现代化是全面的，包括人的现代化，力求打破俄罗斯社会广泛存在的家长式作风。普京新时期有新特点，除了为适应新阶段新特点加大政治体

---

① 庞大鹏等：《俄罗斯政治经济外交：2000—2020》，中国社会科学出版社，2021年。

制改革的力度以外,还面临经济增长放缓以及乌克兰危机后与外部世界关系调整的挑战。

1.普京任总统之初采取的政策

普京当选后,俄共随即表示希望参加政府,被其婉拒。但在实际工作中,普京又经常与俄共领导人探讨国家政策,并且曾公开对俄共主导的杜马的工作加以肯定,这在一定程度上赢得了俄共的支持。由此可见,普京任俄罗斯总统后,采取了灵活应对策略:对左翼政党既拉又压,既合作又独立。这样,普京不但在某些观点立场相似的问题上赢得了左翼政党的支持,使其政策能顺利贯彻执行,而且即使在观点不一致的问题上,也没有因遭到左翼政党的强烈反对而无法执行。

2.普京巩固地位之策略

在当选总统后,尤其是在政权党与中翼部分力量合并后,普京便把主要打击目标转移到了左翼政党俄共的身上,对俄共采取"外松内紧"的策略。一方面,普京以"强国富民"的口号来赢得俄共的合作,以期在内外政策上求得俄共等左派党团的支持;另一方面,采用各种手段挤压俄共。如在2002年4月,普京暗中支持政权党发动对以俄共为首的左翼反对派的进攻,导致俄共和农业党失去了杜马中几个委员会主席的职务。普京还利用俄共的党内矛盾,鼓动其内部分裂,致使谢列兹尼奥夫被赶出俄共,从而成功地削弱和分化了左翼力量。总之,这个阶段普京对待俄共的态度是"合作与限制并重"。

3.清理整顿左翼及寡头政治

由"压拉并重"向"打压为主,拉拢为辅"的策略转变。普京上任后,对内推行改革,对外实行务实外交,使经济连年上升,人民生活水平有较大改善,国家的国际形象也在一定程度上得以恢复。因此,他始终保持较高的支持率(70%左右)。为了取信于民,扫除障碍,赢得下一届总统大选的胜利,普京开始对百姓最为不满的寡头进行处理,清剿寡头们在国家私有化过程中侵吞的国家资产及偷逃的国家税款。一方面此举得到了广大民众的认可,特别是得到了贫困百姓的称颂,这使普京赢得了更多选民的支持,也相应地导致了作为政权反对党的俄共的固有支持者的流失。另一方面,普京此举也有效地抑制了寡头干涉国家政务现象的发生,打击了自己潜在的竞争对手。由于右翼政党多代表富裕阶层的利益,对寡头的打击也给右翼势力很大压力。为了解决资金匮乏的困窘,俄共吸收了一些富商加入党的队伍;为了抵御中翼的打压,俄共又与自己昔日的宿敌右翼政党在一些问题上走向联合。这使俄共陷入尴尬的境地,选民对其策略大为不满。从某种程度上讲,这正中了普京与统一俄罗斯党的下怀。

二、俄罗斯外交

俄罗斯一直致力于成为一个有影响力的世界大国,构建有利于其国家利益的欧亚地区新秩序。国家转型的三十多年中,在继承了苏联政治、经济、军事遗产和超级大国的政治雄心基础上,俄罗斯一直试图在西方主导的世界中实现重回有影响力的大国地位的目标。1993年俄罗斯独立后出台的第一部《俄罗斯联邦外交政策构想》便明确提出,国家利益至上被确定为俄罗斯外交政策的核心内涵,其长期任务是维护国家统一和领土完整,实现俄罗斯作为一个大国充分而自然地融入国际社会的目标,确保俄罗斯在平衡世界影响力、调节世界经济和国际关系的多边进程中发挥与大国地位相符的作用。1999年12月30日,时任俄罗斯总理的普京发表《千年之交的俄罗斯》一文,强调其致力于复兴俄罗斯超级大国地位、加强联邦政府的权力、巩固中央政权、改革行政机构、加强媒体管理、整顿经济秩序、加强军队建设、推动国家实力恢复。

近些年来俄罗斯试图通过强大的军力、非对称性尖端武器和"高位运行"的外交来支撑其大国地位。曾多年担任普京和叶利钦外交政策顾问的谢尔盖·卡拉加诺夫教授领衔的团队在2020年发布的《维护和平、地球和所有国家的选择自由:俄罗斯外交政策新思想》报告中充分强调了俄外交的成就,指出"凭借经济的部分复苏、军事实力的增强、巧妙且一直坚定的外交与国防政策,再加上对手自身实力削弱,俄罗斯得以跻身世界'排行榜'前三名。而面对压力,俄罗斯大部分民众与精英团结一致,对令人自豪的外交胜利发挥了作用"①。

综观俄罗斯独立以来三十多年的历史,俄罗斯致力于成为一个有影响力的世界大国的目标没有变,只是不同阶段根据国际、国内形势的变化,实施的外交政策有所不同而已。从20世纪90年代,俄罗斯外交经历了"一边倒"地亲西方、"双头鹰"外交到以欧洲为中心的多方向外交到现在的"向东转"外交,可以说俄罗斯一直在摸索,也一直根据国际形势的变化不断进行着调整。应该说,在美欧主导的国际格局和规则下,寻找并拓展俄罗斯的"大国空间"是俄罗斯外交一直在努力的目标,而国际、国内形势的变化,则是俄罗斯为实现其寻求和拓展"大国空间"的目标,不断调整外交政策的主要原因。

(一)俄罗斯外交政策演变

苏联解体后,俄罗斯在外交上以加入"民主国家大家庭"、建设"共同的欧洲国家家园"作为发展方向和目标,在激进的亲西方政策指导下,加速向西方国家靠拢。1992年时任俄罗斯总统叶利钦与美国总统老布什签署《戴维营宣言》,就俄美关系指出"俄罗斯和美国不再将彼此视为潜在对手。双方关系当前的特点是建立在互信、相互尊重以及对民主和自由经济的共同尊崇基础上的友谊和伙伴关系"。同时,俄罗斯还接受了西方主导的国际秩序和国际行为准则,放弃了长期坚持的"核均势"原则,在安全与核军控问题上向西方做出巨大让步;俄罗斯还疏远了苏联时期的盟友,停止了对部分原盟友的经济援助。②但俄罗斯在各个方面的巨大让步并没有换来西方国家的信任和平等伙伴关系。政治上,西方国家视俄罗斯为苏联"冷战"失败身份的继承者,认为在国际问题上俄罗斯要接受西方的安排,而不

---

① Защита мира, земли, свободы выбора для всех стран: новые идеи для внешней политики России// Доклад НИУ ВШЭ. Москва, 2020.

② 吕萍:《俄罗斯外交政策30年演变》,《俄罗斯学刊》2021年第6期。

是试图与西方国家分享胜利果实和共同治理世界；经济上，西方并没有足额拨付其所承诺的援助款项，有限的经济援助同时还附加了诸多政治条件，西方提供的"休克疗法"更是让俄罗斯经济彻底"休克"①。收效甚微的"一边倒"亲西方政策开始受到越来越多的批评。

　　1996年后，俄罗斯开始调整"一边倒"亲西方政策，主张全方位外交和多极化国际秩序。随着第一次车臣战争爆发、波黑危机发生以及北约东扩意欲的显露，俄美之间的分歧逐渐加大。其中，两个重要事件值得关注：1997年3月，俄美在赫尔辛基达成妥协，美国就俄所担忧的问题做出了承诺，俄罗斯得到了经济援助和40亿美元贷款，并被7国集团接纳为正式成员；1999年，北约正式接纳波兰、匈牙利和捷克为成员国，完成了首轮东扩。在此期间，俄罗斯加紧推进独联体一体化进程，试图巩固俄罗斯在该地区的影响力，但效果不佳；同时，俄罗斯开始推进与中国的关系，不仅通过"上海五国"机制解决了大部分历史遗留问题，还在1996年与中国签署了第三个《中俄联合声明》，正式建立了平等信任、面向21世纪的战略协作伙伴关系。应该说，该阶段的俄罗斯是在与美欧西方国家交往"屡屡碰壁"的情况下，转而向东方拓展"大国空间"。

　　进入21世纪，普京正式成为俄罗斯总统后，先后发布《俄罗斯联邦国家安全构想》《俄罗斯联邦军事学说》《俄罗斯联邦外交政策构想》等纲领性文件，俄罗斯的外交政策开始出现诸多新变化。首先，1999年北约第一次东扩引起俄罗斯不满，2002年，俄罗斯总统普京提出俄罗斯可以加入北约，但遭到拒绝，进而导致了俄罗斯与美国关系的逐渐分裂，并要求北约不得东扩。其次，俄罗斯不再寄希望于西方经济援助，而是强调通过自身的改革，参与经济全球化和区域、次区域一体化进程，实现经济快速发展，保障人民高水平生活，并维护国家安全和保护国家利益。最后，积极实行多方向外交政策。俄罗斯与中国彻底解决了边界问题，确定了两国"世代友

---

　　① 吕萍：《俄罗斯外交政策30年演变》，《俄罗斯学刊》2021年第6期。

好，永不为敌"的相处原则，并加强与中国在上合组织框架内的合作；加强与印度在军事技术领域的合作；参与朝核六方会谈；积极与日本开展缔结和平条约会谈，深化与日本的经济合作，吸引其对俄投资。①应该说，该阶段俄罗斯外交政策的调整是成功的，既维护了俄罗斯国家主权和领土完整，又逐步恢复了俄罗斯的大国地位。

2008 年，梅德韦杰夫宣誓就任俄罗斯总统，俄罗斯政坛进入"梅普组合"时期，俄罗斯的"大国雄心"进一步凸显。2008 年发布的《俄罗斯联邦外交政策构想》明确指出俄罗斯已经在全球事务中充分发挥作用，对新国际关系格局的形成拥有实质性影响力。该阶段油价的上涨使俄罗斯摆脱了经济困境，在此基础上，俄罗斯更是通过现代化使俄罗斯经济走上了创新发展的道路，这使俄罗斯进一步摆脱了对美欧的"援助依赖"，为其独立自主探索拓展"大国空间"的外交政策提供了基础。一方面，俄罗斯原本通过反恐合作、削减战略武器等方面的合作改善了与美国的关系，但又因美国通过的《马格尼茨基法案》，进入新一轮对抗；针对欧洲则提出"大欧洲"构想，致力于扩大伙伴关系，加强与欧洲的合作，但并未获得欧盟认可。另一方面，俄罗斯将与中国的关系提升为战略协作伙伴关系，推动中俄经贸、能源、安全、人文等领域的交流合作；举行金砖四国领导人会晤，并在南非加入后，更名为金砖国家，形成固定会晤机制；推动独联体框架内的次区域一体化，加强与独联体相关国家的经济、安全合作；意识到能源的重要"杠杆作用"，积极实施能源外交。

自苏联解体后，俄罗斯与欧美等国的关系经历了靠拢、接近、分离进而敌对几个阶段，而当前俄乌冲突则是俄罗斯与欧美之间地缘政治矛盾和利益冲突的总爆发。俄乌冲突前，欧美国家通过北约和欧盟的"双东扩"来争取独联体国家，进一步挤压俄罗斯的地缘政治生存空间。当前俄乌冲突，在欧美等国进一步的孤立和制裁下，俄罗斯的"大国空间"进一步被压缩。

---

① 吕萍：《俄罗斯外交政策30年演变》，《俄罗斯学刊》2021年第6期。

俄乌冲突的爆发宣告了俄罗斯在苏联解体三十年间试图通过融入西方获取"大国空间"努力的失败。随着美国和欧盟不断加大对乌克兰的援助力度，俄乌冲突短期内不会结束，俄罗斯和欧美国家关系短期内应该没有转圜空间。

（二）俄罗斯与金砖国家合作

金砖国家合作机制是俄罗斯寻求和拓展"大国空间"的重要抓手之一。作为金砖国家合作的主要发起国，早在20世纪90年代，俄罗斯便开始提出中俄印三边合作的构想。2002年9月，中俄印三国外长在出席联合国大会期间共进工作午餐，标志着中俄印外长联大会晤机制建立。2006年9月联大会议期间，经俄罗斯总统普京倡议，巴西加入中俄印外长会晤机制，中俄印外长联大会晤机制开始扩展为金砖四国外长联大会晤机制。2008年5月，金砖四国外长在俄罗斯叶卡捷琳堡召开会议，这是金砖四国官员首次在联合国以外地点举行集体会晤。2009年6月，中、俄、印、巴首脑在叶卡捷琳堡举行金砖四国领导人第一次会晤，标志着金砖国家合作进入了新的阶段。2010年，随着南非的加入，"金砖四国"更名为"金砖国家"，金砖国家合作机制正式形成。经过十多年的发展，金砖国家合作机制已成为金砖成员国共同研讨合作措施、加强团结协作的良好平台。同时，金砖国家合作的影响已经超越五国范畴，成为促进世界经济增长、完善全球治理、促进国际关系民主化的建设性力量。

作为一个"不那么像新兴经济体"的金砖国家，同时又作为金砖国家合作机制重要发起国的俄罗斯，其身份屡被质疑。有观点指出，俄罗斯属于发达国家，也有观点指出，俄罗斯不但不属于发达国家，甚至连新兴经济体的资格都不具备。那么问题在于，既然俄罗斯的"新兴经济体"身份饱受质疑，为什么俄罗斯还要一如既往地推动金砖国家合作机制建设？

原因就是，金砖国家合作机制是俄罗斯寻求和拓展"大国空间"的重要抓手。通过上述对俄罗斯外交政策的梳理，可以发现，一方面，俄罗斯致力于成为一个有世界影响力的大国，另一方面，尽管俄罗斯曾试图融入欧洲，但经过三十多年的努力,俄罗斯与欧洲的对立冲突更加严峻,尤其是当前的俄乌冲突更是让俄罗斯和西方国家关系按下了"终止符"。尽管俄罗斯曾是八国集团成员,但在该机制中,俄罗斯仅被允许参加安全议题的讨论,长期处于"二等公民"的地位,后来随着俄罗斯被排除出八国集团,俄罗斯失去了寻求和拓展"大国空间"的重要抓手。同时,美国轰炸南斯拉夫联盟、北约东扩等一系列威胁俄罗斯安全的地缘事件的发生,进一步刺激俄罗斯寻求其他抓手,二十国集团便成为另一重要抓手。但俄乌冲突的爆发,导致美欧等国加大对俄罗斯的经济制裁、政治和外交孤立。

金砖国家合作机制十多年的顺利发展证明,金砖国家合作机制,不仅成为俄罗斯制衡西方霸权、改变以西方为主导的国际秩序和全球治理体系,进一步寻求和拓展其"大国空间"的重要抓手,同时,俄罗斯通过与金砖国家在经济、政治、人文三个方面的务实合作,降低对美欧等国的经济依赖和"合作意向",开辟替代性合作伙伴关系,进一步改善了其面临的经济制裁、政治和外交孤立的现状。

第三章　俄罗斯对华政策及俄中关系

俄罗斯是中国北方最大的邻国,双方有长达4300多公里的边界线,是搬不走的邻居。俄国十月革命后,建立了世界上第一个苏维埃社会主义政权,影响了一代中国知识分子,决定学习十月革命,走俄国人的路。新中国成立后,苏联是第一个承认中华人民共和国的社会主义国家,并为新中国的经济建设提供了大量援助。苏中两国有一段不短的蜜月期也有很长时间的对立与冲突期。苏联解体、冷战结束后,俄罗斯继承苏联的大部分领土与遗产,成立俄罗斯联邦,中国是世界上最早承认俄罗斯联邦的国家。此后俄罗斯与中国开始逐渐抛弃意识形态分歧,妥善解决边界争端,务实发展双方友好合作关系,并在国际事务与国际机构中开展广泛合作,反对单边主义,推动构建更公平公正的多极世界秩序,在此过程中俄中发展成为全面战略合作伙伴关系,并通过金砖国家机制加强合作,实现双赢。然而,突然爆发的俄乌冲突改变了冷战后的欧洲与世界格局,给俄中关系以及金砖国家集团的发展带来巨大冲击。俄乌冲突已对俄中两国关系以及金砖国家合作机制带来严重的影响,值得我们关注与思考。

一、俄罗斯对华政策

俄罗斯联邦,曾是世界上第一个社会主义国家苏联的主要组成部分,是超级大国。1991年12月26日,苏联解体后,俄罗斯宣布成为一个独立的联邦国家,即俄罗斯联邦。在俄罗斯联邦作为一个新的主权国家成立后,中国政府立即于翌日,即12月27日宣布承认俄罗斯联邦为主权国家,并互派大使,平稳地完成了从苏中关系到俄中关系的过渡。

苏联解体以及随后发生的东欧剧变,代表着自二战以来持续了近半个世纪的冷战和美苏争霸的国际两极格局已经结束,美国在苏联解体与苏联集团瓦解后成为世界上唯一超级大国。俄罗斯联邦虽然继承了苏联的大部分领土与政治、经济与军事,以及联合国安理会常任理事国席位等遗产,但国民经济衰退、物价高涨、人民生活水平下降。为了突破西方国家对俄罗斯的一贯偏见与压力,发展俄罗斯日益衰退的经济,莫斯科新政府将目光瞄向东方,希望与正在实行改革开放,努力进行经济建设的亚洲大国中国搞好关系。俄罗斯首任总统叶利钦十分重视俄中关系,1992年12月27日,他选择在北京宣布承认俄罗斯联邦、并与之建立正常外交关系一周年当天访问北京,成为访问中国的首位俄罗斯总统。叶利钦在访问中国期间,会见了时任中共中央总书记、中央军委主席江泽民和时任中国国家主席杨尚昆,双方进行了友好会谈,达成广泛共识,联合发布了《关于中俄相互关系基础的联合声明》,确定俄中两个领土相邻的世界大国,不以意识形态和社会制度划线,以务实友好的态度,相互视为友好国家,将双方关系提升为"睦邻友好、互利合作"关系。

1994年9月,江泽民应邀对俄罗斯进行国事访问,与叶利钦总统进行了广泛深入的会谈,两国领导人再次签署发表联合声明,决定将中俄关系发展成为"建设性伙伴关系"。随后两国国家元首与政府领导人不断互访,两国友好关系不断升温。

1996年4月24日至26日,叶利钦总统应邀再度访问中国,与江泽民就建立和发展俄中两国战略协作伙伴关系、加强在各个领域的双边合作进行友好会谈。双方一致认为,俄罗斯与中国发展面向21世纪的战略协作伙伴关系,是两国共同做出的战略选择,符合两国共同利益,也有利于地区和世界和平与稳定。随后,两国元首签署第三个中俄联合声明,正式宣布双方建立平等互信、面向21世纪的战略协作伙伴关系。中国外交部指出,俄中战略协作伙伴关系是以和平共处五项原则为基础,不结盟、不对抗、不针对任何第三国的新型国家关系,并为双方在各个领域进行最广泛的平等互利合作创造了条件。俄中两国在政治上完全平等,在经济上互利合作,安全上相互信任,国际事务中加强协作伙伴行动,维护世界和平与稳定。1992年到1996年,在俄罗斯联邦建立后短短4年时间里,俄中关系从友好睦邻关系发展到建设性伙伴关系,再发展到战略协作伙伴关系,成为冷战结束后大国之间和邻国之间发展友好合作关系的典范。美国国会国家亚洲研究局的俄罗斯研究学者认为,在冷战的最后几年,俄罗斯对华政策与苏联后期的做法具有高度连续性。苏联和俄罗斯在20世纪80年代末和90年代初与中国接触开始于试图消除苏中分裂对莫斯科在亚洲的外交政策和安全利益造成的损害。修复与更广泛的亚太地区的关系并确保俄罗斯的安全利益是其与中国接触的主要目标。"这种对待中国的方式是基于一个政治、安全和经济利益交织的复杂系统。"①

这个时期,俄罗斯与中国积极协商解决两国之间长期遗留的边界问题。双方经过多轮谈判协商后,1997年11月,叶利钦总统与江泽民主席根据1991年原莫斯科和北京达成的协议,签署了两国东部边界划界协议。2004年,俄罗斯与中国进一步签署关于俄中边界东段补充协议,完成了整个俄中边界的划界工作。2005年,俄罗斯国家杜马与中国全国人大分别批准了这个协议,俄中之间长达数十年的边界争端落幕,解决了双方关系中的一个主要障碍问题。

1999年年底,叶利钦宣布辞去总统职位,时任总理普京受命代理总统。随后,普京陆续赢得2000年与2004年总统选举,并在2012年与2018年连续两度参选总统获胜。普京担任总统时期,是俄罗斯与中国的关系越来越紧密、双方战略合作越来越广泛越深入的时期,其中一个重要原因是

---

① Vasily Kashin, "Russian-Chinese cooperation: A Russian perspective", *NBR Special Report* No. 79, *The National Bureau of Asian Research*, May 30, 2019.

美国为了维持一极独大的地位,对俄中两国分别进行了打压与遏制。在欧洲,美国越是推动北约东扩,威胁到俄罗斯的国家安全,则越是推动俄罗斯接近中国,加强与中国的战略合作。同样的是,美国在亚太地区越是试图遏制正在迅速崛起的中国,并在台海等问题上挑战中国的底线,这使中俄合作更加紧密。俄罗斯与中国取长补短,平等互利,俄罗斯有世界上最大的国土面积、最丰富的自然资源和能源资源,以及世界第二强大的军事力量;中国拥有世界第一大人口、世界第二大经济体、最多的外汇储备和最大的消费市场,以及欣欣向荣的经济发展速度,对自然资源与能源有巨大的需求,双方合作有着无限潜力。

普京就任总统之初,曾竭力与美国及欧洲各国建立良好关系,并在全球反恐与防核扩散等问题上积极配合西方,试图融入西方社会,但莫斯科得到的回报却是日益面临北约东扩与美国执意在俄罗斯邻国部署美国反弹道导弹的巨大压力。普京因此对美国与北约极其不满,指责华盛顿在国际上专横霸凌,"毫不掩饰地使用强权",声称美国的做法"没有人会感到安全"。普京表示,理想的世界秩序应该是"一个公正、民主的世界秩序,它能保证所有人的安全与财富,而非少数人的。"他曾在一次采访中表示,俄罗斯主张民主与多元化的世界秩序,支持和巩固国际法系统。2014年春,在基辅发生颜色革命与乌东战争后,俄罗斯乘机夺取克里米亚半岛,随即受到西方严厉制裁,与西方关系全面恶化。

美国一些智库学者与俄罗斯战略界,都认为普京总统是怀有大俄罗斯梦想,不满于美国及北约长期对俄罗斯战略空间的打压与围堵,力图恢复俄罗斯伟大荣光的政治强人。早在2012年,为了突破西方的地缘政治围堵,扩大俄罗斯战略生存空间,普京根据国际形势变化提出"重返东方"战略,大力推进欧亚一体化。根据这个战略,俄罗斯重新调整其对亚洲政策,这个新政策向三个关键方向进行拓展:首先,推动俄罗斯在远东地区的经济发展,与正在蓬勃发展的世界第二大经济体中国更加靠拢;其次,通过欧亚一体化恢复与中亚地区原苏联加盟共和国的联系;最后,加强与东亚国家中日韩在政治与经济上的紧密联系。在中国提出"一带一路"倡议，并不断加强对"一带一路"沿线国家的投资与基础设施建设后，普京在2013年底再次强调了"转向东方"的战略，他宣称"俄罗斯重新定位太平洋和我们所有东部领土的动态发展，是我们整个21世纪的优先事项"①。莫斯科战略界与外交政策界的思想家开始根据普京的战略设想，试图以"大欧亚大陆"的新概念来设计俄罗斯面临的新挑战。这个新概念被西方学者描绘为自苏联解体以来，俄罗斯第一个真正的战略概念。"大欧亚大陆"战略概念认为，正在快速崛起的中国应该成为俄罗斯发展的新"大欧亚共同体"的关键盟友，俄罗斯应该接受中国对交通和其他基础设施建设项目的新投资，利用中国的"一带一路"建设将俄罗斯的发展重点从欧洲部分转移到西伯利亚和远东地区，俄罗斯可以通过战略东移，靠近中国，实现欧亚一体化，抵消西方的地缘政治与战略空间的挤压。俄罗斯甚至有战略学者认为，俄罗斯与中国进行战略伙伴合作，将解构以美国为中心的世界秩序，构建更加公正和安全的新国际体系与秩序。他们认为，俄中两国在战略方向与目标上是一致的。但同时也有俄罗斯战略学者与外交政策思想家认为，大欧亚大陆设想不应成为俄罗斯与中国结成某种反美联盟的平台，俄罗斯应该坚持战略平衡的外交政策，避免依赖中国和欧洲。他们担心，俄中联盟以挑战美国霸权的策略，会导致与美国的危险对抗。②

二、俄中战略协作伙伴关系的加强

自2000年上任以来，普京总统表达了与中国和其他亚洲国家发展更

---

① David Lewis, "Strategic culture and Russia's 'pivot to the east': Russia, China and Eurasia", *European Center for Security Studies, German Marshall Center Security Insight*, NO. 34, July 2019.

② David Lewis, "Strategic culture and Russia's 'pivot to the east': Russia, China and Eurasia", *European Center for Security Studies, German Marshall Center Security Insight*, NO. 34, July 2019.

密切的政治关系和经济合作的愿望,不断加强俄罗斯的欧亚特征。但这个时期,除了能源领域的几个重大项目之外,俄中合作的进展基本没有超出意向声明和原则上签署的双边协议。总体而言,从苏联解体后直到2014年,俄罗斯外交政策的主要目标几乎没有发生什么变化,即莫斯科一直在寻求俄罗斯更好地融入美欧主导的国际社会,并大力发展与欧盟的经济合作。事实上,欧盟仍然是俄罗斯能源——石油与天然气的主要接受地区及其主要贸易伙伴。与此同时,俄罗斯与中国的关系发展缓慢但稳定,主要是受到中国日益增长的对俄罗斯能源和军事需求的推动,但俄罗斯对中国在中亚地区影响力日益加强有所疑虑。

2014年爆发的俄乌冲突与俄罗斯兼并克里米亚,是一个历史转折点。它导致西方对俄罗斯进行大规模制裁以及莫斯科与美国关系的迅速恶化。莫斯科被八国集团除名,被西方孤立,促使莫斯科加快其地缘政治和经济向亚洲转移。俄罗斯迅速加强了与中国的外交关系,并将加强与中国的关系作为俄罗斯转向亚洲战略的核心。尽管克里姆林宫在其官方声明中强调其政策的多方向性——即该政策不仅面向中国,还面向印度、日本、朝鲜半岛,以及东南亚。以此为转折点,俄中两国元首加强了互访,定期举行战略会晤,积极推进双边战略伙伴关系发展。①

2016年6月25日,普京总统对中国进行"旋风式"访问,与习近平、李克强进行深入会谈,参加了有关经贸、外交、能源、航空、网络、文化体育等领域数十个协议的签字仪式。俄罗斯媒体报道说,克里姆林宫正在努力巩固俄中两国关系的经济基础。普京总统在访问中国期间指出,经济是构成两国关系的基础,俄罗斯尽全力加强这个基础。2017年5月,普京应邀到北京出席"一带一路"首脑峰会并发表讲话。俄罗斯媒体报道说,这不仅显示北京对中俄战略伙伴关系的重视,也表明克里姆林宫希望加强与北京在

---

① Olga Alexeeva and Frederic Lasserre, "The evolution of Sino-Russia relations as seen from Moscow: the limits of strategic rapprochement", *Journals of Open Addition*, March 2018.

经贸方面的全面合作。这次会议后,莫斯科对"一带一路"表示了毫无保留的支持。西方媒体认为,这是一个令人相当惊讶的支持。因为长期以来,莫斯科一直对"一带一路"表示警惕,认为该项目危害其在中亚地区的传统影响力。

2019年6月5日,习近平应邀对俄罗斯进行国事访问,与普京总统进行友好会谈,双方决定将两国关系提升为"新时代全面战略协作伙伴关系",并签署发表《中华人民共和国和俄罗斯联邦关于发展新时代全面战略协作伙伴关系的联合声明》以及《中俄关于加强当代全球战略稳定的联合声明》。中国舆论称这是中国对外双边关系中首次出现"新时代全面战略协作伙伴关系"的新表达、新定位,意义重大,涵义深远。在两国元首的引领下,俄中两国外交官员进一步加强全方位外交沟通与合作,在重大地区与国际问题上共同塑造国际舞台辩论主题并积极影响结果。有西方战略学者认为,俄罗斯与中国已不再只是全球治理的参与者,而是开始努力塑造国际规范和全球治理结构,抵消美国与西方的国际影响力。

2022年2月4日,普京应邀来北京参加冬奥会,并与习近平举行热烈友好的会谈,就俄中关系以及事关国际战略安全稳定的一系列重大问题深入充分交换了意见,双方发表《中华人民共和国和俄罗斯联邦关于新时代国际关系和全球可持续发展的联合声明》。中俄联合声明强调中俄两国合作无止境、无上限,并表示双方反对北约继续扩张,呼吁北约放弃冷战时期意识形态,尊重他国主权、安全、国家利益,以及文明和历史文化多样性,客观公正看待他国和平发展;而且双方反对在亚太地区构建封闭结盟体系,制造阵营对抗,警惕印太战略对该地区和平稳定造成的消极影响;同时俄方重申恪守一个中国原则,承认台湾是中国领土不可分割的一部分,反对任何形式的"台独"。新华社指出,中俄联合声明集中阐述了中俄在民主观、发展观、安全观、秩序观方面的共同立场。《解放军报》称,习近平与普京总统举行了自2013年以来的第三十八次会晤,开启两国关系的新篇章。

西方媒体对俄中两国领导人的再次会晤以及双方新的联合声明，十分关注与重视。法国《世界报》称，西方与俄罗斯的紧张关系，将俄罗斯推向中国怀抱。英国广播公司说，西方对中俄的压力，促使双方走得更近，两国都面临美国霸权主义与单边主义的压力，需要抱团取暖。美国《外交家》杂志称，支撑中俄战略伙伴关系的最重要共同目标是削弱美国在世界上的影响力，并修改双方都认为的西方主导的不公正国际秩序。莫斯科与北京对华盛顿怀有敌意，决心根据自己的喜好重塑当前的国际秩序，这为两国的合作奠定了基础。俄罗斯学者则认为，普京总统这次访问北京，对于莫斯科来说，此举更像一个政治姿态，可以向世人展示，俄罗斯同中国的战略伙伴关系至关重要。

事实上，俄罗斯与中国之间的关系尽管被称为战略协作伙伴关系，但双方从未将这种战略伙伴关系称作联盟。普京总统曾表示，俄中关系不是军事同盟关系。俄中在一系列地区与国际问题上互相支持，保持平等的战略伙伴关系，但没有结成同盟，没有如北约同盟章程第五条规定的那样相互提供安全保障，即一个同盟国与非同盟国发生军事冲突时，将会得到其他同盟国的军事援助与支持。俄中这种合作而不结盟的战略合作安排，可以让双方都有一定程度的灵活性，允许各自根据不同情况选择外交政策与行动——在一国与他国发生军事冲突时，可以选择一致立场或是中立立场。

俄罗斯与中国虽然不是军事盟国，但双方在军事合作与信息共享等方面的合作越来越密切。俄罗斯是中国先进武器的主要供应国，包括潜艇、军机和防空导弹。斯德哥尔摩国际和平研究所数据显示，2017 至 2021 年间，中国约 80% 的武器装备进口来自俄罗斯，占俄罗斯武器出口的 21%，是俄罗斯全球第二大武器客户。中国虽然自己加大了对先进武器装备的研发，但很长时间依赖进口的俄罗斯武器实现部队现代化。这个时期，为了反恐与国防安全的需要，俄罗斯军队与中国军队加强了两军的联合军事演习。2017 年 7 月，俄中两国海军在波罗的海首次举行联合军事演习;2018年9月,中国军队首次参加俄罗斯代号"东方2018"的年度军事演习。2021年,即使在疫情期间,俄中两国军队还举行了多次陆海空军事演习。当年夏天,中俄军队在中国西北的宁夏举行联合军事演习,俄罗斯军队也成为第一个参加中国常规军事演习的外国军队。10月,俄中两国海军围绕西太平洋进行联合巡航;11月,俄中两国空军进行联合空中巡逻。如果放在10年跨度来看,俄中两国在军事技术与信息分享上的合作明显增加,不仅提升了双方联合军事演习的次数,还扩大了演习的地域范围。

三、俄中在金砖机制中的合作

俄罗斯与中国都是金砖国家的重要谋划者、参与者和贡献者,对推动金砖国家、金砖开发银行以及应急储备安排机制的创建与发展壮大做出了不懈努力。2009年6月16日,在经过多年的谋划与筹备之后,第一次金砖国家政府领导人峰会在俄国叶卡捷琳堡举行,俄罗斯总统梅德韦杰夫作为金砖国家首轮轮值国主席主持了这次举世瞩目的峰会,时任巴西总统卢拉、印度总理辛格与中国国家主席胡锦涛出席了峰会。俄罗斯为这次峰会的顺利召开,进行了大量的筹备以及安保工作。

第一次金砖国家政府领导人峰会是在全球金融危机仍在蔓延肆虐的情况下召开的。这次峰会的重点是如何应对全球金融危机,改善全球经济形势,以及推动国际金融机构改革与治理。会议还讨论了金砖四国未来如何更好地协调合作,以及参与全球事务的前景。这次峰会通过叶卡捷琳堡宣言,明确强调"承诺推动国际金融机构改革,使其体现世界经济形势的变化",同时指出,"应提高新兴市场和发展中国家在金融机构中的发言权和代表性。国际金融机构负责人和高级领导层选择应遵循公开、透明、择优原则"。宣言宣称,国际社会与国际金融机构应该建立一个稳定的、可预期的、更加多元化的国际货币体系。第一次金砖国家政府领导人峰会的召开与叶卡捷琳堡宣言的宣布,标志着金砖国家多边合作机制的正式启动。在俄罗斯参加首次金砖国家领导人峰会期间，胡锦涛还参加了上海合作组织峰会，并对俄罗斯进行国事访问，与梅德韦杰夫总统进行友好会谈，双方签署发表五点联合声明，承诺相互支持其主权和领土完整及对方的核心利益。两国元首认为，双方的战略伙伴关系与双边合作成就，达到俄中关系史上最高水平。

2010年11月23日，时任俄罗斯总理普京与中国总理温家宝会晤时宣布，俄中两国决定使用本国货币而非美元进行双边贸易，以进一步加强两国之间的经贸合作往来，同时计划在2008年全球金融危机之后，保护俄罗斯与中国经济，稳定金融市场。俄罗斯卢布与人民币的交易开始在中国人民银行进行，人民币对卢布的交易开始在俄罗斯外汇市场进行。

自乌克兰及克里米亚爆发政治危机后，由于受到西方经济制裁，俄罗斯货币经历了大幅度波动，俄罗斯经济受到巨大冲击，并影响到俄中双边贸易。在这种情况下，俄罗斯与中国央行之间开始货币互换，双方签署了价值1500亿人民币（约250亿美元）的流动性货币交换协议，使卢布与人民币交易更加稳定，同时推动实现金砖国家提出的建立多元化国际货币体系的目标。俄罗斯与中国长期以来一直主张降低美元在国际贸易中的作用，以便为俄中双边贸易和相互投资的发展创造条件，同时避免和应对美国的经济制裁。时任中国外长王毅承诺，如果俄罗斯卢布发生贬值情况，中国将向俄方提供财政支持，并在必要时以卢布支付。

2014年7月15日，金砖国家第六次政府领导人峰会在巴西福塔雷萨召开，巴西总统罗塞夫作为这届峰会的轮值国主席主持了会议，俄罗斯总统普京、印度总理莫迪、中国国家主席习近平以及加入金砖国家集团不久的南非总统祖马出席了会议。这次峰会根据2013年南非德班金砖峰会达成的协定，通过福塔雷萨宣言，决定成立金砖家新开发银行，启动资金为500亿美元，每个成员国各出100亿美元。另创建应急储备基金安排，其中中国提供410亿美元，俄、巴、印分别提供180亿美元，南非提供50亿美元。金砖开发银行的宗旨是对成员国、新兴市场国家和其他发展中国家提供基础设施和项目建设融资,并以此开创发展中国家合作新模式。而1000亿美元的应急储备安排,将有助于成员国应对突发金融事件和未来的金融危机。普京在会议期间表示,改革国际货币和金融体系是各国共同意愿。目前的形势对金砖国家尤其是广大新兴经济体不利,我们更应该积极地参与国际货币基金组织和世界贸易组织的决策系统。他还在《莫斯科时报》发表文章称:"我们应该一起考虑一套措施体系,帮助防止那些不同意美国及盟国做出的某些外交政策决定的国家受到骚扰,并在相互尊重的基础上促进在所有方面进行文明对话。"美国著名财经杂志《财富》认为,金砖国家成立新开发银行,目的就是要"对抗强大的世界银行与国际货币基金组织"。该杂志引述布鲁金斯学会著名国际问题专家托马斯·赖特的话说:"这次峰会传递出的一个重要信息是,金砖国家正在努力建立一个安全网,这意味着,如果美国和欧洲试图孤立和制裁其中一个国家,他们就有可以依靠的东西。"[1]

俄罗斯与中国都是创建金砖国家新开发银行与应急储备安排机制的积极推动者与贡献者。巴西峰会后,作为2015年金砖国家峰会轮值主席国的俄罗斯政府,开始积极筹备2015年第七次金砖峰会,并努力为金砖应急储备安排筹措基金。2015年5月初,俄罗斯新闻社引用克里姆林宫文件报道说,为金砖国家建立共同储备基金的协议已经被俄罗斯国家杜马和普京总统批准,俄罗斯将向这个应急储备安排提供180亿美元。与此同时,新华社报道说,普京总统批准了与中国达成的东线天然气供应管道协议,根据这个协议,自2019年始,俄罗斯将通过这个管道向中国每年提供380亿立方的天然气。这个时期,俄罗斯加大了对中国的能源出口,成为中国最大的天然气与原油来源国,中国则成为俄罗斯天然气、石油与煤炭的主要买主之一。中国的能源安全得到一定的保障,俄罗斯则从与中国的能源

---

① Mehboob Jeelani, "Five emerging nations plan a development bank of their own", *Fortune*, July 15, 2014.

交易中得到其急需的资金。俄罗斯与中国在能源安全上的合作,进一步促进了双边友好合作与战略伙伴关系。俄中双边贸易额不断增加,从2005年的210亿美元,猛增到2018年的1080亿美元,2019年更达到1107.57亿美元。中国连续10年保持俄罗斯第一贸易伙伴国地位。即使在2020年,俄中贸易也没有受到影响。例如,2020年,俄罗斯对中国肉类的供应增加了9倍,豆油增加了5倍,葵花油增加了2倍。俄罗斯出口中心董事长尼基辛娜表示,到2024年,要将俄中双边贸易额提高到2000亿美元。她表示:"我们双方领导人设定的到2024年达到2000亿美元的任务将完成,我们有很好的前景。"[①]

2015年7月8日至9日,作为第七次金砖国家政府领导人峰会的轮值主席国,普京在乌法主持召开第七次金砖国家领导人峰会,巴西、俄罗斯、印度、中国和南非领导人共同成功地启动了金砖国家新开发银行与应急储备安排的运营。普京总统在峰会的发言中表示:"我们对市场的不稳定、能源和商品价格的高度波动以及许多国家的主权债务感到担心。""这些不平衡因素对增长速度和我们的经济发展构成影响。面对这些情况,金砖国家将积极利用各自资源及集团内部资源谋求发展。"普京强调说,"新开发银行将为交通、能源、基础设施建设以及工业发展方面的大规模项目提供融资帮助。"美国智库外交关系委员会的俄罗斯问题专家指出,新开发银行被认为是提高金砖国家在全球发展中的作用和吸引力以及满足成员国自身需求的重要工具。新开发银行对俄罗斯来说是一个有吸引力的项目,因为俄罗斯在克里米亚和乌克兰东部的行动导致国际制裁限制了其获得资金的机会。另外,作为对西方主导的世界银行和国际货币基金组织的制衡,新开发银行旨在促进构成金砖国家集团的5个大型新兴经济体之间的发

---

① Russia Briefing, "Opportunities for Russian companies to sell to China: Russia China bilateral trade to grow 25% per annum from 2021-2024", November 9, 2020.

展合作。总之,"金砖国家有意成为全球治理的有影响力的参与者"①。

2017年9月3日至5日,普京总统应邀前往中国厦门参加金砖国家领导人第九次峰会,这次会议的主题是"深化金砖伙伴关系,开辟更加光明未来"。出席这次会议的除了金砖五国领导人之外,还邀请了墨西哥、埃及、几内亚、塔吉克斯坦、泰国领导人与会,同时举办新兴市场国家与发展中国家对话会。普京总统与其他金砖成员国领导人坚决支持中国作为这次会议的轮值国主席主持峰会的各项活动,并通过《厦门宣言》,阐述了金砖国家合作取得的伟大成果,其中包括成立新开发银行和应急储备安排、制定金砖国家经济伙伴战略等。宣言表示坚决反对贸易保护主义,强调建立开放包容的世界经济,维护以世界贸易组织为代表规则的多边贸易体制。宣言还强调金砖国家将努力推动科技创新和人文交流合作。普京总统在会议期间再次与习近平主席会晤,讨论金砖多边合作机制的发展方向。

印度智库学者在分析俄罗斯与金砖国家关系时指出,自2014年俄罗斯与西方关系破裂以来,俄罗斯将其外交重点重新转向非西方机构,进一步巩固其摆脱冷战后西方主导的秩序。金砖国家是俄罗斯试图推行不独依赖西方主导机构的多方面政策的一个组成部分。俄罗斯总统将该组织确定为俄罗斯政策的"关键长期外交政策载体"②。经过多年发展,金砖国家多边机制已成为俄中两国进行全面合作的新的重要平台。作为金砖国家中的两个主要创始国,俄中两国领导人通过金砖国家多边合作框架定期进行高层会晤,与其他成员国一起平等协商,不断完善和加强金砖国家合作机制,促进成员国之间的经贸金融合作。与此同时,两国领导人还为新兴市场国家和发展中国家大力发声,推进国际金融机

① Sergey Kulik, "Russia and the BRICS: Priorities of the Presidency", *Council of Foreign Relations*, July 7, 2015.

② Nivedita Kapoor, "BRICS in Russian foreign policy", *Observer Research Foundation*, March 6, 2020.

构改革,积极维护多边主义,参与全球治理,维护地区与国际和平与安全,并倡导和推动新技术革命与产业变革,增加人文交流与人民之间的互相了解和信任,为实现合作共赢的目标不懈努力,成为不断发展的金砖国家多边机制合作的典范。

第四章 俄罗斯产业政策

俄罗斯既是转型国家,也是新兴市场经济国家。新世纪以来,俄罗斯经济获得了高速发展,经济实力显著增强,宏观经济形势整体稳定,抗击外部风险能力大大增强。2021 年 12 月,俄罗斯总统普京在年度大型记者招待会上表示,俄罗斯宏观经济形势稳定向好,2021 年 1—10 月俄国内生产总值增长 4.6%,预计全年增速为 4.5%;其中,工业生产增速 5%,加工业增速 5.2%;受气候影响,俄粮食产量由 2020 年的 1.3 亿吨降至 1.2 亿吨,但仍处较高水平,俄粮食可实现自给自足,并保持强劲出口潜力;俄公民实际收入平均增长 3.5%,公民实际可支配收入出现积极转变。①据俄经济发展部数据,2021 年,俄国内生产总值增长 4.6%,全年工业生产增长 5.3%,加工工业已超出疫情前水平,较 2019 年增长 10%;零售贸易同比增长 7.3%,有偿公共服务增长 17.6%,餐饮业增长 23.5%;受农作物收成下降,以及畜产品生产放缓等因素影响,农业产值下降 0.9%。②

同时,俄罗斯联邦政府也认识到原材料出口型经济的严重弊端,尤其是 2008 年美国次贷危机引发的金融危机给予俄罗斯经济的沉重打击,使俄罗斯经济发展过度依赖于原材料出口的弊端完全暴露出来。《俄罗斯联

---

① 《普京称俄宏观经济形势稳定向好》,中华人民共和国商务部网站,http://ru.mofcom.gov.cn/article/jmxw/202112/20211203232529.shtml。

② 《俄经发部:2021 年俄 GDP 增长 4.6%》,中华人民共和国商务部网站,http://ru.mofcom.gov.cn/article/jmxw/202202/20220203280442.shtml。

邦至2024年和至2035年期间的制造业发展综合战略》明确指出："在全球贸易保护主义盛行的情况下,全球对产品的需求和世界贸易量不可避免地会减少。根据世界贸易组织的数据,2019年第三季度的世界贸易量下降了3.3%。全球贸易放缓将持续,成为俄罗斯产品扩大出口的严重障碍。"原材料出口型经济增加了俄罗斯经济的外部依赖性,进而导致其经济的高度脆弱性,面对全球金融危机的剧烈冲击,国际能源价格急剧下跌,严重的经济衰退成为俄罗斯不得不面对的必然局面。俄罗斯也开始认真思考经济转型和产业政策调整的问题。

俄罗斯的产业政策经历了从叶利钦时期的否定到普京时期的认可,可以说俄罗斯的产业政策真正形成于普京执政时期,加强国家控制成为当前俄罗斯产业政策的主要特征,并随着俄罗斯国内环境和国际环境的变化而不断调整完善。在俄罗斯,产业政策往往与国家对经济的有力和过度干预联系在一起,保护特定大型国有企业的利益,这就是为什么人们认为这是一种特别危险的退出市场改革的做法。[1]俄罗斯在20世纪90年代末和21世纪初对产业政策提出的特别严厉的批评,与最初对其有效执行的不信任有关,因为考虑到国家制度的质量差,以及存在许多可能的风险,即可能存在为不同群体的利益进行隐蔽游说的情况,扭曲所取得的成果和"被夺取的政府"[2]。普京在其著名的《千年之交的俄罗斯》一文中专门强调,俄罗斯必须实行积极的产业政策。普京后来进一步指出,俄罗斯要实现从原材料出口型经济向创新导向型经济的转变,就必须提升产业层次,支持有前景产业领域的科技创新,扩大科技创新在产业领域中的位置。

当前在国际环境不利和国内外政治事务造成沉重负担的情况下,俄罗斯努力使其产业政策与科学、技术和创新政策相协调,将其作为经济持续

---

[1] Yuri Simachev, Boris Kuznetsov, Mikhail Kuzyk, *Industrial policy in Russia in 2000 - 2013: institutional features and key lessons*, Gaidar Institute, 2014.

[2] Yuri Simachev, Boris Kuznetsov, Mikhail Kuzyk, *Industrial policy in Russia in 2000 - 2013: institutional features and key lessons*, Gaidar Institute, 2014.

增长、发展高新技术产业和提高就业率的基础,进而实现一定的经济效益和社会效益。《俄罗斯联邦"发展工业和提高竞争力"国家规划纲要》指出:"得益于成功的产业政策,尽管自2014年以来出现了经济制裁和不利的宏观经济动态,但俄罗斯工业生产仍保持了适度超前的增长率——每年约2.5%。"[①]此次疫情使俄高层更强化了发展比较完备的产业体系、支持大国地位和加速向数字化过渡的必要性和紧迫性的认识,面对逆全球化和贸易保护主义的冲击,俄首次推出制造业发展综合战略,力图在新的基础上全面统筹规划产业发展。[②]

一、俄罗斯产业结构

产业结构始终是深刻影响一国经济发展的重要因素,也是一国制定产业政策的重要依据。第一,为了保证经济的良性发展,要实现产业部门间的平衡发展,保持合理的产业结构。第二,国家为了保证一定程度上的国家安全或国家威望,对部分产业会采取特别政策,具有一定的"政治属性"。第三,国家为了培育优势产业或者"冠军产品",对部分产业给予特殊照顾,以增强其产品的国际竞争力。但怎样的产业结构才是合理的产业结构没有标准答案,要根据各国实际发展情况制定。

苏联时期,在计划经济体制下通过走社会主义道路,苏联从传统农业社会过渡到现代工业社会。但在"高度集中""政府干预""重工业优先""国防工业优先"等一系列"计划经济"因素影响下,苏联的产业结构严重违背了合理化的要求,形成一种严重畸形的产业结构,导致农、轻、重比例严重失调,经济原料和能源化趋势不断加强。尽管这种产业结构在一定程度上保证了苏联的安全并促进了苏联的发展,但随着新科学技术革命的兴起,这种高度集中、缺乏市场机制自我调整的计划经济势必导致苏联与西方国

---

①《俄罗斯联邦"发展工业和提高竞争力"国家规划纲要》,俄罗斯Codex电子信息网,https://docs.cntd.ru/document/499091753#6580IP。

②李建民:《俄罗斯产业政策演化及新冠疫情下的选择》,《欧亚经济》2020年第5期。

家的差距越来越大。

　　20世纪90年代初期,俄罗斯转向自由市场经济,相应的市场经济基本框架得以建立,相关法律法规也逐步得到完善。但由于政府片面认为应该远离经济,对产业政策采取排斥或"消极适应"态度,一方面,市场经济的"运行质量"不高,始终未摆脱粗放型经济发展方式及运行机制;另一方面,苏联时期产业结构的基本格局并未得到有效改变,农轻重比例更加畸形。尽管经济转轨后,第三产业对国内生产总值贡献越来越大,第三产业就业占比明显提升,但主要是通过各部门生产的下降,被动形成"三、二、一"的产业结构。因而,可以说尽管转轨后俄罗斯产业结构纵向上有了一定的升级优化,但横向来看,产业结构内部仍存在不合理的情况。

　　普京上台后,俄罗斯开始进入一个社会经济政策全面调整、探索符合本国国情的发展道路、实施强国战略重振经济的新时期。普京在《千年之交的俄罗斯》一文中,直面俄罗斯经济面临的三大问题:一是俄罗斯的重点产业是燃料工业、电力工业、黑色和有色冶金工业,约占国内生产总值的15%以及出口比重的70%;二是产业部门的劳动生产率极低,且生产设备老化严重,严重影响生产产品的技术工艺水平;三是往产业部门的投资在减少,且不重视新产品的开发,导致在国际市场上俄罗斯有价格和质量竞争力的产品大大减少。同时,他认为国家的未来和21世纪俄罗斯经济的发展水平将首先取决于那些立足高科技、生产科学密集型产品的部门的进步,因而俄罗斯将推行积极的工业政策,刺激国内非预算拨款部门对先进的工艺和科技产品的需求,扶持出口型高科技产业的发展,扶持以满足国内需求为主的非原料部门的发展,提高燃料动力和原料部门的出口能力。从这些表述中,我们可以总结出俄罗斯总统普京对俄罗斯产业结构问题的认识以及俄罗斯产业政策的未来方向。

　　综观普京治下的俄罗斯产业政策的一系列调整,我们发现,与转轨之初相比,当前俄罗斯的产业结构尚未发生实质性变化。2000年以来,在各项产业政策作用下,俄产业结构调整出现局部亮点,但预期的第二产业内部结构重组、升级和现代化并未取得实质性进展。①经济中仍具有"荷兰病"的特征,产业结构仍以出口石油和天然气产品为主,缺少知识和技术密集型产业,且石油天然气等化石能源带来的资源收益使俄罗斯国内所有要素流向资源型行业,其他制造业的生产设备等基础设施更新不及时,老化严重,这些都成为影响俄罗斯经济发展的关键所在。根据俄罗斯2020年及2021年上半年的经济数据,俄农业、制造业、能源、建筑、物流运输、金融、医疗保健、批发及零售贸易、矿业等9个行业产值占俄罗斯国内生产总值的2/3,涵盖俄罗斯2/3的就业人口。②据俄罗斯联邦海关署统计,2021年俄罗斯货物贸易外贸总额7894亿美元,同比增长37.9%,其中,俄罗斯出口额4933亿美元,同比增长45.7%,进口额2961亿美元,同比增长26.5%,贸易顺差1973亿美元,同比增长88.4%。③但燃料和能源产品占俄罗斯出口总额的50%以上,据俄罗斯海关数据,2021年,俄出口石油2.3亿吨,同比减少3.8%(主要受石油输出国配额影响),出口额1101.2亿美元,同比增长51.8%,全年石油制品出口量1.4亿吨,出口收入达699.6亿美元,同比增长50%;④俄气公司天然气出口额达555.1亿美元,同比增长120%;出口量2035亿方,同比增长0.5%;⑤俄电力出口收入13.3亿美元,同比增长1.7倍。⑥2021年1—9月,俄罗斯外贸统计数据中,能源为俄主要出口商品,在

① 李建民:《俄罗斯产业政策演化及新冠疫情下的选择》,《欧亚经济》2020年第5期。

② 《俄金融数字化水平居经济领域首位》,中华人民共和国商务部网站,http://ru.mofcom.gov.cn/article/jmxw/202201/20220103234562.shtml。

③ 《2021年俄外贸额7894亿美元,同比增长37.9%》,中华人民共和国商务部网站,http://ru.mofcom.gov.cn/article/jmxw/202202/20220203280425.shtml。

④ 《2021年俄石油出口额增长51.8%》,中华人民共和国商务部网站,http://ru.mofcom.gov.cn/article/jmxw/202202/20220203280434.shtml。

⑤ 《2021年俄气公司天然气出口额同比增长120%》,中华人民共和国商务部网站,http://ru.mofcom.gov.cn/article/jmxw/202202/20220203280435.shtml。

⑥ 《2021年俄石油出口额增长51.8%》,中华人民共和国商务部网站,http://ru.mofcom.gov.cn/article/jmxw/202202/20220203280434.shtml。

出口商品结构中占比53.2%。①巨大的能源收益使俄罗斯经济形成了对能源出口的严重依赖。

与此同时,巨大的能源收益导致俄罗斯国内对制造业产品需求的提升,但由于俄罗斯本国制造业水平有限,因而大量进口消费品、技术含量及附加值高的产品,如飞机、汽车零部件等。2021年1—9月,俄罗斯外贸统计数据中,机械设备为俄主要进口产品,在进口商品结构中占比49.5%。②这种不合理的经济结构必然会对创新发展产生不利影响,因而由原材料出口型向创新型转变是其经济发展的必然选择。

二、俄罗斯产业政策的目标、任务、原则

产业政策是一国政府干预国内产业发展和经济发展的重要工具,任何有能力履行经济职能的国家都存在某种形态的产业政策,但迄今为止,无论在学术研究还是政策实践层面,产业政策都是一个被广泛使用但又没有被唯一定义的概念。③产业政策到底包含哪些内容,产业政策机制应当如何运用,产业政策的有效边界在哪,尚无一致看法。

《俄罗斯联邦的产业政策法》中对"产业政策"的界定是"旨在开发俄罗斯联邦工业潜力,确保生产具有竞争力的工业产品的一系列法律、经济、组织和其他措施"④。同时,《俄罗斯联邦的产业政策法》对于俄罗斯产业政策的目标、任务、主要原则的界定,可使我们更加全面、系统地认识俄罗斯的产业政策。

俄罗斯产业政策的目标是:第一,形成高科技、有竞争力的产业,确保

①《俄海关署公布1—9月俄外贸数据》,中华人民共和国商务部网站,http://ru.mofcom. gov.cn/article/jmxw/202111/20211103217631.shtml。

②《俄海关署公布1—9月俄外贸数据》,中华人民共和国商务部网站,http://ru.mofcom. gov.cn/article/jmxw/202111/20211103217631.shtml。

③ 李建民:《俄罗斯产业政策演化及新冠疫情下的选择》,《欧亚经济》2020年第5期。

④《俄罗斯联邦的产业政策法》,俄罗斯Codex电子信息网,https://docs.cntd.ru/document/ 420242984#64U0IK。

国有经济从原材料出口型发展向创新型发展转变;第二,确保国防和国家安全;第三,确保人口就业,提高俄罗斯联邦公民的生活水平。①可见,产业政策的目标一是经济任务,目标二侧重于政治任务,目标三则侧重于社会任务。可以说,《俄罗斯联邦的产业政策法》中明确的俄罗斯的产业政策兼具经济、政治以及社会任务,经济目标则更加强调培育优势产业和经济结构转型,尤其是明确要从原料出口型转向创新型发展。

俄罗斯产业政策的任务是:第一,创建和发展现代工业基础设施,支持工业领域活动的基础设施,对应联邦一级战略规划文件确定的目标;第二,与在外国领土上开展这些活动的条件相比,为在工业领域开展活动创造竞争条件;第三,鼓励工业领域的活动主体实施智力活动的成果和开发创新工业产品的生产;第四,促进工业实体合理有效地利用物质、资金、劳动力和自然资源,确保提高劳动生产率,引进替代进口、资源节约和环境友好型技术;第五,增加高附加值产品的产量,支持该产品的出口;第六,支持工业实体的技术改造、固定生产资产的现代化,加快其老龄化步伐;第七,降低工业基础设施发生人为紧急情况的风险;第八,确保国民经济的技术独立。②可以看出,俄罗斯产业政策的任务侧重于工业基础设施的升级改造、创新产品的生产、进口替代、高附加值产品的出口等内容。

俄罗斯产业政策的主要原则是:第一,工业领域战略规划文件形成的程序-目标方法;第二,工业发展目标的可衡量性和刺激工业领域活动主体的措施的实施;第三,产业政策的有效性监测并控制其实施;第四,采取措施刺激工业领域的活动,以实现战略规划文件规定的指标;第五,协调俄罗斯联邦国家机关、俄罗斯联邦主体国家机关、地方政府实施的促进工业领域活动的措施;第六,国家监管的形式和方法与市场经济的合

---

① 《俄罗斯联邦的产业政策法》,俄罗斯 Codex 电子信息网,https://docs.cntd.ru/document/420242984#64U0IK。

② 《俄罗斯联邦的产业政策法》,俄罗斯 Codex 电子信息网,https://docs.cntd.ru/document/420242984#64U0IK。

理结合,直接和间接刺激工业部门活动的措施;第七,资源的可用性及其对优先产业发展的集中度;第八,在制定产业政策和采取措施刺激产业领域活动时的信息公开,同时考虑国家安全利益;第九,工业领域的活动主体根据提供条件获得国家支持的平等机会;第十,科教产融合;第十一,在解决军事工业综合体的运作和发展问题时,考虑到俄罗斯联邦主体的利益,以联邦利益为优先。[1]可以看出,俄罗斯产业政策侧重于通过战略规划文件推进产业政策目标的达成、国家监管和市场经济相结合、科教产融合、重视国家安全利益等原则,尤其是从"产业政策的有效性监测并控制其实施"、将国家监管置于市场经济之前等表述可以看出,俄罗斯产业政策的政府主导性较强。

三、俄罗斯产业政策的相关文件

俄罗斯联邦政府重视制定中长期社会经济发展纲要,经由政府令批准的国家规划共有44个,其中41个已审议通过并进入实施阶段,其他3个处于制订阶段。另有1个国家规划已由俄总统令批准。所有国家规划可分为新的生活品质、创新发展和经济现代化、有效状态、区域均衡发展、确保国家安全五个纲要板块。产业政策主要集中在"创新发展和经济现代化"板块和"农业扶持发展规划"板块。其中"创新发展和经济现代化"板块包括:科学和技术发展、经济发展和创新经济、"发展工业,提高其竞争力"、发展国防工业综合体、发展航空工业、发展大陆架矿床开发用造船和机械、电子和无线电产业发展、发展制药和医疗行业、俄罗斯宇航事业、发展核电工业综合体、信息社会、发展运输体系、"农业发展和农产品、原料和食品市场调控"、渔业综合体发展、开展对外经济活动、自然资源再生产和使用、林业发展、能源发展等国家规划纲要,并规定了每个规划纲要的实施期限和负

---

[1]《俄罗斯联邦的产业政策法》,俄罗斯 Codex 电子信息网,https://docs.cntd.ru/document/420242984#64U0IK。

责部委。①

其中,2021年3月31日颁布的《俄罗斯联邦"发展工业和提高其竞争力"国家规划纲要》由俄罗斯联邦工业和贸易部负责,联邦技术法规和计量局共同执行,国家原子能公司"Rosatom"、俄罗斯联邦科学和高等教育部、联邦航天局共同参与,旨在使俄罗斯经济在能源领域、原材料的开采和加工方面保持世界领先地位,而且还将创造具有竞争力的知识和高科技经济;将为在所有经济领域,尤其是在知识经济领域大量涌现新的创新公司创造条件;还将建立一个广泛的交通网络,以确保高水平的区域间一体化和人口的领土流动;加强在欧亚空间一体化进程中的地位,逐步成为世界经济关系的中心之一,与欧洲、亚洲、美洲和非洲经济伙伴保持平衡的多向经济关系。该纲要包含交通运输与特种工程发展,生产资料生产开发,发展轻纺产业、民间工艺品、儿童用品产业,发展传统材料和新材料的生产,协助实施投资项目、支持民用工业高新技术产品制造商,促进民用工业的研究和开发,发展工业基础设施和基础设施以支持工业活动,开发技术规范、标准化和确保测量一致性的系统,消除俄罗斯联邦储存设施和化学武器销毁设施活动的后果,"销毁俄罗斯联邦的化学武器库存"总统方案等10个子项目。②

《俄罗斯联邦"发展工业和提高其竞争力"国家规划纲要》明确其目标是:通过国内生产有竞争力的设备来满足运输综合体产品的需求;为工业提供生产资料;创造可持续的轻纺工业、儿童用品产业、保护民间工艺品的生产、维护民间工艺品组织的经济稳定及满足行业对经济实惠、技术和环保的传统和新材料的需求;扩大现代高科技工业产品的生产;工业和贸易政策的方向,包括适用的国家支持机制,以实现俄罗斯商品(工程、服务)的国际竞争力,以确保其在国外市场的存在;更新民用工业的技术和物质基

---

① 俄罗斯联邦国家计划网站,https://programs.gov.ru/Portal/home。
② 详见俄罗斯联邦国家计划网站,https://programs.gov.ru/Portal/programs/passport/16。

础;工业发展计划与技术产品需求的协调;为发展传统产业、新兴产业及协调区域产业政策创造创新基础设施;发展技术规范、标准化、计量系统,包括确保测量的一致性、维护俄罗斯联邦的计量主权和促进工业企业引进最佳可用技术;在储存设施和化学武器销毁设施的基础上,为发展传统和新兴产业创造安全条件。

《俄罗斯联邦"发展工业和提高其竞争力"国家规划纲要》分2013—2015、2016—2020、2021—2024、2025—2030年四个阶段,预期目标:增加包括高科技产品在内的高附加值产品的生产和出口,确保2030年高科技制造业经济活动的生产比2019年增长80%,非商品出口实现实际增长与2020年的指标相比,非能源商品至少占70%;保持固定资产投资持续向好态势,确保到2030年固定资产投资比2020年实际增长至少70%,为解决整体经济投资规模任务作出的贡献占国内生产总值的27%;将俄罗斯联邦经济对进口、对可持续发展至关重要的产品、设备和技术的依赖程度降至50%或更低的水平;以投资需求为重点的工业技术基础现代化,确保工业预算外投资大量流入,并使实施技术创新的制造组织的份额达到50%;提高生产效率和能源效率,通过使用先进技术和现代设备,确保到2030年劳动生产率年增长率达到4%,到2024年将能源强度比2011年基准率降低到71.8%;通过创建新产业增加高绩效工作岗位的数量,高绩效工作岗位的年增长率至少为5%;到2030年,将运营的工业(工业)园区和工业技术园区的数量增加到350个;形成有效支持新产业产品需求的制度;确保经济可持续发展所必需的民用工业研发支出的强度和有效性,以牺牲预算和非预算资源为代价,包括确保到2030年,制造业不低于1万亿卢布和以原型(试点批次)的制造、初步和验收测试结束的发展的可比指标;实现制造业数字化指标,包括实现数字经济发展的国内成本占总增加值的5.1%;到2027年,在联邦标准信息基金中实现80%的机器可读标准,以提高产品的竞争力并在世界市场上推广技术;到2025年实现在国家监管领域提供测量,确保测量与标准测量方法(方法)的一致性达到100%,标准样品达到75%;确保到2025年在国际计量局的数据库中至少有1730个有关校准测量能力的条目，这将确保俄罗斯联邦在校准和测量能力的数量方面保持领先地位；批准为国家信息标准化体系文件和最佳可用技术的技术参考书；在储存设施和化学武器销毁设施的财产综合体的基础上，为创建新的竞争性产业创造安全条件，包括使建筑物和构筑物100%处于安全状态，以及100%回收这些设施的地块。①

《俄罗斯联邦"发展工业和提高其竞争力"国家规划纲要》明确，到2024年，确保实现"在基础经济部门，主要是制造业和农工业综合体，形成以现代技术为基础发展的高性能出口导向型部门，并提供拥有高素质的人才"；"加速俄罗斯联邦的技术发展，将实施技术创新的组织数量增加到其总数的50%"；"确保加速引入数字经济和社会领域的技术"；"俄罗斯联邦进入世界前五个最大的经济体，确保经济增长率高于世界水平，同时保持宏观经济稳定，包括通胀水平不超过4%。到2030年，着眼于实现'体面、高效工作和成功创业'和'数字化转型'的国家发展目标"；"确保国家国内生产总值增长速度，在保持宏观经济稳定的同时确保其高于世界平均水平"；"确保家庭收入的可持续增长速度和养老金发放水平不低于通货膨胀"；"与2020年相比，固定资本投资的实际增长至少为70%"；"与2020年相比，非商品非能源商品出口实际增长不低于70%"；"提高经济和社会领域关键部门的数字成熟度，包括医疗保健和教育以及公共管理"。②

制造业衰退是俄罗斯产业结构的硬伤。③2021年12月，俄罗斯总理米舒斯京在"俄罗斯制造2021"国际出口论坛上表示，俄出口导向型企业占

---

①《俄罗斯联邦"发展工业和提高竞争力"国家规划纲要》，俄罗斯Codex电子信息网站，https://docs.cntd.ru/document/499091753#6580IP。

②《俄罗斯联邦"发展工业和提高竞争力"国家规划纲要》，俄罗斯Codex电子信息网站，https://docs.cntd.ru/document/499091753#6580IP。

③李建民：《俄罗斯产业政策演化及新冠疫情下的选择》，《欧亚经济》2020年第5期。

比不足1%;俄产商品符合质量标准,需改变对于俄企的刻板印象;俄罗斯应建立工业出口企业统一支持体系,为企业提供必要支持,提高出口型企业占比。①为形成在现代技术基础上发展并提供合格人才的制造业的高性能出口导向型部门,俄罗斯联邦政府还制定了《俄罗斯联邦至2024年和至2035年期间的制造业发展综合战略》。该战略指出,在贸易保护主义盛行、国外市场竞争条件急剧复杂化、消费需求受限、国际能源供求格局发生深刻变化的形势下,通过实施技术、投资、人力资源、刺激需求和外贸等五大领域的支持政策,创建一个具有高出口潜力的工业部门,进而能够在全球范围内竞争,确保实现国家发展目标,并明确要求2023—2035年制造业相关部门的年增长率不低于4.5%,2031—2035年增长3%。②其主要任务是加速俄罗斯联邦的技术发展,将实施技术创新的组织数量增加到其总数的50%;通过提高数字技术的引入成本比例到所创造总附加值的5.1%,加速数字技术在工业中的应用;确保俄罗斯联邦进入世界前五大经济体行列,经济增长率高于世界经济增长率,同时通过提高基本的中型和大型企业的劳动生产率保持宏观经济稳定,通过实施投资政策、技术政策,发展科学、技术和人力资源,确保非初级经济部门每年至少增长5%;实现每年2050亿美元的具有竞争力的工业产品出口,其中工程产品每年600亿美元。③

四、俄罗斯产业政策的特点

(一)通过实施产业政策有效提高产业竞争力,促进经济发展

俄罗斯总统普京在《关于我们的经济任务》一文中曾指出:"我们需要

---

①《俄总理呼吁提高出口导向型企业比重》,中华人民共和国商务部网站,http://ru.mof-com.gov.cn/article/jmxw/202112/20211203227849.shtml。

②《俄罗斯联邦至2024年和至2035年期间的制造业发展综合战略》,俄罗斯Codex电子信息网,https://docs.cntd.ru/document/565066326。

③《俄罗斯联邦至2024年和至2035年期间的制造业发展综合战略》,俄罗斯Codex电子信息网,https://docs.cntd.ru/document/565066326。

一个具有竞争力的工业和基础设施、发达的服务业和高效农业的新经济。"
"俄罗斯必须在国际分工中占据最重要的位置,不仅作为原材料和能源的
供应商,而且作为至少在多个领域不断更新的先进技术的拥有者。"《关于
俄罗斯联邦的产业政策》中产业政策目标第一条就明确指出:"形成高科
技、有竞争力的产业,确保国有经济从出口原材料型发展向创新型发展转
变"①。《俄罗斯联邦至2024年和至2035年期间的制造业发展综合战略》进
一步指出:"国家产业政策在主要领域的实施不仅有助于国家工业潜力的
发展,还将增加应对经济、环境和生物安全领域威胁的灵活性。""该战略的
目标是在俄罗斯联邦形成一个具有高出口潜力的工业部门,能够在全球范
围内竞争,确保实现国家发展目标"。②《俄罗斯联邦"发展工业和提高其竞
争力"国家规划纲要》则指出"产业政策的指导原则应该是有效缓和全球、
国家和部门各个层面的风险对产业发展的影响"③。

（二）加快发展数字经济/创新经济

俄罗斯经济结构仍以出口石油和天然气产品为主,经济结构中最严重
的问题是缺少知识和技术密集型产业,这成为影响创新经济发展的关键所
在。④可以说,高度重视数字经济/创新经济的发展,是当前俄罗斯产业政
策调整的一个重要方向,也是俄罗斯经济从原材料出口型向创新型经济转
型的一个重要抓手。俄罗斯总统普京在其竞选纲领性文件《关于我们的经
济任务》中,便把发展创新型经济作为主要任务之一。上任伊始,普京便将
"经济现代化和技术发展委员会"更名为"经济现代化和创新发展委员会",
目的在于促使"政商产学研"各界群策群力,共同致力于制定好创新产业政

---

①《关于俄罗斯联邦的产业政策》,俄罗斯 Codex 电子信息网,https://docs.cntd.ru/docu-
ment/420242984#64U0IK。

②《俄罗斯联邦至2024年和至2035年期间的制造业发展综合战略》,俄罗斯 Codex 电子
信息网,https://docs.cntd.ru/document/565066326。

③《俄罗斯联邦"发展工业和提高其竞争力"国家规划纲要》,俄罗斯 Codex 电子信息网,
https://docs.cntd.ru/document/499091753#6580IP。

④ 刁秀华:《俄罗斯产业结构调整与优化研究》,科学出版社,2016年,第137页。

策并推动政策落地。2017年,俄罗斯联邦政府推出了一项雄心勃勃的数字经济方案,旨在推进建立数字化所必需的体制结构和基础设施,并大规模使用数据,以提高竞争力、促进经济增长。[①]2021年6月,俄罗斯联邦政府数字发展委员会主席团批准了经济数字化转型战略,涵盖卫生、教育、公共管理、建筑、城市公共事业和住房、运输、能源、科技、农业、金融服务、工业、生态和社会13个领域,每个领域的数字化转型都将应用人工智能和国产转换技术。[②]2021年9月,俄罗斯总理米舒斯京批准第二批"关于支持本国互联网技术产业发展的一揽子计划",提出创建"数字专员"服务部门,由其负责俄互联网技术产品的海外推广,并计划于2022年在16国设立,并拟于2024年扩增至28个国家。[③]2021年11月,俄总理米舒斯京在参加上合组织政府首脑会议上表示,俄罗斯联邦政府批准了2030年前社会经济发展新举措,并将在数字化转型、技术突破和公民社会等六个关键领域开展工作。[④]

俄罗斯的一系列发展规划中也专门提到了数字经济/创新经济问题。《俄罗斯联邦"发展工业和提高其竞争力"国家规划纲要》明确指出"国家产业政策要着力解决阻碍产业走上创新发展道路的系统性问题"[⑤]。《关于到2024年俄罗斯联邦发展的国家目标和战略目标》中明确提出,数字经济是俄罗斯联邦总统战略发展和国家项目(计划)的一个重要内容,并要求在实施"俄罗斯联邦数字经济"国家计划时,确保在2024年实现以下目标和指标:与2017年相比,所有来源的数字经济发展的国内成本(按该国国内生

---

① *The role of industrial policies in the BRICS economic integration process*, United Nations Industrial Development Organization, 2020(01).

②《2022年俄将在16国设立"数字专员"服务部门》,中华人民共和国商务部网站,http://ru.mofcom.gov.cn/article/jmxw/202202/20220203280430.shtml。

③《俄总理称防止全球贸易恶化是经济复苏的重要步骤》,中华人民共和国商务部网站,http://ru.mofcom.gov.cn/article/jmxw/202111/20211103222140.shtml。

④《俄罗斯联邦"发展工业和提高竞争力"国家规划纲要》,俄罗斯 Codex 电子信息网,https://docs.cntd.ru/document/499091753#6580IP。

⑤《关于到2024年俄罗斯联邦发展的国家目标和战略目标》,俄罗斯 Codex 电子信息网,https://docs.cntd.ru/document/557309575#7D20K3。

产总值的份额计算）至少增加了三倍；创建一个可持续和安全的信息和电信基础设施，用于高速传输、处理和存储大量数据，所有组织和家庭都可以访问；国家机构、地方政府和组织主要使用国产软件。[①]在《关于俄罗斯联邦到2030年的国家发展目标》中指出，数字化转型是俄罗斯联邦到2030年的国家五大发展目标之一，目标是：实现经济和社会领域关键部门的"数字成熟度"，包括医疗保健和教育以及公共管理；以电子形式提供的具有社会意义的大众服务的份额增加至95%；提供宽带接入信息和电信网络"互联网"的可能性的家庭比例增加至97%；与2019年相比，对信息技术领域国内解决方案的投资增加四倍。[②]《俄罗斯联邦"发展工业和提高其竞争力"国家规划纲要》中的十五个预期目标之一便是"实现制造业数字化指标，包括实现数字经济发展的国内成本占总增加值的5.1%"[③]。

由此可见，俄罗斯当前对数字经济/创新经济的高度重视与支持，数字经济/创新经济将是俄罗斯近些年产业政策实施的重要着力点。

（三）大力推行进口替代计划

近年来，俄罗斯在西方制裁的背景下大力推行进口替代计划。2015年8月4日，时任俄罗斯联邦政府总理梅德韦杰夫签署了关于成立俄罗斯联邦政府进口替代委员会的相关文件，并亲自出任委员会主席，委员会下设民用经济分委会和国防工业分委会，2位副总理分别担任该委员会副主席，旨在协调联邦执行机构、联邦主体的执行当局、地方政府和组织在进口

[①]《关于俄罗斯联邦到2023年的国家发展目标》，俄罗斯 Codex 电子信息网，https://docs.cntd.ru/document/565341150#7D20K3。

[②]《关于俄罗斯联邦到2023年的国家发展目标》，俄罗斯 Codex 电子信息网，https://docs.cntd.ru/document/565341150#7D20K3。

[③]《俄罗斯联邦"发展工业和提高其竞争力"国家规划纲要》，俄罗斯 Codex 电子信息网，https://docs.cntd.ru/document/499091753#6580IP。

替代领域执行国家政策方面的活动。①为落实进口替代政策,2014年以来俄进口中约半数商品为在俄境内生产最终品所必需的中间品,如车辆、电气设备、化工品等技术性产品,原因在于俄本国企业无法生产上述产品,或外国同类产品的质量、价格更具竞争力。②2021年7月,俄联邦安全委员会副主席梅德韦杰夫在俄国家技术发展会议上表示,2021年俄本国商品替代进口总额预计将达到6000亿卢布(约合81.2亿美元),其中,在优先发展的民用产业领域,俄正实施超过20个产业规划,超过1000个进口替代项目,其中超过500个项目已实现批量生产。③2022年1月,俄罗斯总理米舒斯京表示,俄罗斯必须在飞机制造业领域完全实现进口替代,在技术上不依赖于外国零部件,俄罗斯联邦政府将继续为该行业发展提供一切必要支持。④俄罗斯宏观经济分析和短期预测中心表示,作为对全球经济结构性危机的回应,如果俄罗斯不采取大规模经济刺激行为,进口替代将成为俄罗斯唯一优先事项。⑤

　　同时,俄罗斯一系列发展规划中也突出强调了进口替代政策对俄罗斯经济转型的重要意义。《俄罗斯联邦"发展工业和提高其竞争力"国家规划纲要》中明确指出:"在国家产业政策的实施中,实施进口替代在当前具有特别重要的意义。现代条件下的进口替代是创造现代竞争性产业的过程,旨在替代目前进口的消费品和工业产品,强调国家产业政策的原则。进口

---

① Pavel V. Butakov, "The Goals of Industrial Policy of the Russian Federation: State Intervention into the Economy as a Factor of Industrialization", *European Research Studies Journal*, 2018,(04).

②《疫情俄进口情况》,中华人民共和国商务部网站,http://ru.mofcom.gov.cn/article/jmxw/202107/20210703176527.shtml。

③《2021年俄商品替代进口总额预计将达到81.2亿美元》,中华人民共和国商务部网站,http://ru.mofcom.gov.cn/article/jmxw/202107/20210703181301.shtml。

④《俄总理要求飞机制造领域完全实现进口替代》,中华人民共和国商务部网站,http://ru.mofcom.gov.cn/article/jmxw/202202/20220203278512.shtml。

⑤《俄专家预测新一轮经济危机》,中华人民共和国商务部网站,http://ru.mofcom.gov.cn/article/jmxw/202105/20210503062029.shtml。

替代产业政策的重点是刺激经济部门结构的变化，以使国家在现代高科技产品的生产中获得优于其他国家的优势，并且在可预见的未来具有巨大的出口潜力"，同时该计划指出："得益于进口替代，进口产品在俄罗斯国内工业品市场的份额（俄罗斯经济对工业产品的依存度）从2014年的49%下降到2020年初的40%左右，2020年俄罗斯工业对国际突发公共卫生事件造成的外部冲击表现出足够的抵御能力"[①]《俄罗斯联邦至2024年和至2035年期间的制造业发展综合战略》也指出2014—2018年成功实施进口替代计划促进了俄罗斯国内需求的增长。[②]

（四）优先发展领域明确

俄罗斯产业政策重点支持的发展领域，既包括俄罗斯的传统优势产业，又包括新兴产业。国家规划纲要"创新发展和经济现代化"板块明确发展的领域包括国防工业综合体、航空工业、发展大陆架矿床开发用造船和机械、电子和无线电产业发展、发展制药和医疗行业、俄罗斯宇航事业、发展核电工业综合体、信息社会、发展运输体系、"农业发展和农产品、原料和食品市场调控"、渔业综合体发展、开展对外经济活动、自然资源再生产和使用、林业发展、能源发展等领域。《俄罗斯联邦至2024年和至2035年期间的制造业发展综合战略》明确了15个优先发展领域：航空业、造船业、电子工业、医疗产业、制药业、汽车工业、交通工程、农业工程、化学和石化综合体、黑色和有色冶金、稀有和稀土金属工业的重点领域、投资工程、联邦轻工业、具有社会意义的商品生产、建材行业复合材料产业等15个领域，并规划了每个重点领域的重点发展方向和到2035年要达到的目标。以航空业为例，该计划明确了航空业的优先发展方向是确保在航空工业产品的开发、生产和运营中引入和积极使用先进的数字技术；保持和增加该行业的

---

① 《俄罗斯联邦"发展工业和提高竞争力"国家规划纲要》，俄罗斯 Codex 电子信息网，https://docs.cntd.ru/document/499091753#6580IP。

② 《俄罗斯联邦至2024年和至2035年期间的制造业发展综合战略》，俄罗斯 Codex 电子信息网，https://docs.cntd.ru/document/565066326。

人员和科学潜力,包括通过发展飞机生产来培养民航管理领域的高素质专家;建立有效的航空工业产品营销、销售和售后服务体系,并明确2035年航空业发展规划目标为:增加航空工业中工业组织的产量;增加民用产品在航空工业总产量中的份额;增加俄罗斯民用飞机制造商在世界市场上的份额;增加俄罗斯直升机制造商在世界市场上的份额;提高航空工业中工业组织的劳动生产率。

(五)推动非资源部门服务业的形成

《关于到2024年俄罗斯联邦发展的国家目标和战略目标》明确提出,2024年要实现制造业、农业、具有全球竞争力的非资源部门的服务业的形成,其商品(工程、服务)出口的总份额将至少占国内生产总值的20%;实现每年2500亿美元的非资源商品出口量(按价值计算)。[1]《关于俄罗斯联邦到2030年的国家发展目标》则明确到2030年,非资源商品的出口实际增长与2020年相比至少增长70%。[2]《俄罗斯联邦至2024年和至2035年期间的制造业发展综合战略》专门指出:"在世界市场上,俄罗斯工业产品的竞争力正在加强。2019年是非资源商品出口量创纪录的一年,无论是出口总额还是数量。由于较小行业份额的扩大,出口的多样化正在增加。大宗低附加值商品正在被更复杂的产品所取代,乘用车出口增长23.5%,药品、香水和化妆品出口增长10.1%,轻工业增长7.7%"[3]。2021年,俄罗斯非资源商品出口额再创新高,达1930亿美元,同比增长37%,占出口总额约64%。其中,主要出口商品为金属产品(占非能源商品出口总额的25.6%)、化学产品(19.6%)、机电产品(19.1%)和农产品(17.7%),主要出口目的国

---

① 《关于到2024年俄罗斯联邦发展的国家目标和战略目标》,俄罗斯Codex电子信息网,https://docs.cntd.ru/document/557309575#7D20K3。

② 《关于俄罗斯联邦到2030年的国家发展目标》,俄罗斯Codex电子信息网,https://docs.cntd.ru/document/565341150#7D20K3。

③ 《俄罗斯联邦至2024年和至2035年期间的制造业发展综合战略》,俄罗斯Codex电子信息网,https://docs.cntd.ru/document/565066326。

为中国、哈萨克斯坦、白俄罗斯、土耳其和美国。①

（六）以一系列国家规划纲要或国家战略的形式推进产业政策落实

与其他国家相比,俄罗斯产业政策的一大特点是通过制定一系列国家规划纲要和国家战略规划,来促进产业政策落实,优化产业结构。除了制定专门的《俄罗斯产业政策法》外,俄罗斯还制定了《俄罗斯联邦至2024年和至2035年期间的制造业发展综合战略》《俄罗斯联邦"发展工业和提高其竞争力"国家规划纲要》《俄罗斯联邦科学和技术发展国家规划纲要》《俄罗斯联邦经济发展和创新经济国家规划纲要》《俄罗斯联邦国防工业综合体发展国家规划纲要》《俄罗斯联邦航空工业发展国家规划纲要》《俄罗斯联邦发展大陆架矿床开发用造船和机械国家规划纲要》《俄罗斯联邦电子和无线电产业发展国家规划纲要》《俄罗斯联邦制药和医疗行业国家规划纲要》《俄罗斯联邦宇航事业国家规划纲要》《俄罗斯联邦核电工业综合体发展国家规划纲要》《俄罗斯联邦信息社会国家规划纲要》《俄罗斯联邦运输体系发展国家规划纲要》《俄罗斯联邦农业发展和农产品、原料和食品市场调控国家规划纲要》《俄罗斯联邦渔业综合体发展国家规划纲要》《俄罗斯联邦自然资源再生产和使用国家规划纲要》《俄罗斯联邦林业发展国家规划纲要》《俄罗斯联邦能源发展国家规划纲要》《俄罗斯联邦关于工业部门实施进口替代规划》《俄罗斯联邦关于到2024年发展的国家目标和战略目标》《俄罗斯联邦关于到2030年的国家发展目标》等。

（七）更加注重市场的导向作用

《俄罗斯联邦"发展工业和提高其竞争力"国家规划纲要》明确指出:"对产业的支持应该建立在这样一个事实的基础上,即国家不是产业组织部分当前和资本成本的固定和永久的资金来源。应按项目提供资金,以实现具体的发展目标。在中期内,应不断减少预算资金的份额,以支持预算

---

①《俄罗斯联邦"发展工业和提高竞争力"国家规划纲要》,俄罗斯 Codex 电子信息网,https://docs.cntd.ru/document/499091753#6580IP。

外资金来源。随着工业生产投资总量的增加,支持措施应该是有限的,在一定阶段,国家支持的产业应该进入以市场资源和高效企业价值创造为基础的发展模式。"①

①《俄罗斯联邦"发展工业和提高其竞争力"国家规划纲要》,俄罗斯 Codex 电子信息网,https://docs.cntd.ru/document/499091753#6580IP。

第五章　俄罗斯智库研究

通过对俄罗斯智库的认识以及对于相关双边战略议题的匹配来设计中俄之间议题交往和交流的机制探讨，尤其是如何发挥好厦门金砖平台精准锁定相关议题的部署，将智库和高校之间的关系作为国家对外开展关系的二轨或多轨交往平台，乃至于形成政府官方、政府智库、高校智库及民间智库的交流交往平台，对凝聚中俄两国高级知识分子对国际战略格局态势看法的互联互通、塑造共同价值机制至关重要。

中俄智库的交流交往或可形成共同的科研及合作项目，一方面为金砖议题各国经济发展提供智力方面的公共资源，有利于金砖国家凝聚更好的经济发展动力，另一方面中俄共同感兴趣的国际战略格局的议题，也能进一步发挥对金砖国家跟进议题的影响，起到领头羊的作用。实现金砖峰会在议题上不仅拘泥于发展中国家的经济发展议题，更进一步涉及国际关系、地缘战略、风险管控乃至于形成国际制度共识等等议题。

从多边主义视角看待中俄智库协作重要性。当前中俄关系涉及面向颇多，许多议题需要中俄两国共同呼应，例如有东北亚相关议题如北极圈开发、中东情势等相关议题，也包括当前的"一带一路"的议题，在深层次的国家战略角度方面都是两国高层高度关注，也是两国急需加强沟通理解双方合作意图的课题。

一、俄罗斯智库概述

俄罗斯智库类型大致分为三类：

第一类是官方智库。主要是俄联邦总统和联邦政府组建的智库。如莫斯科国际关系学院、总统经济委员会、俄罗斯战略研究所、俄罗斯现代发展研究所。俄罗斯政要领导的准官方智库，如美国加拿大研究所。

第二类是学术型智库。如外交和国防政策委员会、"IN-DEM"中心、国家战略委员会、俄罗斯社会政治中心、盖达尔经济政策研究所、战略和技术分析中心、库尔吉尼扬中心。

第三类是商业型智库。如"政治"基金会、政治技术研究中心、俄罗斯政治行情研究中心、全俄舆论研究中心、"舆论"基金会、列瓦达中心、效率政治基金会、"齐尔孔"研究组、全俄民意研究中心。

1.外交和国防政策委员会①

1992年2月25日成立于莫斯科，宗旨在于促进制订和实施俄罗斯的发展战略构想、外交和国防政策，促进俄罗斯国家公民社会的形成。

主要任务有以下七项：

一是制订和评估针对俄罗斯国内和国际问题的前瞻性方案，以保护俄罗斯在外交、国防及其他方面的国家战略利益；

二是促进俄罗斯在外交政策、国防政策、军事改革等领域形成专业和客观的决策机制；

三是针对俄罗斯与世界，尤其是与独联体国家的合作提出实际方案；

四是在外交和国防政策问题上进行有价值的研究，鼓励创新思想，研究和宣传有关军转民、军事和安全机构的建设和改革以及对强力部门进行监督等问题的国际经验；

五是拓宽信息渠道，使社会广泛了解国家的外交和国防政策；

---

① 俄罗斯外交和国防政策委员会，http://svop.ru/。

六是促进和发展俄罗斯外交与国防政策委员会成员与国内国外有关机构的学术和商务联系;

七是在政界、军界、实业界、学术界和媒体的知名人士之间发展各种形式的合作。俄罗斯外交与国防政策委员会的资金主要来自个人和非政府机构的赞助、基金和捐赠。

其成员由来自俄罗斯政界、金融界、实业界、军工企业、科研系统和媒体行业的精英人物组成。在俄罗斯国家和社会生活中拥有很大的影响力。委员会现有成员166人,主席团执行管理机构处理委员会的日常工作。主席团共18人,具体如下:

T.B. 鲍里索娃(T.B.Борисова),区域间信息技术基金会总裁;

Л.И. 瓦因贝尔格(Л.И.Вайнберг),"Солев"国际集团总裁;

B.C. 维利奇科(B.C.Величко),"Расвэро"集团公司总裁;

C.A. 卡拉甘诺夫(C.A.Караганов),俄罗斯科学院欧洲研究所副所长;

Ю.Г. 戈巴拉泽(Ю.Г.Кобаладзе),资本复兴股份公司总经理,曾任俄罗斯对外情报局新闻司长;

E.M. 科若金(E.M.Кожокин),俄罗斯战略研究所所长;

B.H. 米罗诺夫(B.H.Миронов),"Камов"控股公司经理委员会成员;

H.B. 米哈伊诺夫(H.B.Михайлов),"系统"股份金融公司经理委员会成员,俄罗斯国家一级顾问;

C.A. 蒙多扬(C.A.Мндоянц),俄罗斯议会发展基金会主席;

A.B. 莫尔多文(A.B.Мордовин),少将;

B.A. 尼康诺夫(B.A.Никонов),"俄罗斯统一"基金会主席;

A.K. 普什科夫(A.K.Пушков),"电视中心"股份公司总裁;

B.A. 卢巴诺夫(B.A.Рубанов),俄罗斯军工企业联盟副总裁;

В.А.雷日科夫(В.А.Рыжков),"我们的家园–俄罗斯"议会党团主席；

В.Т.特列季亚科夫(В.Т.Третьяков),独立出版集团总经理,《世界能源政策》主编；

А.В.费奥多罗夫(А.В.Федоров),"Русал"股份公司副总经理；

А.В.查尔科(А.В.Цалко),"祖国"退伍军人社会支持联合会主席；

И.Ю.尤甘斯(И.Ю.Юргенс),俄罗斯工商企业家联合会副主席、执行秘书。

2.盖达尔经济政策学院①

在苏联科学院与苏联国民经济政策研究所的基础上发展起来,学院创建于1990年,1992年更名为过渡时期经济学院,2010年以其创建者盖达尔的名字命名,正式确定为盖达尔经济政策学院。学院现有140多位科学工作者,其中有1名俄罗斯科学院院士,10名博士及39名副博士。学院作为科研及教育教学研究中心,致力于培养国家财政管理、收支管理、经济政策制定、国家财政收支、对外贸易等领域的人才。学校现开设有本科、硕士及副博士相关专业,如:宏观经济学、微观经济学、计量经济学、经济学理论、宏观经济学与财政管理、银行体系与财经市场、哲学、英语等。盖达尔经济政策学院的研究成果多次被俄罗斯及国外政府相关机构、国家各部门组织广泛采用。

3.全俄民意研究中心②

俄罗斯最古老、最著名的民意调查公司。成立于1987年12月,隶属于苏联劳动部和全苏工会中央理事会。该研究中心于1998年重新注册为国家统一企业,并于1999年成为科学研究机构。2003年,全俄民意研究中心

① 盖达尔经济政策学院网站,https://www.iep.ru/ru/。
② 全俄民意研究中心网站,https://wciom.ru/。

转变为一家拥有100%国家资本的开放式股份公司。2017年,全俄罗斯民意研究中心成立30周年。如今,全俄罗斯民意研究中心已成为俄罗斯舆论领域的领先研究机构。主要对联邦和地区政府机构的需求进行调查,对选举和政治进行研究。可以说其研究涵盖了俄罗斯和独联体国家的方方面面。同时,公司2/3的客户是商业和非营利组织。全俄民意研究中心积极参与商标审查、品牌和公司研究、媒体评估、不同市场消费者行为等领域的工作,成果显著。除了研究传统问题,公司还在实施一些研究社会经济发展、劳动力市场、移民和消除贫困的项目。全俄民意研究中心主要任务是综合研究传统和新兴技术,采取非常规方法解决问题。科学活动是该研究中心的基础,而该研究中心也始终秉承其科学使命,实施自己的教育和出版计划。

4.列瓦达中心①

1987年在全俄民意研究中心的框架下构建而成。该中心主席是塔季扬娜·扎斯拉夫斯卡娅院士。自20世纪90年代初以来,该中心一直自给自足,没有得到国家预算的资助。该中心以俄罗斯社会学家尤里·列瓦达的名字命名,属于俄罗斯非官方性质的研究组织。该中心运用各种调查方法定期进行固有的或订单式的社会市场调研。列瓦达中心是俄罗斯最大的研究单位之一,拥有100多个由区域合作伙伴组成的访谈网络,并与独联体和波罗的海沿岸国家的民意研究中心保持着合作关系。自1988年起,列瓦达中心的全体研究人员就开始在全苏联范围内进行定期的民意调查。该中心的合作伙伴和客户包括:俄罗斯和国际公司、大学、研究机构和非营利性组织。

列瓦达中心的成员有来自社会学、政治学、经济学、心理学、市场研究领域的专家学者,也有遵循世界舆论研究协会和欧洲民意与市场研究协会原则进行大规模调查和数据处理的组织。自2003年起,列瓦达中心就是

---

① 列瓦达中心网站,https://www.levada.ru/。

全俄市场与民意调查协会的一员。该中心的主要员工都曾在美国和西欧的研究单位进行过实习。列瓦达中心主要研究类型包括俄罗斯成年人口（全民）的全俄代表性调查；俄罗斯成年人口的全俄代表性调查（案例研究）；俄罗斯地区成年人口的代表性调查（案例研究）；焦点小组；深入采访；B2B研究；市场调研。

5.全俄舆论研究中心①

苏联社会舆论研究中心成立于1988年,1992年改为现名。从属于全苏工会中央理事会和苏联部长会议国家劳动和工资问题委员会。该机构的任务是在改革过程中,"应切实掌握社会舆论的脉搏",为苏联经济改革和社会改革服务。它在各加盟共和国和大工业中心设有25个分部。在该机构工作的成员有社会学家、程序编制员、计算技术专家、新闻工作者等180人。研究中心每年进行10—12次全国范围内的民意测验,主题多为国内经济和社会改革中最迫切的问题。

6.莫斯科国际关系学院②

基于莫斯科国立大学设立的莫斯科国际关系学院,从建立之初就代表了一类特殊的高等学府,它由苏联经济学家和莫斯科国立大学前任校长伊万·乌达佐夫领导。20世纪50年代初,莫斯科国际关系学院扩展为三所学院,除成立之初的国际法学院和国际经济关系学院外,新增了历史与国际关系学院。1955年,莫斯科东方研究所并入莫斯科国际关系学院。此时,教学语言和国别研究的范围得到扩展,包括中国、印度、伊朗、土耳其、阿富汗和中东各国。1958年,莫斯科国际关系学院设立了一所对外贸易大学,并成为俄罗斯国际关系教育和专业知识培养的领军院校。1967年,新闻学院加入教育和研究领域。20世纪80年代后半叶,由于剧烈的社会变革,莫斯科国际关系学院成为一个完全开放的机构。

---

① 全俄舆论研究中心网站,https://wciom.ru/。
② 莫斯科国际关系学院网站,https://mgimo.ru/。

1989年,莫斯科国际关系学院允许以商业形式入学,并接收了第一批来自西方国家的学生。1991年,莫斯科国际关系学院校友会(The MGIMO Alumni Association)在主席罗斯蒂斯拉夫·谢尔盖耶夫及莫斯科国际关系学院首届毕业生的倡议下成立。1992年成立的国际商务学院和工商管理学院见证了俄罗斯社会经济的剧烈变革。1994年,莫斯科国际关系学院借助新成立的国际行政管理学院根据国际惯例开始在国家和公共行政管理领域提供培训服务。同年,国际关系学院设立了政治系,该系于1998年发展成为独立的政治科学院。

　　7.俄罗斯战略研究所①

　　1992年2月29日由联邦总统叶立钦下令成立,其任务是为国家最高立法和执行机构提供信息分析保障。1996年加里宁格勒的波罗的海研究中心成为战略所的分支机构。目前主要为俄罗斯公开情报分析的研究所,俄罗斯联邦安全会议所属国际安全跨部门委员会成员单位,在学术研究体系中确立需要综合分析的优先问题(对外政策、国防、经济、生态等安全问题),得出结论并提出建议。主要服务对象:总统办公厅、联邦委员会、国家杜马及其各委员会、安全会议、联邦政府及其各部委。

　　该战略所约有70名研究人员,分别设7个研究室:国家安全问题研究室、近邻问题研究室、军事战略问题研究室、国际经济安全和全球问题研究室、市场经济内部问题研究室、亚太问题研究室。其研究重点放在独联体问题上,美国、西方国家、日本、中东国家、中国在后苏联地区实行的政策,俄罗斯与独联体、波罗的海国家的双边关系,俄罗斯民族的地位、权利保护以及新侨民融入俄罗斯文化的问题也是其研究内容。此外,危及全球或地区稳定的危机形势和国际恐怖主义问题也是其研究的重点。

　　其对外政策研究重点首先是欧洲安全系列问题,包括与北约的关系、现代欧洲的政治建设、中东欧国家发展道路、波罗的海地区安全问题、巴尔

_____

　　① 俄罗斯战略研究所,https://riss.ru/。

干半岛的和平与稳定、地中海和黑海安全的支持等;此外,亚太地区形势,俄罗斯与日本、中国和新兴工业国的关系;美国对外政策、经济及军事政策,俄美双边关系也是其政策研究的主要内容。

8.俄罗斯科学院远东研究所①

创建于1966年9月。是俄罗斯科学院的重点研究所之一,研究范围包括前苏联和俄罗斯与中国、日本、朝鲜半岛的关系及上述地区的社会经济发展状况、历史、哲学、文化、民族等问题,该所的中国学、日本学研究实力雄厚,在俄罗斯国内和国际上都具有重要影响力。

俄中关系在远东所的学术传统中占有特殊地位。20世纪80年代,随着苏中关系的变化和中国的发展,远东所的研究范围逐渐扩大到中国的社会经济发展经验、中国与世界的关系,以及如何消除苏联与中国的对抗并在两国间建立正常关系等问题。

该所主要任务是对中国、日本、韩国、朝鲜等国的问题及其社会经济发展经验进行系统研究,并研究俄罗斯与这些国家的关系、国际政治问题、亚太地区经济一体化进程。该所承继了俄罗斯200多年来汉学研究与东方学研究的民主传统,比丘林、瓦西里耶夫、阿列克谢耶夫、康拉德等著名学者都曾在该所工作过。其下有8个研究中心:东亚经济一体化中心;俄中关系研究与预测中心(俄罗斯—中国中心);俄罗斯与亚太地区合作研究与预测中心(俄罗斯与亚太中心);中国当代历史与政治中心;东亚文明比较研究中心;日本研究中心;朝鲜半岛研究中心;信息文献中心。

9.世界经济和国际关系研究所②

俄罗斯科学院编内的国家预算科研机关,俄联邦安全会议所属估计安全跨部门委员会成员单位,也是俄罗斯联邦对外政策协会成员单位。创办者为俄罗斯科学院。该所成立于1956年,其前身是世界经济和世界政治

---

① 俄罗斯科学院远东研究所网站,https://www.ifes-ras.ru/。
② 世界经济和国际关系研究所网站,https://www.imemo.ru/。

研究所。主要任务是为总统和政府最高机构、议会上、下两院、俄罗斯和国外有关专业的研究中心、高等教育系统提供政策咨询。

研究所内单位涉及现代市场经济理论室；全球经济问题和对外经济政策室；工业和投资分析中心；转轨经济研究中心；科技进步与管理室；预测协调和方法小组；农商研究中心；价格通胀和税收分析小组；国际安全中心；国际政治问题室；和平问题研究中心；政治理论部；北美研究中心；亚太研究中心；发展和现代化问题中心；社会经济和社会政治比较研究中心；经济模式部；当前政治和经济问题分析室；世界发展年度分析小组。

二、俄罗斯智库与中国方面的协作探究

在俄乌冲突后中俄关系之间也出现一些杂音，一方面中俄之间仍然需要维持长期稳定的关系，但是不可否认，乌克兰与中国之间的关系也必须实事求是地考量，例如中国在乌克兰的人员、合作、经贸，以及国际关系等等因素。这或许使得中俄之间产生了一些智库、科技文化交流的不信任。[①]但这方面的问题也和中俄交流的深度、广度有关，双方之间可以更进一步地扩大合作交流的范围深度和广度，中俄之间的智库交流机制也可以形成多点多面的推进态势。

从中国的角度而言中俄的衔接能量是非常良好的。重要的对俄国研究机构例如：中国社会科学院俄罗斯东欧中亚研究所，以及各高校所属的中亚研究中心，例如：清华大学俄罗斯研究院、华东师范大学俄罗斯研究中心、兰州大学中亚研究所、北京外国语大学俄罗斯研究中心等。有些则是相关学院下的区域国别研究，例如清华大学区域国别研究院、北京大学国际关系学院、上海外国语大学上海全球治理与区域国别研究院。这些单位都有对俄罗斯深度研究的专家教授，并培养相关的学术科研人才，这些资

---

① 《俄方称中国科学院暂停合作，外交部回应中俄科技合作交流活动均正常推进》，观察者网，https://mbd.baidu.com/newspage/data/landingsuper?context=％7B％22nid％22％3A％22news_10044893435416580395％22％7D&n_type=-1&p_from=-1。

源都是中俄之间开展长期交流交往的重要基石。

当前中俄两国面临许多需要共同应对的国际态势,除深化两国合作交往的双边关系以外,可由两国共同形成朋友圈,建构当前多边主义下中俄可以共同协作的工作目标。这方面中俄双方从彼此的角度来看也都有不可或缺性,是背靠背的重要角色。当下以美国为主的多边平台不断侵蚀中俄周边国家对中俄的立场与关系,反之中俄之间除了内部合作,如经济、安全、社会等,对于外部也有着共同的目标,如有着一同建构多边关系的需要。中俄之间在历史问题上有着深厚的情谊,但也存在一些争端,这些问题是影响中俄关系在未来是否能长远稳定的重要因素,因此进一步深化中俄双边关系和拓宽中俄主导的多边关系,对两国而言都是有利的。

第六章　未来发展与政策思考

继承苏联地缘政治影响力的俄罗斯仍然是当前西方和美国的主要假想敌之一,西方国家仍然对俄罗斯步步进逼,视其为阻碍西方扩张的对手,在经济上也与俄罗斯有着地缘上和国际地位上的竞争,尤其是当下围绕着乌克兰问题爆发的一系列冲突,除了军事上的战备影响,在经济上受到西方和美国的经济制裁,围绕着油气相关工业产品出口的矛盾加剧。近年来更是受到国际公共卫生事件的影响,俄罗斯整体经济处于相对艰难的时期。

俄罗斯宏观经济各项指标在2019年之前就出现全方位下滑,国际公共卫生事件的突发加剧了俄罗斯未来经济的继续下滑和产业发展的不确定性。经济发展的跌幅创历史极值,虽然2021年失业率相比2020年缓解了2%,工业方面的生产力也在疫情后开始出现恢复,一些新的态势也在发生,例如制造业的增长、国债减少、工资增长等,俄罗斯开始摆脱对油气的依赖,70%左右的财政预算不依靠油气收入。

2021年10月14日俄罗斯与中国签署多项能源、贸易和金融协议。时任中国国务院总理李克强访俄期间签署38项协议,包括两国加强能源合作,以及1500亿元人民币(250亿美元)的货币互换协议。

一、金砖合作

2022年,金砖合作机制迎来第16个年头,金砖国家主席国的接力棒再次交到中国手中。在世纪疫情和百年变局交织的大背景下,金砖国家合作机制今后将会着力于哪些方面的合作,能够取得哪些成果受到广泛关注。在当前国际背景下,俄罗斯将金砖国家领导人会晤视为反孤立、反制裁的重要抓手。同时,在西方外交和舆论压力不断增强的国际背景下,部分金砖国家的合作意向和动力是否会受到影响,以及受到多大影响,也值得我们进行深入跟踪研究。

首先,在当前国际格局进一步分化演变的情况下俄罗斯短期内与美国、欧洲关系缓和的可能性几乎不存在,俄罗斯面临的外交孤立和国际话语权"失语"状态将更加严峻,金砖国家领导人会晤将成为当前俄罗斯寻求和拓展"大国空间"的主要抓手,也将成为俄罗斯争夺国际话语权的重要国际平台。金砖国家对话和合作应更加突出"合作初衷",即强化实现"共同发展"的经济合作目标,而非结成政治或军事共同体。

其次,更加注重经贸、人文领域的务实合作。国际公共卫生事件的突发和俄乌冲突的双重背景下,各国面临能源价格和物价的不断攀升,金砖国家所有成员国的经济都在下滑,俄罗斯、巴西与南非的经济下滑尤为严重。因而,金砖国家合作机制应持续推动财金、经贸合作议题,利用在金融、贸易和技术创新等领域的互补性,以创造共同利益的领域为突破口,在合作中解决分歧;探索在供应链、能源、气候、大宗商品、减贫脱贫等方面的合作,探索在金砖国家内部构建稳定的供需对接机制,助力成员国经济稳步复苏,推动形成"金砖国家产业链和供应链稳定计划",以应对印太经济框架和"美日印澳"供应链合作。充分利用网络直播、自媒体等网络形式,广泛开展人文交流,通过组织人才培训、智库研讨会、工业创新大赛等特色活动,推动政党、智库和民间社会组织等领域的深入交流。

最后，推进可持续发展，合力建设"数字金砖"。当前，数字经济正在成为重组全球要素资源、改变全球竞争格局的关键力量，数字经济将在世界经济复苏中扮演重要角色。同时，各国都有发展数字经济的强烈预期。因而金砖国家应抓住新工业革命和数字服务贸易带来的发展机遇，以推进"金砖国家新工业革命伙伴关系"建设为契机，以金砖国家新工业革命伙伴关系创新基地建设为依托，加强在数据科学、人工智能、5G、物联网、云计算等技术的发展和应用领域的技术合作，强化在跨境数据流动、电子传输免关税和数字税、数字知识产权保护、数字产品的非歧视待遇、数字平台责任等方面的研究合作，合力建设"数字金砖"，努力实现数字经济惠民、惠企、惠商，为实现联合国可持续发展目标做出积极贡献。

二、厦门金砖创新基地建设

厦门金砖基地的设立首先是基于厦门作为东南沿海重要海洋城市的地缘优势，原本就具有对台和对侨的引进窗口的特点，以及海纳百川文化包容的城市底蕴。在当前构建以"国内大循环为主体、国内国际双循环相互促进"以及建设"全国统一大市场"的大背景下，厦门更应该借由金砖基地积极发挥更深层次的国内国际链接优势。

在当前深化中俄关系的过程中，厦门金砖基地也将搭建政治、经济、文化、安全等领域内具有影响力的协作或议题平台。大力夯实引进来的能量。例如：中外人才培养和产业政策的落实，发挥会议、旅游城市的优势，以及提升厦门本地智库对金砖国家国别研究中文化和产业研究的能量，形成交流交往衔接的黏着力。俄乌冲突后美国及西方国家对中俄关系的离间以及美国企图孤立中国的政策攸关中国国家战略，因此厦门金砖基地平台亦可借由这一机遇期，更好地作为金砖国家及中俄关系的黏着力，这也是为进一步推动构建"人类命运共同体"夯实国际"信任"之基础做出的中国贡献。

厦门金砖基地由于城市和功能定位的因素,还需要通过北京的国际交往中心分流一部分外交能量、国际交往的业务功能或转移部分国际商业项目的落实等工作。加速补充促进与厦门与金砖国家以及包括与俄罗斯的双边关系的扩展成长。

发挥厦门作为金砖国家会议的平台优势,思考规划能够为深化双边关系、多边关系做出的贡献。厦门作为会议城市与旅游城市,以及对外开放交通经济重要枢纽的城市,必然非常适合承担与拓展相关工作。将厦门的城市发展现代化水平以及其吸引的高素质人才作为后盾。对未来可以依托厦门金砖会议平台导入的、有利于建构中俄两国共同发展利益的举措及概念可有如下规划。

可以通过高校和科研系统搭建平台。促进在厦门有关的智库及研究所形成两国智库学者定期的会议项目,或提供进一步深入交流的场所平台,不仅可以强化中俄之间的共同发展,还能够形成吸引俄国优秀人才的平台途径。

可以参照郑州交易所在厦门开展中俄经贸相关议题的探索,建构中国商品和俄国商品在中国南方的交易中心,依托临海和船运优势形成中俄商业进出口贸易的重要展示窗口,尤其是期货大宗商品和矿产资源这样的现货商品。

结合俄罗斯地大物博的特性,例如新西伯利亚的开发计划可以结合厦门和福建矿产开发的产能技术,在厦门探索中俄矿产资源共同开发的可能性,还可衔接厦门集美中科院海西研究院的稀土研究中心参与相关环节的对接和共同研究。

对于尖端科技国防科技、航天航空、人工智能机器人前沿芯片等领域的合作开发生产,亦可以共同组成研究中心,活化厦门及厦漳泉一体化的产能。善加利用厦门海港交通货运的优势,将厦门作为对外发展的战略立基点,引进来和走出去相互促进,为中俄和金砖会议提供更优质的服务。

文化增量体现厦门的开放与包容性。例如华侨大学在东北亚地区能定向吸收侨生及留学生，在厦门加大中俄合作的衔接能力可以通过培养俄语方面学生和留学生做起，在厦高校的国际关系学院和海洋、贸易有关的学院也可以成立俄罗斯研究中心，厦门也可以规划建立关于金砖会议国家的商业街区、办公区，一方面展现厦门作为海洋城市的开放和包容性，另一方面则能厚积吸纳衔接落实外国友好关系的基本能力。

可在厦门开展中俄文化历史领域方面的研究，利用海洋城市的吸引力以及俄国对温暖地带和海洋的向往，开展中俄海洋相关海文化的交流，拓展寒带海洋和温带海洋海产品的相关交易。除推进民间交流，高校也可进一步开展中俄历史文化相关研究，中国学生研究俄国，俄国留学生在厦门认识中国。使得厦门形成中俄之间沟通交往的重要桥梁纽带。

强化厦门旅游城市在俄国的影响力。作为完全不接壤俄国且非敏感地区、交通便捷的厦门亦可以作为俄国旅游、会议、经商的一个经营标地。通过旅游杂志宣传、广告、短视频等形式在俄国的信息媒介或互联网进行宣传推介。俄国旅游前往海南三亚在2019年之前具有一定基数，而这方面未来也有望在厦门分流。也可利用邀请和补贴友好的俄罗斯媒体影片设置团队、电影明星等可控可行方案来到厦门，结合厦门的影视产业能量进行合作取景拍摄。以此增进俄国对厦门的了解认识，建构有吸引力的友好形象。

可利用好厦门的运动场馆，翔安建设的2023年亚洲杯夏季足球赛的场馆，作为中俄运动员的训练基地和交流比赛场地，在赛季前后可以更好地运用起来，作为为金砖国家提供体育相关交流合作支持的空间，例如大型体育赛事如奥运会的举办等一方面能惠及厦门市民更加了解和参与奥运，另一方面也通过体育和赛事促进厦门的对外交往。

借由国际关系研究成果和智力资源也能开展与俄罗斯有关智库或外交国际关系学界的对话，便于其更加了解支持中国的一个中国立场，以利于两国在各自国家核心利益问题上能够加深了解和达成共识，进而更好地维护中俄两国共同的互信关系和国家利益。

开展中俄之间的跨境民族、边疆安全和经济研究。在当前地缘政治复杂的国际环境下,中俄之间有许多的问题,既涉及内政也涉及外交安全问题,研究中俄关系的专家学者也应共同携手合作开展,例如少数民族的治理和现代化问题,中俄都是多民族国家,都有着为数众多的少数民族,并且中俄交界的边界也存在着跨境民族的治理问题,广袤的两国边疆都有管理和安全等方面的需求,两国的海上边疆也共同面对着东北亚周边的海上国际情势,而中俄之间能源天然气及稀土开采等国家战略的课题也需要战略性的研究和规划,以及相关技术的更新换代等等。这些也都能通过厦门金砖会议的平台衔接中俄双方进行智力合作,共同促使两国内政和外交向着更好的方向发展。

印度篇

第一章　印度国家概况

印度全称印度共和国（The Republic of India），是南亚次大陆最大国家。国土面积约298万平方公里（不包括中印边境印占区和克什米尔印度实际控制区等），居世界第七位。印度东临孟加拉湾，西濒阿拉伯海，与六个国家相邻：西北部与巴基斯坦交界，东北部与尼泊尔、中国和不丹接壤，东部与缅甸为邻，东部的孟加拉国在北、东、西三面与印度毗邻，岛国斯里兰卡位于印度东南海岸约40英里（65公里）处，横跨保克海峡（Palk Strait）和马纳尔湾（Gulf of Mannar）。印度地质地貌多种多样：南部是高地平原（德干高原），恒河沿岸是平原，西部是沙漠，北部是喜马拉雅山脉。印度港口众多，共有12个主要港口，按其吞吐量大小依序为坎德拉（Kandla）、帕拉迪普（Paradip）、尼赫鲁港（Jawaharlal Nehru Port,JNPT）、孟买（Mumbai）、维维沙卡帕特南（Visakhapatnam）、金奈（Chennai）、加尔各答（Kollkata）、门格洛尔（Mangalore）、杜蒂戈林（Tuticorin）、印诺尔（Ennore）、科钦（Kochi）和穆尔穆加奥（Mormugao）。

印度是一个农业大国，可耕地约1.5亿公顷，占全球可耕地的约10%，印度也是世界上最大的牛奶生产国和第二大茶叶生产国。印度蕴含丰富的自然资源，铁、锰、铬、钛、铝等产量丰富，为全球十大矿藏国之一。其中，云母的出产量排名世界第一，全球约有六成云母由印度供应。印度是仅次于中国的世界第二大黄金需求国，但黄金产量相对不足，无法满足印度国内巨大的黄金需求，因此有很大一部分都仰赖进口；此外，印度石油及天然气等能源相当匮乏。

根据公开数据,2022年印度人口达14.2亿。印度人口结构非常年轻,年龄中位数为28.4,25岁以下人数占总人数的一半,35岁以下人口高达65%,属青壮年国家。35%的人口居住在城市,劳动力及就业人口充沛。[①]印度人口较多的邦分别是北方邦(2亿)、马哈拉施特拉邦(1.12亿)、比哈尔邦(1.04亿)、西孟加拉邦(9.13千万)、中央邦(7.26千万)、泰米尔纳德邦(7.21千万)、拉贾斯坦邦(6.85千万)等。[②]

表3-1　印度人口前十大城市

排名	城市	人口(万)	排名	城市	人口(万)
1	孟买(Mumbai)	1269	6	艾哈迈达巴德(Ahmedabad)	372
2	德里(Delhi)	1093	7	海德拉巴(Hyderabad)	360
3	班加罗尔(Bengaluru)	510	8	浦那(Pune)	294
4	加尔各答(Kolkata)	463	9	苏拉特(Surat)	289
5	金奈(Chennai)	433	10	坎普尔(Kanpur)	282

数据来源:https://worldpopulationreview.com/countries/cities/india.

印度被称作"人种博物馆""语言博物馆"和"宗教博物馆"。这种多样性是在漫长的异族进入和融合过程中形成的。印度种族多样,有些是印度本土人种,有些是不同时期从欧亚大陆或海上来到印度次大陆的外来移民,包括印欧人、达罗毗荼人、原始澳大利亚人、尼格利陀人、蒙古人种等。其中,波斯人、塞族人、阿拉伯人、蒙古人、土耳其人、阿富汗人的进入在一定程度上影响了印度的民族构成。印度是一个多民族国家,小民族和部落群体数量众多。

---

① 世界银行网站,https://data.worldbank.org/indicator/SP.POP.TOTL。

② 全球实时统计数据网站,https://www.worldometers.info/world-population/india-population/。

表3-2 印度主要民族构成①

民 族	人口占比	分 布	宗教信仰	语 言	其 他
印度斯坦族（Hindustani）	46.3%	北方邦、中央邦、哈里亚纳邦、比哈尔邦和拉贾斯坦邦等	印度教，部分信奉伊斯兰教、佛教、基督教、耆那教等	印地语，少数操乌尔都语	从事农业
泰卢固族（Telugu，又称安得拉族）	8.6%	安得拉邦	印度教，部分信奉伊斯兰教、基督教	泰卢固语	喜欢吃辣椒、喝茶
孟加拉族（Bengali）	7.7%	西孟加拉邦、比哈尔邦和奥里萨邦等	大多数人信仰印度教	孟加拉语	主要从事农业
马拉地族（Marati）	7.6%	马哈拉施特拉邦	印度教、佛教	马拉地语	喜欢摔跤，善于打板球、曲棍球和羽毛球
古吉拉特族（Gujarathi）	4.6%	古吉拉特邦	印度教，少数信伊斯兰教和耆那教	古吉拉特语	主要从事农业、手工业
加拿达族（Kannada）	3.87%	卡纳塔克邦	印度教	加拿达语	——
奥里萨族（Orissai）	3.8%	奥里萨邦	印度教	奥里亚语	奥里萨素有印度教圣地之称
马拉亚拉姆族（Malayalam）	3.59%	喀拉拉邦	印度教，部分信仰伊斯兰教和基督教	马拉亚拉姆语	
旁遮普族（Punjabi）	2.3%	旁遮普邦、哈里亚纳邦	锡克教、印度教	大部分人操旁遮普语，少数操印地语和乌尔都语	从事农业，少数人从事畜牧业和手工业，能歌善舞
阿萨姆族（Assamese）	1.6%	阿萨姆邦	印度教湿婆神	阿萨姆语	多从事农业、畜牧业

在印度，可能有数百种主要和次要的语言及数百种公认的方言，许多

---

① 本表根据中华人民共和国驻印度共和国大使馆官网信息整理，http://in.China-embassy.gov.cn。

人是双语或多语者,懂得当地的方言("母语")及其相关的书面语变体。宪法规定的印度官方语言是印地语,英语是一种准官方语言,被广泛使用。同时,印度还承认有22种"表列语言"(scheduled languages),各邦可作为官方通用语使用。其中,15种为印欧语系(阿萨姆语、孟加拉语、多格里语、古吉拉特语、印地语、克什米尔语、孔卡尼语、迈蒂利语、马拉地语、尼泊尔语、奥里亚语、旁遮普语、梵语、信德语和乌尔都语),4种为达罗毗荼系(卡纳达语、马拉雅拉姆语、泰米尔语和泰卢固语),2种为汉藏语系(博多语和曼尼普尔语),1种为澳大利亚语系(桑塔利语)。自印度独立以来,由于教育的改善和大众传媒的影响,这些语言已变得越来越标准化。

大多数印度语言使用天城体(Devanɑgari)书写,但也使用其他文字,如信德语有时也用波斯化的阿拉伯文字书写,泰米尔语有格兰塔字母和瓦蒂卢图字母两种书写形式等。

宗教是大多数印度人身份认同的一个重要方面。印度的主流宗教是印度教,它集合了不同的教义、教派和生活方式,为绝大多数人所遵循。印度是佛教、耆那教和锡克教的诞生地,还并存着诸多外来宗教,如伊斯兰教、基督教、犹太教、琐罗亚斯德教和巴哈伊教等。这些外来宗教在不同历史时期传播至印度,并使很多本土居民皈依。根据中华人民共和国外交部网站数据,印度教徒的比例是80.5%、穆斯林的比例是13.4%。另据统计,印度基督教徒比例是2.3%、锡克教徒比例是1.7%,其他宗教信徒占2.0%(其中佛教徒0.7%、耆那教徒0.37%)。

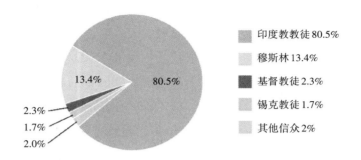

印度教教徒80.5%

穆斯林13.4%

基督教教徒2.3%

锡克教徒1.7%

其他信众2%

图3-1　印度各宗教信众比例

数据来源:中华人民共和国外交部网站及印度2011年人口普查数据,根据人口普查网数据整理,https://www.census2011.co.in/religion.php。

　　种姓制度是印度社会的重要特征。公元前15世纪前后,雅利安人进入印度,种姓制度逐渐在印度扎根。在种姓制度框架下,人被分为四等:婆罗门是等级最高和最受尊敬的种姓,主要从事教师或神职人员的工作;刹帝利是传统意义上的国王或勇士;吠舍通常是农民、手工业者和商人;首陀罗通常是从事体力劳动的人,并被认为应向前三大种姓提供服务。在这个大的框架下,又分为成千上万的亚种姓。此外,还有一个完全独立的部分——不可接触者或达利特,被视为贱民,被排除在种姓体系之外,处于社会最底层,被认为是最不洁、最卑贱的人群,他们被社会完全回避,并被禁止与高种姓的人生活在一起。虽然印度独立后,其宪法明确规定,禁止种姓歧视和"不可接触制",在印度许多大城市,种姓制度的影响也在逐渐弱化。但迄今为止,种姓制度在农村仍然非常普遍,决定了谁可以住在哪里、可以做什么工作、可以和谁说话、可以拥有什么权利等。由于种姓制度在很大程度上制约了种姓的向上流动,印度也是世界上经济不平等最为严重的国家之一。

　　根据最新发布的《2022年世界不平等报告》(The World Inequality Report 2022),印度前10%和前1%的人分别持有国民总收入的57%和22%,

而位于底层50%的人口仅仅拥有13%的国民收入。印度的贫困人口基数非常庞大。在其近14亿人口中,有近60%的人口每天的生活费不足3.1美元(这是世界银行的贫困线中位数),其中超过2.5亿人每天依靠不到2美元维生。尽管如此,根据彭博亿万富翁指数(Bloomberg Billionaires Index)2022年4月发布的排名,印度企业家高塔姆·阿达尼(Gautam Adani)和穆克什·安巴尼(Mukesh Ambani)以超过1000亿美元的身家位于亚洲富豪榜榜首。在福布斯实时全球富豪榜排名中,则分列第九位、第十位。此外,印度是世界上拥有科学和工程人员储备最多的国家之一;音乐、文学和电影等文化出口方面最活跃的国家之一;拥有世界上人口最多的三个国际大都市——德里、孟买和加尔各答;班加罗尔、金奈和海德拉巴三城跻身世界发展最快的高科技中心,世界上大多数主要的信息技术和软件公司都在印度设有办事处。

第二章　印度内政外交及其对金砖合作的影响

一、印度内政外交概况

(一)印度内政概况

印度曾长期为英国的殖民地,近代以来,印度人民为争取民族独立和自由而不懈努力奋斗。1947年,印度从英国独立,并于1950年1月26日建立印度共和国,实行联邦共和制。印度独立后于1949年11月26日通过了印度宪法,1950年1月26日正式生效,并在日后经历了多次修订。印度宪法从根本上规定了国家政治运作和公民从事政治活动的基本原则,为国家对复杂多样族群的管治提供了基本制度框架,同时也指明了国家政治发展的方向和目标。[①]印度宪法明确指出,印度人民的基本政治目标和政治价值是"将印度建成为一个拥有独立主权地位的社会主义的非宗教性的民主共和国"[②]。这里"社会主义"的主要意思是"国家必须保证社会秩序以增进人民福利,并致力于缩小收入差距",即体现和追求社会平等与人民福祉,近似于北欧国家的社会民主主义,与中国的社会主义相区别。"非宗教性"与中国的无宗教信仰不同,也区别于伊斯兰国家以伊斯兰教为主体和唯一宗教信仰,是一种不追求单一宗教国家化,允许多种宗教并存的国家目标。

[①] 谢超主编:《印度政治制度》,中国社会科学出版社,2021年,第45页。

[②] 常士訚编:《比较政治制度》,天津人民出版社,2013年,第185页。印度1949年通过的宪法包含395条(规整为22个部分),共约14万5千多字。

印度号称"世界上最大的民主国家",在这一民主政治制度之下,通过宪法将一个人口规模巨大、族群关系极为复杂、内部矛盾分歧众多的国家,聚合在一起有序运行。印度宪法构建了印度的政治体制,即统治和管理方式。印度国家和政府的权力来自人民,宪法主要通过议会立法和选举确保政府向人民负责。印度联邦议会,即国会实行两院制,两院包括上院联邦院和下院人民院,相当于英国的下议院和上议院。人民院议员由各邦选民直接选出,任期五年,大约500个席位。联邦院由间接选举的议员组成,总数大约250名,其中少数议员由总统提出和指定而来。印度的地方议会,即各邦议会,除少数邦之外,大部分都实行一院制,由本邦即地方选区直接选举的议员组成,任期同样为五年,议员人数不等(60~500人之间)。总统是国家最高元首和武装统帅。除立法权外,总统还拥有一定的行政权和咨询权(司法权),主要在宪政危机时得以体现。总统由联邦议会和地方议会中选出的议员组成的总统选举团选出,即通过间接且秘密(无记名)投票的方式选出,任期五年。总统一职"需要超脱于党派政治,同时不能在政治实践中干扰内阁和总理职能的正常运转"[①]。政府行政权力主要控制在以总理为首的部长会议(印度总理内阁)中,总理行使日常国家权力。内阁部长会议对人民院负责,总理由总统任命人民院多数党的议会党团领袖担任。

印度是一个实行多党制的联邦制国家,在"符合印度主权和完整"的前提下,印度公民享有自由结社,即组织成立政党的自由。印度全国性的政党主要有印度国民大会党(简称国大党)、印度人民党(简称印人党)、印度共产党(简称印共[马])、全印草根国大党(简称草根国大党)、民族国大党。地方性的政党有德拉维达进步联盟、全印安纳德拉维达进步联盟、泰卢固之乡党、最高阿卡利党等。[②]在大选中获胜的政党,也是联邦议会的多数党,该党领袖出任联邦行政机构即政府和内阁的首脑——总理。总理提出

---

① 谢超主编:《印度政治制度》,中国社会科学出版社,2021年,第213页。
② 谢超主编:《印度政治制度》,中国社会科学出版社,2021年,第268—293页。

政府各部部长人选,并获得总统批准。由于总理控制着联邦政府的部长会议和内阁,在整个行政体系中实际拥有最大的行政权力。内阁是由联邦政府的主要部门行政长官组成,是印度国家最高政府决策机构。地方各邦的行政机构即地方政府,则完全参照了联邦政府结构及其运作方式,地方各邦长官对应总统,地方各邦部长会议首席部长对应总理。①

印度拥有一个全国统一的司法制度体系。中央有最高法院,地方各邦有高等法院和下级法院。②印度的司法制度和实践,继承自英国殖民者在印度建立的司法制度。英国对印殖民统治期间,在印度建立起了一整套完备的专业司法制度和法律人才培养体系,为独立后的印度司法稳定、有序运行打下了良好基础。印度独立以后,原印度联邦法院被新的印度最高法院所取代。起初宪法第124条规定,最高法院由1名印度首席法官和不超过7名其他法官组成。后来随着处理案件的增多,最高法院法官人数不断增加,到2019年时达到34人。印度公民具备一定的条件,比如在任何一个高等法院连续担任法官五年及以上,或在任何一个高等法院连续担任律师至少十年,或被总统认为是卓越的法学家,都可以被选为最高法院法官。高等法院是地方各邦最高级别司法机构。高等法院由首席法官和若干法官组成,总人数根据需要从几人到几十人不等,人数最多的安拉哈巴德高等法院共有103名法官。③为了保护司法独立性,印度宪法和政府法案,都规定了最高法院和高等法院法官的任期、退休、辞职、免职等。在各邦高等法院之下,还设置有不同级别的"下级法院",接受高等法院的监督和管理,由地区法院法官主持。

经济基础决定上层建筑。古代印度的土地制度是村社和国家所有,即实质上的君王和王公贵族所有。印度独立以后推行土地改革,通过立法和国家赎买、补贴的方式,分阶段实施耕者有其田但明确土地最高限额(9~16

---

① 常士䦔编:《比较政治制度》,天津人民出版社,2013年,第189—190页。

② 林良光主编:《印度政治制度研究》,北京大学出版社,1995年,第103页。

③ 谢超主编:《印度政治制度》,中国社会科学出版社,2021年,第152—293页。

公顷)的私有产权制度,但执行效果较差,多种土地占有形式并存。印度人口众多,缺地少地农民随处可见,而且规模在不断扩大。这些人口与无经济收入来源的人口大量涌入城市,成为印度工业化和城市化所需的廉价劳动力。同时,这也产生了严重的社会问题,比如遍布印度城市各处的贫民窟。正是这种复杂多样的土地经济制度现状,使印度内部的相关土地行政管理趋于混乱,大大制约了印度经济的发展。印度开国总理尼赫鲁及其继任者,为印度选择了国家经济主导、公私营经济混合发展的经济体制,即第三条道路。[①]这种经济体制不同于欧美国家,与中国改革开放以后的经济体制虽有些相似,但又有非常明显的不同。印度实行的是几乎没有任何限制的境内自由迁徙、定居、从业制度,政府在社会管理和政治管控方面,缺乏有效的组织和动员能力,即国家主导经济的计划性相比中国要差一些,但经济主体的自主性和能动性却更强。

近三年来,除中国外的金砖国家,经济出现了较大的负增长,印度国内遭受疫情的冲击尤为严重。但印度民众并没有因为疫情,爆发大规模的反政府游行和示威活动。这也从侧面反映,印度社会的弹性很大,以及印度民众对莫迪政府的认可度较高。欧美发达国家应对疫情失据,也在一定程度上消减了印度民众对莫迪政府的不满。因此,印度内政趋于稳定。莫迪政府继续执政,意味着相关政策的稳定性比较高,这对金砖合作是利好的。

(二)印度外交概况

传统上对外交的理解,通常是指国家和政府首脑,包括其代表,代表国家所从事的对外交往活动。某种程度上,外交是内政的延续。自独立以来,印度的外交政策有了很大发展。独立后的印度外交可以分为三个阶段:1947—1962年、1962—1991年、1991年至今。印度外交自成一格:冷战时奉行不结盟政策,在美苏两霸之间左右逢源;苏联解体后,为应对世界多极化潮流,采用战略自主政策,与主要大国保持同等距离;进入大国竞争时

---

① 谭融、王子涵:《论印度政治发展道路的探寻》,《比较政治学研究》2018年第1辑。

代,则践行多边联盟政策。1991年的工业政策使印度转向混合经济,从而改变了其与外部世界的经济和贸易政策,并为与世界上一些国家的合作和互动开辟了一条新的途径。

自人民党执政以来,印度外交政策的发展进入"快车道外交"(fast track diplomacy)①,更加集中并积极主动地和世界建立密切关系。

印度外交政策由五个因素驱动②:一是常规安全,这是印度外交的主要优先事项。二是经济发展。印度的经济增长由历史上的内部驱动转向越来越多地吸引外国投资,并利用国际资源和市场来支持国内经济增长。三是能源安全。印度目前约84%的原油依赖进口,为了确保获得能源资源,印度持续关注中东地区,特别是伊朗。除了海湾地区,印度也正将能源资源进口范围扩大到非洲和拉美。四是核能力和不扩散。五是地位和声望诉求。印度强调建立其战略地位和领导力的重要性,渴望在全球舞台获得其"应有的"地位,承担其"应有的"角色。印度是世界上第二大人口国,也是最年轻的国家之一,超过50%的人口年龄在25岁以下。印度软实力外交一向较强,军事、经济和外交影响力也在提升。印度希望其地位在发达国家中得到承认。

战略自主可谓印度外交政策的核心原则和最主要的特点。正如印度外长苏杰生(Subrahmanyam Jaishankar)所言:"印度的外交政策决定是根据国家利益做出的,我们以自己的思想、观点和利益为指导。"近年来美印关系持续走近,美国赋予印度印度洋支点国家的战略意义的诱惑是巨大的,而且在很大程度上满足了印度长期以来的"大国心态"。这种定位强化了印度在大国交往中的自信。因此,印度不断地努力展现自身的"支点"地位,并竭力塑造和呈现自己地区乃至世界开明秩序的倡导者形象。

---

① 详见印度政府外交部网站,https://www.mea.gov.in/Uploads/PublicationDocs/23979_MEA-Brochure-6thSep2014-RE-LR.pdf。

② 哈佛大学肯尼迪学院贝尔弗科学与国际事务中心网站,Xenia Dormandy,India's Foreign Policy,https://www.belfercenter.org/publication/indias-foreign-policy。

二、莫迪执政以来的印度内政外交

冷战结束后，印度从经济发展角度出发，将国家定位为发展中大国、新兴经济体、多极化世界中的重要力量，希望推动现有国际体系朝着有利于发展中国家的方向发展。2014年印度人民党上台，尤其是2019年大选，印人党再次强势胜选，在议席数、得票率、票仓范围等方面表现出色，反映了其在政治动员、组织架构、资金保障、领导人魅力等方面的优势，也表明印度"进入新的印人党主导的政治生态"[①]。

印度人民党产生于印度独立运动时期，尼赫鲁执政时期受到抑制，20世纪70年代以后重新抬头，是一个具有强烈印度教民族主义色彩的政党，以"印度教特性"（Hindutva）为指导思想，并强调"印度教民族复兴主义"，这与印度宪法所保障的民主、公民自由和世俗主义相悖。"国民志愿团"（RSS）为印人党执政提供了强大的意识形态和组织动员支持，是莫迪政府执政的重要依托，包括莫迪总理本人在内的诸多印人党高层都曾参加国民志愿团。这种更强的宗教意识形态特点对印度的政治力量架构、政治话语体系、外交战略等产生了极大的影响。

（一）提出"新印度"愿景，明确"领导性强国"（leading power）战略目标，力求"恢复印度在全球秩序中应有的地位"

2014年莫迪首次出任印度总理后，"新印度"构想初见雏形。2014年9月，莫迪访美，在纽约麦迪逊广场花园发表演讲，提到他"希望带领印度走向辉煌"，"要把印度变干净、为商业活动扫清障碍，并让年轻的国民准备好成为老龄化世界的劳动力大军"。莫迪借此初步传递了"新印度"的设想和变革印度的决心。2017年，莫迪第一任期过半，"新印度"被密集地不断加以表述：3月，印人党在五邦地方选举获胜后，莫迪发表感言说，一个"新印

[①] 楼春豪：《印度对华政策的转变与中国的政策反思》，《现代国际关系》2020年第11期。

度"正在成型,"有年轻人的梦想、能够实现女性愿景、能够提供穷人机会";6月,在圣彼得堡国际经济论坛上,莫迪清晰地重申了将继续前进,建设"新印度"的构想,强调要改善基础设施、发挥年轻人的力量、实现印度的现代化;8月,印度独立日,莫迪在德里红堡发表演讲,表明2022年实现"新印度"决心,绘出"穷人将住上混凝土房子,农民收入将翻番,年轻人和女性将得到充足的机会,印度将从种姓制度、恐怖主义和腐败中解脱"的图景。他号召印度年轻人"把握机会,塑造这个国家的未来"。在2019年大选竞选宣言中,莫迪再次承诺"我们的目标是一个新印度,其未来与辉煌的过去一致"。他强调"发展",抛出2030年成为"全球第三大经济体"的目标,表示将在改善经济、提升农民生活水平、加大基础设施建设投入、降低税率、关注女性权益等方面有所作为。

可见,"新印度"俨然不再是一个历史时期的描述,而成了一个政治概念。根据莫迪的多番表述,"新印度"的目标应当是强大、发达、包容;内涵应当是现代化、发达的经济、高效廉洁的政府、社会公平、国家安全、全球地位。"新印度"是莫迪的"印度梦",也凝聚了印度的大国梦。印度开国总理尼赫鲁给印度未来发展制定的战略目标——做"有声有色的大国"已成为印度的国家意识和国民共识。

莫迪政府的强人政治形象非常突出。2014年执政后其将经济发展和国家治理排在首位,曾高举"发展主义"的大旗曾尝试多项经济和社会改革,做出了一系列经济改革尝试,包括更大程度的经济自由化,通过修改和废除一些不合时宜的法律条款从而提升印度的营商环境,加大力度引进外国资本,提出"印度制造"刺激制造业的发展等。尽管这些"发展导向"的政策确实有利于印度产业的升级和发展,进一步融入国际市场,但一些社会政策却极大程度影响了改革成果。例如,莫迪于2016年11月8日"旋风式"推出废钞令,500及1000卢比的纸币一夜之间作废,其推出政令的方式和速度直接导致印度2017年经济增长率下降约2个百分点。2017年7月1日印度正式实施商品与服务税(GST),统一了印度此前繁杂的间接税征收方式。2019年,莫迪政府第二任期开启后强调印度国家安全为最重要的政策议题,"引领发展"转向"安全守护",以实现"坚定的印度,强大的印度"。

(二)积极推进印度教民族主义政治议程,进行"国族整合"

莫迪上台后,印度国内政治领域最大的变化就是印度教民族主义的高涨。印度教民族主义(Hindu Nationalism)是当代印度一种带有强烈教派主义色彩的社会政治思潮,强调印度教至尊,在印度建立一个"印度教国家"。莫迪政府第一任期内有意淡化教派民族主义问题,以期更好地追求经济绩效,并获取更多中间派选民支持。但其第二任期开启后,由于经济改革举步维艰,莫迪支持印度教民族主义的发展,在政治和社会事务中发扬印度教民族主义,展示"印度教特性",希望能够利用民众对印度教的虔诚推动其各项事业。2019年7月,《穆斯林妇女婚姻权利保护法案》经印度议会投票通过,该法案标志着莫迪政府在促进统一民法问题上做出的努力;2019年8月,印度上议院通过废除宪法第370条决议,取消穆斯林为人口主体的印控克什米尔的"特殊地位"和自治权;2019年11月,印度最高法院将印度教徒和穆斯林争夺的宗教圣地阿约迪亚(Ayodhya)争议土地归属判给印度教徒,于其上修建印度教罗摩神庙,将原巴布里清真寺所在土地交由印政府成立的信托基金;2019年12月印度议会通过《公民身份修正案》(CAA),规定在满足一定条件的前提下,来自印度邻国、信仰不同宗教的非法移民可获得印度公民身份,但唯独将具备同等条件的穆斯林排除在外。印度教民族主义的影响向社会方方面面扩展,莫迪政府在实现塑造"强大印度"目标的过程中,用极短时间连续解决了一系列印度教民族主义者长期期待解决的问题,为其赢得了印度教民族主义势力的狂热支持。

需要指出的是,2020年以来,印人党面临不断上升的政治挑战:一是莫迪政府因抗疫不力受民众诟病,二是大规模农民抗议。2020年9月,印度国会通过三项农业改革法案,即《农产品贸易和商业法案(增强与促进)》《农民价格保障与农业服务法案》《必需品(修正)法案》,试图推动农业的市场化改革,包括废除"中间人"制度、允许农民自由出售农产品及废除印度农民视为"铁饭碗"的最低价格保护制度等。此次三项改革法案亦可视为印度政府对本国农产品交易市场化转型的初步试验,但由于印度农业生产方式仍较为原始,农产品交易在国际市场缺乏价格竞争力,一旦失去政府兜底保障,底层农民生活可能会大幅恶化,这会动摇农民的根本利益,因此印度农民频频爆发大规模的示威抗议活动。2021年11月19日,在经过11轮谈判无果以后,莫迪总理被迫宣布取消农业改革法案。印度农民组织并不满足于此,还进一步要求把农产品价格保护从三大主粮扩大到23个主要农产品,并以立法的形式确定下来。

印人党所推出的以印度教民族主义为主要特征的"民粹主义"政策很难消弭印度民众在国家认同、种族认同和宗教认同等方面的认知差距。因此,留下了巨大的社会裂痕,导致新的冲突层出不穷,这将消耗更多资源以维护社会稳定。

(三)外交政策的冒进性、平衡性更加突出

莫迪政府强调,外交必须紧紧服务内政、实现印度大国梦的需要,明确提出印度不能仅仅扮演全球事务的"平衡性力量"(balancing power),而应成为"领导性力量"(leading power),莫迪外交团队基本围绕"大国化外交"和"经济外交"两大轴心运转。印度积极经营印度洋沿岸国家,力求扮演印度洋地区安全"净提供者"角色,打造印度主导的"印度洋海上防务链条",彰显和体现印度在该地区的主导地位;将其亚太战略从"向东看"(Looking East)转向"向东干"(Acting East),积极打造"印太两洋国家"的战略优势。在全球层面,印度以"印度优先"为前提,在外交实践中,独立自主,多方平衡,淡化印外交政策中的不结盟色彩,极力向全世界证明印度重要性。

2021年以来,印度向美国靠拢的速度明显加快。除了印美首脑在二十国集团和第26届联合国气候变化大会(CCOP26),等国际舞台上的会面,印度与美国举行了两次峰会,举行了国防与外交2+2对话,确立了价值观伙伴关系、战略伙伴关系、贸易和投资伙伴关系及主要防务伙伴关系,并

在疫苗生产上进行了有效合作,以检视国际生产链重组的可能性。印度参与、推动四方安全对话机制的积极性也明显提高。特朗普任美国总统时期,印度官方文件中还鲜少出现四方机制,但到2021年,印度同意把四方机制从部长级对话提升到峰会级别。2021年11月26日,中印俄三国外长第十八次会晤以视频形式召开,并发表了联合公报。公报称,中印俄三国外长们支持中国举办2022年北京冬奥会和冬残奥会。虽然印度最终仍然对冬奥会进行了一定的外交抵制,但在联合公报中的表态,使印度与美国和部分西方国家拉开了一定的距离。12月6日,俄罗斯总统普京突访印度,举行了印俄领导人峰会和国防、外交2+2对话会议,签署了多项重要协议。印度还高调声称要加快落实S400防空导弹协议的速度。

自2022年以来,印度多次在联合国大会现场表决中保持沉默并投弃权票,没有响应美国制裁俄罗斯的要求,这表明印度外交战略自主的原则依然没有变化。而且出于本国利益的考量,印度需要继续在大国外交中进行平衡,调整节奏,以更好地维护印度的战略自主地位,在各方之间谋求更有利的战略空间和博弈条件。2022年5月23日,美国总统拜登访日期间宣布启动"印太繁荣经济框架"(Indo-Pacific Economic Framework,简称"印太经济框架",IPEF)的新贸易倡议,印度是13个初始成员国之一。白宫国家安全顾问沙利文(Jake Sullivan)称,"印太经济框架"的重点是"围绕印度—太平洋经济体的进一步整合,以数字经济等新领域为重点,制定标准和规则,并致力于确保安全和有弹性的供应链"[①]。"印太经济框架"计划围绕贸易、供应链、清洁经济和公平经济四大支柱开展合作,意在推动美国盟友在经济、科技、产业、商业等方面依赖美国,这是以美国为首的遏制中国发展的又一排他性"小团体"。印度虽然是初始成员国之一,但对于该框架中的地缘政治意涵十分敏感。2022年9月,印度退出"印太经济框架"贸易

---

① 中国人民大学:《印太经济框架:美国思维的变与不变》,中国宏观经济论坛,2022年7月6日。

谈判。因此,印度以何种姿态、在多大程度上加入此框架仍具有较大的不确定性,也或将影响其未来的对外政策取向。

三、印度对金砖国家合作机制的诉求

印度是金砖国家合作机制的创始成员国之一,具有独特的优势。过去的20年里,印度经济以平均每年5.6%的速度稳定成长,该国软件、制药等产业领域已处在国际先进水平,金融服务体系完善,人才吸引力不断增强。

印度对金砖国家合作机制的诉求与印度的"大国梦"和与之相应的对外战略是一致的。印度可以在这样一个合适的时间和空间参与全球经济治理,并逐步在全球经济和政治领域同其他新兴大国进行全方位、长期性、机制性的协调。① 随着自身经济实力的不断增长,印度对自身在新兴市场发展及全球治理多边机制中的作用表现出明确的积极性,其对金砖国家合作机制的诉求有以下三个方面:

第一,发挥金砖机制在全球治理、国际经济体系改革、发展中国家协调中的作用,借助金砖国家机制实现印度经济、政治等方面的战略目标,提升印度的国际影响力。

金砖国家不仅是聚焦金砖国家合作的国际组织,还是凝聚发展中国家、构建国际政治经济新秩序的新兴大国组织,是"国际关系中的重要力量和国际体系的积极建设者"②。

金砖五国分别代表了各大洲的重要新兴力量,对维护国际公平正义,体现出日益突出的影响力。印度积极利用金砖峰会来提升其国际影响力。2012年,金砖国家第四次峰会由印度主办,主题为"金砖国家致力于全球稳定,安全和繁荣的伙伴关系",时任印度总理辛格提议设立金砖国家开发

---

① 张贵洪、王磊:《印度政治大国梦与金砖国家合作》,《复旦学报社会科学版》2013 年第 6 期。

② 2014 年 7 月 15 日,习近平主席在巴西福塔莱萨出席金砖国家领导人第六次会晤时的讲话。

银行。现任政府莫迪总理也对金砖合作机制态度积极,认为金砖峰会将给印度提供一个向外界宣示独立于西方影响之外的机会,有利于印度的外交和经济利益。2016年,金砖国家领导人第八次会晤在印度果阿举行,主题为"打造有效、包容、共同的解决方案"。2021年,金砖国家领导人第十三次会晤在线上举行,主题是"金砖15周年:开展金砖合作,促进延续、巩固与共识"。印度与其他金砖国家合作时,依然以"印度优先"为前提,希望其他金砖国家支持与配合印度在气候变化、减排等问题上的立场。

第二,深化国际关系民主化和建立现代全球治理结构,促进多极化格局,在经贸投资、可持续发展、环境保护等领域务实合作,发展与各国关系。

2014—2016年的金砖峰会宣言坚持强调金砖国家反对违反国际法的单边经济制裁。金砖国家新开发银行行长卡马特(印度籍)到上海考察时强调,2014年金砖国家峰会发表的《福塔莱萨宣言》描绘了金砖国家全方位、多层次合作的路线图,期待经贸、金融、发展领域的合作进一步加深,并拓展至战略、安全、外交、能源、科技、教育等领域。2021年6月1日,金砖国家外长会晤,发表了《金砖国家关于加强和改革多边体系的联合声明》,向世界其他国家发出了明确信号,即金砖国家的共同目标是建设一个公平、公正、包容、平等和有代表性的多极国际体系。

"部分印度媒体认为,在国际政治格局中,西方国家多年来始终处于主导地位,但新兴经济体国家近年来不断振兴,已在国际贸易、金融、气候变化以及国际安全问题上发挥着越来越重要的影响。然而新兴经济体国家之间至今仍没有一个类似西方七国首脑会议那样的固定组织以协调彼此之间的立场;虽然二十国集团会议已经容纳了所有新兴经济体国家,但该集团峰会仍然是一个由西方国家唱主角的论坛。"[①]金砖国家合作机制充分展示了发展中国家希望获得与七国集团对应的发言权的诉求。金砖国家

---

① 《印度各界希望金砖国家加强相互协作》,南海网,http://www.hinews.cn/news/system/2011/04/09/012297879.shtml?wscckey=809753b1a1aeee1a_1475326079。

合作机制实际上也是对七十七国集团和现有国际经济秩序在制度上的创新。

从另外一个角度讲,金砖国家的出现代表了发展中国家希望更多融入全球政治、经济的决心。当下二十国集团发挥的作用是有限的,金砖国家合作机制对全球繁荣与稳定至关重要。印度一直希望能够不断参与金砖国家的决策和治理,通过多边方式共同探讨一系列重要议题,最大限度地实现印度在国际舞台上的政治经济诉求。

第三,追求与发展中国家对话,主张在跨地区层面最大限度地增进金砖国家经济及政治交往。

在气候变化、反恐和能源安全等问题上,印度希望通过金砖国家、基础四国(BASIC)、上海合作组织及发展中五国(D5)等多边机制,与发展中国家一起共同应对来自外部世界的挑战。在这个过程中,印度竭力淡化中国主导的色彩,担心出现以中国为中心的体系取代西方为中心的体系。

印度致力于打造印巴南对话机制(IBSA),认为这是世界上三个主要民主国家之间的合作,强调民主参与、尊重人权、维护法治和多边主义等价值观,更能体现印度区别于中国的独特价值。此外还能在金砖机制内打造一个"非中国集团"的集体身份。印巴南机制是"民主同盟","是现行国际体系下代表发展中国家参与全球治理,甚至推动现行国际政治经济体系改革而遇到较少阻力的最重要渠道之一";金砖机制则是拥有丰富资源、庞大人口和不同社会政治体系的新兴经济体的复杂组合。印度还积极推动由日本、印度、巴西及德国组成的"四国集团",联手争取安理会常任理事国席位。印度战略界认为,对印度而言,"四国集团"的现实意义和战略价值不亚于金砖合作机制。

印度政府支持俄罗斯提出的"中俄印三边机制",定期与中俄举行三边外长会晤,并参与三边领导人峰会。已经构建起以三边领导人峰会为引领,以外长会晤为主要平台,以商业、文化等领域对话为辅助的重要三边合作机制,有利于中俄印在全球和地区事务中协调立场、联合发声。在这一框架下建立了灾难管理专家会议、商务论坛、专家学者对话会等三边论坛,成为金砖国家论坛的核心层次。①在《中华人民共和国、俄罗斯联邦、印度共和国外部长第十八次会晤联合公报》中,均有加强三国在金砖框架内合作的内容。

当前,印度不但是金砖国家组织、上合组织成员国,也是"G7+"、四方安全对话成员,是世界上唯一同时参与了东西方主要组织的大国。印度更多强调金砖机制在全球经济和国际治理中的作用,希望金砖国家能促进国际金融体制的改革。但印度不希望将金砖机制政治化,金砖机制只能用来扩大发展中国家在全球治理中的声音和代表性,不能被用来从战略上疏远其与西方的关系。比如,印度坚持将金砖国家开发银行命名为"新开发银行"(New Development Bank),要求"淡化金砖的色彩,仅强调这是一个新的开发银行"②。

四、印度对金砖合作机制的政策走向

总体而言,印度对金砖合作机制的态度是积极的。长期看,在金砖机制中发挥更为积极的建设性作用符合印度利益。莫迪政府将多边舞台视为其展现"领导性强国"的关键途径,用"全球南方"的概念强化其在发展中世界的地位。金砖国家合作机制有利于提升印度在全球性问题上的话语权和影响力,并在南南合作框架内强化金砖国家间关系。在当今充满多样性的多极化世界,金砖合作机制在保障经济繁荣和国际稳定方面所起的重要作用,有利于聚焦环境保护、可持续发展等议题,可成为提升新兴国家的话语权和解决发展中大国间关系的重要平台。这符合包括印度在内的金砖国家和发展中国家的共同利益。

---

① 杨雷:《俄罗斯与金砖国家:个体诉求与集体合力》,《俄罗斯东欧中亚研究》2017年第4期。

② 清华大学中国与世界经济研究中心:《印度对金砖国家机制建设的目标构想、利益诉求及举措》,2015年8月。

虽然以"领导性大国"为战略目标,但印度显然没有足够实力与当前国际政治经济体制相抗衡,要想获得更多发言权,并维护自己的国家利益,根据实际利益的不同,参与和组建不同的多边机制是印度最好的选择。①在2014年7月巴西福塔莱萨金砖峰会上,印度总理莫迪提出加强金砖国家内部开展合作的若干领域,包括在线教育、保障性医疗平台、虚拟金砖大学、中小企业、旅游、青年交流、科学技术等。印度政府主张,在水资源及污染治理、城市化及大气污染防治、可再生能源及粮食安全、基础设施、能力建设等领域,强化金砖国家间合作。长远来看,印度金砖国家外交仍将以经济层面为主,同时将加强政治议题的立场协调。但仍有一些不确定性因素需要重视。

第一,印度外交的平衡机巧、灵活务实、确保外交自主、谋求"领导性大国"地位和本国利益最大化的核心内涵没有变。这会带来印度对外政策的不确定性。

美国著名印度问题专家纳塔姆认为,印度人的等级世界观是其世界认识论的基础,其逻辑起点就是印度理应位于世界权力结构的最高层。②同时,印度还有悠久的地缘安全战略思维传统。前4世纪末孔雀王朝的朝臣考底利耶提出了"曼荼罗圈",把世界视为以印度为核心的同心圆,体系内有四类国家:霸权国、敌国、盟国和中立国。霸权国是征服者,邻国是最现实的安全威胁,邻国的邻国有可能成为本国的盟友。该思想将地理距离远近作为判断敌友的根本依据,是一个盟友与对手叠加的地缘政治体系。同时,考底利耶还提出邻国相处的六种策略——和平、战争、中立、备战、联盟、离间,六种策略的运用要视国家实力而定。在这种世界观和地缘政治思想的影响下,印度不少战略精英固守零和思维,倾向于认为国际关系的本质即为敌对,邻国总会对本国安全构成威胁。印度虽然与俄罗斯在接触

<hr>

① 黄正多:《印度多边外交实践的成效与局限》,《国际问题研究》2013年第4期。
② 王世达:《印太战略背景下印度参与中俄印三边合作的动因与局限》,《俄罗斯东欧中亚研究》2019年第2期。

中国方面拥有共同利益，但也极力避免一切"由中国所主导、服务于中国战略目标"的可能。这会在很大程度上影响印度对中俄印三边机制的立场乃至其参与金砖合作的立场；并主张金砖国家机制不能变成另起炉灶、对抗美欧的多边机制，因为这不利于印度根本国家利益。①

第二，金砖国家合作面临新的挑战，印度的表现需要关注。

近年来，俄罗斯受到西方国家制裁，元气大伤。中美战略竞争加剧，以及中印边境冲突以来中印关系的冷淡也给金砖国家间达成多边共识蒙上了阴影，使金砖机制在一段时间内将面临互信缺失和合作受阻，印度对中国的战略防备和竞争也会使两国的合作面临诸多挑战。

虽然在俄乌问题上，印度没有站在俄罗斯的对立面，但印度面临在美俄之间进行战略抉择的困局，也面临着大宗商品价格暴涨带来的严重冲击。印度正低价增购俄罗斯石油和其他大宗商品，根据路透社报道，为了绕开美欧对俄制裁，印俄拟建立专门的"卢比—卢布"贸易结算机制，并考虑将人民币作为基础参照货币，以解决汇率大幅波动的问题。但印度把对中俄关系局限在对美政策协调领域的政策或许不会有太大变化。美印关系趋近其实是印度增加大国博弈的筹码。美国从军事、政治、经济上全面拉拢印度，将为印度崛起提供助推动力和外部环境，被印度视为难得的战略机遇。印度强化与美日澳关系，不但将提高其在国际舞台上的分量，也将增强其在金砖国家组织和上合组织中的地位，强化其在大国之间纵横捭阖的能力，同时借助美国力量来制衡中国在地区的存在，遏制中国的军事和经济影响力。但美印合作只是权宜之计。印度不会放弃战略自主，完全倒向美国也不符合印度战略利益。这不但将压缩其与发展中国家拓展关系的空间，也将失去其金砖国家组织和上合组织成员国的正当性，并损害其与俄罗斯的关系。印度如何平衡这些关系，也将成为金砖合作中的

---

① 王世达：《印太战略背景下印度参与中俄印三边合作的动因与局限》，《俄罗斯东欧中亚研究》2019年第2期。

变量。

第三,印度国内复杂的政治现实或会影响对金砖合作的落实和推进效果。印度政党繁多且斗争激烈,政策稳定性较差。金砖合作政策、项目的落实和推进将受到一定影响。因此,金砖其他成员在寻求与印合作时,需格外注意可行性研究。[1]另外,印度医疗、电力、水利、基建严重不足,物流价格高,官僚主义等问题,使外资企业在印度生产成本及风险都很高。

---

[1] 清华大学中国与世界经济研究中心:《印度对金砖国家机制建设的目标构想、利益诉求与举措》,2015 年 8 月。

第三章　印度对华政策及印中关系

中国与印度是亚洲两个历史与文化悠久的最大发展中国家,同时是当今全球经济发展快速的两个最大新兴经济体,而且都是金砖国家的创始国与参与国。印度独立建国后,坚持独立自主外交政策,实行中立和不结盟立场,保持对外战略主动权,积极追寻成为世界大国和强国的战略目标。由于地缘政治与边界争端的历史原因,印度对中国的外交政策与中国的双边关系,因两国间的边界争端及国际形势与地缘政治的变化时好时坏,有时甚至达到兵戎相见的程度。而且印度有称雄亚洲和成为世界大国的野心抱负,与中国竞争亚洲大国地位与影响力的竞争甚于合作。因此,探讨了解印度的对华政策和两国的双边关系及发展趋势,对中国制定正确的对印政策和积极妥善地发展与印度的双边关系,深入推进金砖国家团结合作,具有现实意义。

一、印度对华政策及印中关系

印度共和国成立后,其外交大臣长期由内阁总理尼赫鲁兼任。尼赫鲁是印度共和国的主要创始人和领袖,深受印度人民信任。印度独立建国后的对外政策,包括其对华政策,深深带有尼赫鲁的个人印记。作为印度独立建国的创始人,尼赫鲁对印度的未来及其在世界上的地位与作用有明确且宏大的构想。他曾表示,印度以它现在的地位,是不可能在世界上扮演二等角色的,印度要做一个有声有色的大国。尼赫鲁对印度外交政策及国家未来目标的构想是：随着印度国力的增长，印度必须运用自己的力量对周边国家及国际社会施加影响力，发挥积极作用。第一个阶段目标是实现主导印度次大陆；第二个阶段目标是确立印度在亚洲的中心大国地位；第三个阶段目标是成为新独立的世界大国，在世界上发挥重要影响力。

印度刚独立建国时的世界格局是，由于二战后美苏主导的世界两大阵营在政治与军事上互相对抗的集团，同时在经济上形成以美国为首的西方资本主义自由市场经济，和以苏联为首的社会主义计划经济。面对美苏冷战对抗的国际格局，尼赫鲁领导的印度国大党审时度势，决定在美苏两强之间采取中间立场，即不依附于任何大国、不参与任何军事集团，在两大阵营中实行平衡外交路线，坚持独立的外交政策，保持自己的战略自主权，最大限度地维护印度国家利益。与此同时，作为一个刚刚摆脱英国殖民统治地位的新独立国家，尼赫鲁政府对其他已经独立或正在争取独立的亚非国家深表同情与支持，主张这些国家团结联合起来，共同抗衡西方殖民主义与帝国主义强权政治。二战后的国际格局与印度的国家地位及经济条件，使尼赫鲁政府选择了中立、不结盟、非暴力、促进亚非国家团结和世界和平的外交政策。[1]

印度在地理上与中国近邻，因喜马拉雅山脉与中国相隔。历史上，印度文明与中华文明长期交往，为亚洲和人类文明的丰富发展做出了重大贡献。近代，印度与中国都遭受殖民主义和帝国主义的侵略、占领与压迫，双方都同情和支持对方争取民族独立与解放的伟大斗争。1949年10月，中华人民共和国成立后，印度尼赫鲁政府是世界上最早承认中国新政权的非社会主义国家政府之一，并迅速与中国建立外交关系，互派大使。此后，印度始终坚持一个中国政策，坚定不移地主张和推动恢复中华人民共和国在联合国的合法席位。朝鲜战争爆发后，印度以一个亚洲大国的身份和中间

① Deep Datta-Ray, "India's Grandhian Foreign Policy: Identity & Politics", *European Council on Foreign Relations*, October 2020.

立场不断进行调停，为朝鲜半岛实现和谈与停战做出了积极贡献。

1954 年，印度总理尼赫鲁和中国总理周恩来实现首次互访，双方进行了友好与成功的会谈，共同倡导了和平共处五项原则，作为处理两国关系及普遍国际关系的指导原则。1955 年，印度竭力支持中国参加在印尼举行的亚非国家出席的万隆会议。周恩来总理应邀在大会上发表著名演说，阐明中国的对外政策与和平主张，强调求同存异。这次会议通过了《亚非会议最后公报》，即万隆会议公报，提出了"和平相处并发展友好合作"的10 项指导原则。这次会议的一个重要成果就是形成了亚非国家的不结盟运动，即一个既不支持美国也不支持苏联的发展中国家联盟，为世界和平与经济发展寻求第三条道路，维护发展中国家的利益。印度学者当时表示："在当前的国际形势下，印度按照自己的基本原则，在西方和俄罗斯两个大国集团之间采取了不结盟或中立的立场。但印度总理经常说，印度的中立不是被动的，而是动态的。他的意思是，印度将在国际事务中自由表达自己的意见，并向侵略和不公正的受害者表示同情和声援。"[1]

尼赫鲁在新中国成立后积极发展与中国的友好合作关系，协助中国参与国际事务，一个重要原因在于，他认为印度要想在亚洲崛起，成为第一等的亚洲大国和世界大国及强国，没有占世界人口五分之一的亚洲大国对中国的支持与合作是不可能实现的。中国近代长期遭受帝国主义列强的侵略与压迫，决定了新中国政府反帝反殖并支持民族独立与人民解放的立场和态度，中国在许多重大的国际问题上，与印度有着相同或相似的目标与利益，双方是可以相互支持与合作的伙伴。他多次强调印度和中国如同兄弟，两国友谊将地久天长。[2] 从 20 世纪 50 年代初中印两国建立正常外交关系到 50 年代末，这是中印两国关系中的一段蜜月时期。

---

① Acharya J. B. Kripalani, "For Principled Neutrality-A new appraisal of Indian foreign policy", *Foreign Affairs*, October 1959.

② Anlik Joshi, "China is pushing India closer to the United States", *Foreign Policy*, June 9, 2020; India Government and Politics, Britannica, www.britannica.com.

80年代初,中国开始实行改革开放,集中力量进行经济建设,同时努力开创和维持一个对中国经济发展有利的国际环境。中国向全世界打开大门,实行务实的外交政策,使印度看到了与中国恢复正常关系的机会,并开始秘密探索改善与中国关系的可能性。新德里的看法是,在邓小平的领导下,中国不仅开始实行务实的全面开放外交政策,而且北京已有一个务实而稳定的政府领导层,专心致志发展经济,努力实现国家现代化。邓小平曾与印度当时的外交大臣、后来成为总理的英迪拉·甘地接触,希望两国关系能够破冰,发展友好合作关系,为亚洲和世界和平与经济繁荣做贡献。印度政府认为并希望,这个行动意味着中国领导层愿意在现实基础上,缓和与改善中印两国关系,并有可能解决边界问题。

1988年12月,印度总理英迪拉·甘地应邀访问中国,这是印中之间爆发边界冲突以来,印度政府领导人首次访华,这被认为是一次破冰之旅,导致双方基本政策的改变。印度媒体认为,这是印中关系的缓和期。双方领导人都同意,其一,印中两国关系要完全正常化,不再以边界问题为条件;其二,双方承诺维护实际控制线沿线的和平与安宁,等待公平、合理与双方都能接受的最终解决方案;其三,双方承认对方在维护世界和平与进步方面的贡献。这种安排被印度外交政策界戏称为英迪拉·甘地与邓小平的"权宜之计"。这个务实灵活的"权宜之计"打破了印中关系僵局。① 1991年,时任总理李鹏访问印度,印中关系升温。之后,双方国家元首与政府领导人互访频繁,1996年,中国国家主席江泽民对印度进行正式国事访问,随后印度总统纳拉亚南于2000年访问中国,标志着印中关系进入一个新阶段。

进入21世纪后,印中两国领导人互访更加频繁,双方关系不断升温,经贸合作与科技文化交流广泛开展,出现前所未有的良好局面。2003年,

---

① Vijay Gokhal, "The road from Galwan: the future of India-China relations", *Carnegie Endowment for International Peace*, March 10, 2021.

印度总理瓦杰帕伊访问中国，与中国签署《中印关系原则和全面合作宣言》，确认双方发展长期建设性合作伙伴关系。2005年1月，印度与中国开展首次战略对话。4月，时任总理温家宝访问印度，签署中印联合声明，宣布两国建立面向和平和繁荣的战略合作伙伴关系，并达成了《解决中印边界问题政治指导原则的协定》。① 2010年，是印中建交60周年，两国政府都极为重视。5月，印度总理帕蒂尔访华，纪念印中建交60周年，商谈两国未来发展。12月，温家宝回访印度，并与印方协商后共同发表两国加深友好合作的联合公报，双方同意建立中印战略经济对话机制，推动两国经贸进一步合作与发展。2014年9月，习近平对印度进行首次国事访问，与印度签署和发表《关于构建更加紧密的发展伙伴关系的联合声明》，将两国关系推进到一个新的时期。② 2015年，印度新任总理莫迪访问中国，接着于2016年9月来华出席在杭州召开的二十国集团领导人峰会。随后，习近平于10月赴印度参加第八次金砖国家领导人峰会。翌年9月，莫迪到中国厦门出席由中国担任主席的第九次金砖国家领导人峰会，并与习近平再次直接会晤。中印两国领导人的频繁接触与会晤，使两个亚洲大国的友好合作关系达到前所未有的局面。

自40年前实行改革开放以来，历届中国政府坚信发展才是硬道理，坚持以经济建设为中心不动摇，集中精力发展经济与扩大国际贸易，在经济上快速崛起，不断超越欧洲发达国家，并在21世纪第一个10年，国内生产总值总量超越亚洲经济第一强国日本，并取代日本成为世界第二大经济体，仅次于世界超级强国美国。印度在20世纪90年代初也开始实行经济改革，开放市场经济，努力在经济发展上追赶中国。1991年，印度的国内生产总值年均增长率只有1.01%，经过10年的努力追赶，在2010年达到

---

① Xinhua News Agency, "China, India to build strategic partnership", April 12, 2005.

② Joint statement between the Republic of India and the People's Republic of China on building a closer development partnership, Ministry of External Affairs of India, September 19, 2014.

8.5%,2017年维持在6.8%,与中国当年6.93%的经济增长率已经差距不大。2019年,印度国内生产总值超过英国与法国,成为全球第5大经济体。同年,印度总理莫迪表示,要在2030年前将印度发展为世界第二大经济体。由于印中关系的不断改善,印度与中国的贸易额自2000年后开始快速增长。1991年,印中双边贸易额只有2.65亿美元,2001年上升到35.96亿美元,2006年达到248.6亿美元,2012年达到700亿美元,2019年则增加到近1000亿美元,中国成为印度的第一大贸易伙伴。

这个时期,作为亚洲最大的两个发展中国家,印度与中国高层往来密切,对话频繁,不断协调与联合国、世界贸易组织、二十国集团、金砖国家、上海合作组织,以及中俄印等多边机制对话与合作。印中双方还在边界谈判、经贸与投资交流合作、军事合作、文化科技交流合作,以及全球气候变化、反恐、地区与国际安全合作等方方面面都展示出和睦友好、互相协作的立场与姿态,甚至在国际社会形成一种"龙象共舞"和"亚洲世纪"正在来临的印象。

二、印中关系现状与需要关注的问题

2020年印度军队与中国军队在有争议的边境地区发生多次冲突,其中6月在加勒万河谷地区爆发的严重流血冲突,以及随之而来的双方在班公湖等地区的军事对峙,导致正在良好发展的印中关系突然逆转。印度媒体舆论大肆炒作边界冲突,民间爆发大规模对华抗议示威活动,全印度贸易商联合会也加入了抵制中国商品的呼吁,公布了一份包括450个大类的商品抵制名单,涵盖从化妆品到服饰、家具等3000多种中国产品。印度上下反华情绪顿时高涨。

美国著名智库布鲁金斯学会的印度研究专家认为,大流行病与边界冲突,使印度政府对中国的看法与观念发生了重大转变,印度媒体与公众对中国的信任受到了严重伤害。在印度战略界、外交与国家安全政策制定者中,人们普遍主张和呼吁,要重新评估印度对华政策和与中国的关系,以及

印度需要进一步建立实力和伙伴关系来应对中国的挑战。印度极具影响力的德里智库观察者研究基金会主席萨米尔·萨兰指出："对印度来说，中国构成了明显而现实的危险。为了应对一个广阔而好战的北方邻国，印度必须重新定位其安全概念以及政治和外交资源的部署。"他强调说："一个复兴的中国，它计划在亚洲建立地区霸权，尽管它试图分裂和主宰欧洲，这是德里最大的安全挑战。印度—太平洋地区将定义亚洲世纪的未来。"①

印度对华政策开始进行调整与转变。这个调整与转变表现在印度国内政策和对外政策两个方面，主要有以下三点：

首先，印度国内经济政策的转变。印度开始反思在经济、贸易与投资上过度依赖中国。印度总理莫迪公开表示印度要自力更生，强调"印度制造"，生产和销售印度产品，导致印度保护主义上升，民族主义更加强烈。新德里及印度经济部门对印度经济过度依赖中国经济表示担忧，正在考虑一项长期计划以减少对中国进口的依赖，开始对中国公司尤其是与中国政府有密切联系的公司采取一系列措施，进行更严格的限制和审查，同时审查中国在技术、电信、公共外交和文化教育领域的活动。印度通过了一项立法，要求任何来自中国手机实体的投资都必须通过印度政府批准。印度还以国家安全名义禁止使用近300个中国应用软件。印度《印度教徒报》说，印中经济关系的许多方面在某种程度上已处于冻结状态。

其次，对外政策的改变。印度开始寻求和加强与美欧日国家以及其盟友的交流与合作，试图通过广泛的外交行动提升印度实力，实现对中国的战略对冲。《纽约时报》在这次印中边界冲突后不久发表文章称，多年来，美国及其盟国一直试图说服印度成为其更紧密的军事和经济伙伴，以遏制中国。以印中边界冲突等突发事件为突破口，在美欧日等国家的拉拢下，印度已开始加倍努力与这些所谓志同道合的国家建立伙伴关系，企图利用这

---

① Samir Saran, "India's security choices during the COVID-19 pandemic", *Observer Re-search Foundation*, September 2, 2021.

些国家的帮助来增强印度的实力,平衡和威慑中国,确保印度在南亚的安全并阻挠中国在印太地区获得主导地位。

其一,印度与美国、澳大利亚、日本加深了"四方机制"(Quad)安全对话的伙伴关系,试图通过积极参与"四方机制"来加强自己的实力地位,牵制中国。2021年2月18日,印度外长与美、澳、日三国外长举行网上会议,商谈四国加强合作问题,随后在3月12日,印度总理莫迪与美国总统拜登、澳大利亚总理莫里森和日本首相菅义伟举行首次网上首脑会晤。9月24日,印度总理莫迪前往华盛顿,参加美、澳、日、印四国政府领导人举行的面对面首脑会晤。这次会议发表的联合声明称,这四个国家再次承诺他们的伙伴关系,承诺促进自由、开放、基于规则的秩序,植根于国际法,不畏惧胁迫,以促进印度—太平洋及其他地区的安全与繁荣。

其二,印度加强了与美国的双边外交与军事关系,双方多次进行了2+2的外交与国防部长级别的对话。2022年4月初,印度外长与国防部长在华盛顿再次举行2+2会晤。尽管印度在俄乌问题上与美国立场不同,但印美两个外长与国防部长决定不让双方的分歧影响这次两国在国防、外层空间、情报分享和印太战略伙伴关系上的合作,以对抗中国在南亚的扩张。①印度还将与澳大利亚的2+2升级为部长级别对话,并与澳大利亚签署了一项重要的国防协议,允许两国使用对方的军事基地。印度与日本的军事合作得到改善,双方决定共享军事后勤。印度与新西兰、韩国和越南也就外交和安全问题进行了副部长级的对话。

其三,印度加强了与欧盟、日本、英国、德国等国的交流与合作,希望在外交、政治、经济与安全上能够得到欧盟、日本、英国、德国等发达国家的支持,加强制衡中国的力量。2021年5月8日,印度总理莫迪与欧盟各成员国领导人举行视频会议,高调宣布双方重启自由贸易谈判。根据印度外交

---

① Raja Mohan, "Across South Asia, U.S. and India push back against China", *Foreign Policy*, April 6, 2022.

部发布的新闻稿，印度与欧盟将致力于在民主、自由和法治以及多边主义的基础上，进一步强化战略伙伴关系。双方还签署了一项全面互联互通伙伴关系计划。2022年4月25日，欧盟主席冯德莱恩访问新德里，与莫迪及印度政府官员会谈，双方同意扩大双边关系，并同意成立一个贸易和技术委员会加强双边合作。印度与欧盟发表的联合声明指出："双方一致认为，地缘政治的快速变化突出了参与深入的联合战略的必要"，声明还强调"贸易和技术委员会将为我们提供政治决策和协调技术工作，并向政治层面报告，以确保相关措施在对欧洲和印度经济可持续发展非常重要的领域内得到实施和后续跟进"。

在欧盟主席访问印度几天之前，英国首相约翰逊于2022年4月22日访问新德里，与印度总理莫迪就双边自由贸易与安全合作进行了广泛会谈，双方同意加强双边关系以及国防和商业方面的合作。英国首相表示，英国与印度同意建立新的、扩大的国防和安全伙伴关系，并将支持印度的"印度制造"。莫迪称英国首相的访问是"历史性的"。在更早时候，新任日本首相岸田文雄于3月19日访问印度，与莫迪进行会谈，双方讨论了经济与安全合作问题，以加强他们在印太地区和其他地区的伙伴关系。日本首相表示，日本将会在未来5年向印度投资420亿美元，这个投资计划将会为从城市基础设施建设发展到绿色能源等多个行业带来巨大利益。新德里表示，与日本的关系是该地区安全稳定的关系。5月2日，莫迪应邀访问德国，与德国总理朔尔茨举行友好会谈。德国总理在会谈后宣布，德国将在未来几年里为印度投资100亿欧元，并称印度是德国在亚洲的中心伙伴。德国媒体说，尽管德国与印度在乌克兰战争问题上有分歧，但双方还是愿意密切合作。朔尔茨还邀请莫迪作为特邀荣誉嘉宾参加6月底在德国举行的7国首脑会议。访问德国后，莫迪又立刻访问法国，与连任成功的法国总统马克龙会谈，庆祝印法建交75周年，并广泛讨论双边关系以及地区与全球问题。《外交政策》杂志评论说，印度总理在俄乌冲突期间访问欧洲，具有战略意义。印度外交部在莫迪访问法国的新闻稿中说，莫迪总理对法国的访问,不仅体现了两国之间,也体现了两国领导人之间的深厚友谊与善意。"印度与法国建立了促进印太地区和平、稳定与繁荣的首要战略伙伴关系。"

其四,印度继续加强了与其长期伙伴俄罗斯的密切联系,将莫斯科视为关键合作伙伴,特别是在国防军事装备、技术和能源以及粮食等贸易领域的合作。2022年4月1日,俄罗斯外长抵达新德里访问,与印度外长进行了友好会谈,双方达成以卢布与卢比贸易支付机制,并将进一步加强这一支付系统。俄罗斯外长拉夫罗夫会谈后告诉媒体说,俄罗斯与印度已经建立使用本国货币进行贸易的系统。他宣称,美国的压力不会影响俄印之间的货币关系,俄印将使用本国货币进行石油、军事装备和其他商品的贸易。印度总理莫迪亲自会见了俄罗斯外长。

最后,在边界与军事问题上,一边与中国继续谈判,一边加强军队和武器装备在边界地区的集结。据有关报道,美国援助的一些武器装备及印度生产的新型武器都被部署到了印中边界,可以帮助印度军队快速运输兵力、武器和后勤补给。印度东部陆军司令潘德中将说:"战士、装甲、大炮和空中支援正在结合起来,使印度军队灵活、精干和轻巧,以便我们能够更快地部署。"与此同时,印度军方决定加强其军队现代化的进程。莫迪正在通过一个被称为战区化的过程,加强整合陆、海、空三军作战能力的工作,使印度军队能够应对外部威胁。

印度从独立建国之日起,就奉行独立自主、不结盟、坚持外交战略主动权的外交政策。印度外交政策务实灵活,不拘泥于意识形态差异,努力与第三世界发展中国家以及所有世界大国发展良好的关系(除宿敌巴基斯坦之外),并积极参与各种国际机构和多边组织及其活动,周旋于世界各大国之间,左右逢源。其外交政策目标与策略行动,都是为了捍卫印度的国家安全与利益,最优化地为印度的国家战略目标服务。因此,印度在独立之后,在大多数情况下,不仅能长期与第三世界发展中国家保持良好的关系,还能与世界主要大国美、俄、中、日、英及欧盟国家保持正常或良好的外交关系。印度至今仍坚持独立自主、保持外交战略主动权的外交政策路线。中国智库学者要认真地、全方位地、扎扎实实地研究不断变化的印度,提出实事求是的研究成果,为决策者制定对印政策以及发展与印度的关系提供参考。

印度是亚洲正在崛起的新兴大国,有宏伟的国家战略目标——成为世界大国与强国,在国际事务中发挥印度的作用与影响力。印度有可能在10年内超越日本成为世界第三大经济体和亚洲第二大经济体。

印度与中国在追寻亚洲主导大国与世界影响力上既是竞争者,也是合作者。印度与中国都奉行多边主义,实行独立自主的外交政策,两国之间有着巨大的战略开放与合作的空间。作为金砖国家,印度与巴西、南非,特别是俄罗斯都有密切关系,特别是与俄罗斯有深厚的国防、科技、能源和粮食方面的合作与贸易关系。印中两国都顶住西方制裁俄罗斯的压力。印中两国外长在不久前的会谈中,都呼吁俄乌立即停火,结束战争。而且在四方机制会议上,印度也一再阻止谴责俄罗斯。

第四章　印度经济发展与产业政策

一、印度当前经济发展形势

在20世纪五六十年代,印度的经济增速最高只有3%~4%,到了90年代,随着实行内部改革和外部经济环境的改善,增速明显提高。自1999年起,印度20年内经济总量翻了约五倍。根据国际货币基金组织统计,2020年前印度是世界第五大经济体,2019年国内生产总值达2.9万亿美元,超过曾经的宗主国英国。近几年进入一个快速增长的时期,连续多年国内生产总值增幅保持在6%以上。利用劳动力、资源丰富的优势,印度大力吸引外资,成为新兴经济体中经济最具活力的国家之一。

受疫情影响,在2020—2021财年,印度实际国内生产总值同比下降7.3%,创下历史最高负增长纪录。印度央行曾预计,在2021—2022财年,印度国内生产总值的增长率将为9.5%左右。印度经济表现不如预期但在2021年扭转了上年度的衰退局面,实现了正增长,基本恢复到与2019年相当的经济水平。

2021年以来,印度执行了一些新政策以发展经济。2021年4月1日,印度开始实施"2021—2026年对外贸易政策"(Foreign Trade Policy, FTP 2021-26)在这一政策下,新的重点工作包括推动"区域出口中心计划(District Export Hubs Initiative)",即以莫迪在2019年印度独立日演说中提出的"2025年成为国内生产总值5兆美元经济体"为目标,由商务部对外贸易局

（DGFT）在各地区办公室与州政府共同合作积极解决国内外限制、调整法规、降低营运成本、改善经商环境、建立物流及基础设施并提升国内制造业及服务业经营环境，发挥各地区潜能及优势，逐步扩大货品及服务业对外出口，建立各地区域出口中心，以出口带动经济增长。

2021年8月15日，莫迪在印度独立75周年之际发表全国讲话，表示将启动"提速增力"（Gati Shakti）国家基础设施建设计划，规模100兆卢比（1.35兆美元），建立有效的交通运输网络，包括铁路、公路、内河航道和机场，以创造就业并提振经济成长。同时，莫迪还提及启动国家氢能任务，将扩大使用洁净能源成为绿色氢生产和出口的全球中心，力争在未来25年逐步减少能源进口，达成能源独立自主。该项目将为印度整体基础设施奠定基础，为经济提供一条综合途径，并成为未来青年就业机会的来源。莫迪表示这一计划将有助于提高本地制造商的全球知名度，提升其在全球同行中的竞争力，并有望形成新的未来经济区。

2022年以来，通胀情况、央行货币政策、外贸出口、外部环境的不确定性等，都是影响印度经济社会发展的重要因素。

由于此前印度经济持续下滑，国内生产总值增长从2017—2000每年都在减速，通胀上升，失业率也在上升。印度目前有约5300万失业人口，而印度的劳动参与率从2005年的58%下滑到2021年仅剩40%。2020年后莫迪开始推广"自力更生"（atma-nirbharta）政策。莫迪施加了3000项关税，影响了70%的印度进口货品。

印度央行在2022年2月份的双月货币政策会议上，既没有上调基准利率，也没有上调逆回购利率，同时还继续坚持宽松货币立场。这超出了许多市场机构的预期。印度央行行长达斯对此的解释是，"央行必须与财政部协调一致，印度的经济增长仍需货币和财政政策支持"①。

---

①《印度经济遭受外部不确定情影响越发明显》，新华财经网，https://m.cnfin.com/wx/share?url=//m.cnfin.com/hs-lb//zixun/20220223/3542044_1.html。

二、印度产业环境与产业政策

(一)印度总体产业环境

由于印度拥有广大市场及悠久工业发展历史(最早可溯及英国殖民统治时期),整体而言产业朝向多元化发展,产业涵盖最传统的农业、手工艺行业,制造业,包括机械、纺织业,到近年来快速发展的高科技业、服务业等。高科技及现代化服务业快速发展的原因主要有赖于信息科技及大量受过教育并懂得英语的年轻人口。例如,近年来许多全球性跨国企业将客户服务和技术支持等"后勤服务"外包给印度,使印度成为世界客服外包业务量最大国家。而不少受过高等教育的印度人更在国际金融业扮演重要角色,印裔担任了许多国际金融机构的高阶主管。在高科技行业部分,印度的软件信息、制药、生物科技、电信、造船、航空等行业是印度近年来发展最快的行业类型。

从目前的产业结构来看,高科技及现代化服务产业的产值最高,约超过一半的 国内生产总值产值来自服务业;而传统农业占国内生产总值的比例虽然只有大概17%左右,却来自高达印度半数以上的就业人口,而将直接与间接农业人口相加甚至高达总人口数的约2/3,这表明农业部门对印度整体经济发展及社会安定的重要性。但由于技术及资金欠缺,以及基础建设、物流体系、农产品加工业落后,造成印度农产品仍无法自给自足,每年仍需要自海外大量进口。印度的农业生产效率并不高。工业(包括制造业)的产值约占国内生产总值的32%。制造业为印度政府目前积极扶植的行业,特别是高科技、资本密集行业,印度希望把自己建设成为全球制造业中心。2011 年底推出"国家制造业政策"(National Manufacturing Policy),以提高制造业占国内生产总值比重。在服务业方面,呈现不同行业间技术及质量的较大差异。从社会底层人民所从事的清扫垃圾等到具有国际竞争力的信息软件服务都被纳入印度服务业范畴。目前印度服务业中以新兴软件、医疗、金融、房地产、交通电信等服务业发展表现较为出色。

热门行业有纺织、化工、食品加工、钢铁等。

在全球产业链中，印度在医药、软件外包、纺织业等领域拥有举足轻重的地位。一是印度在原料药和仿制药领域表现突出，作为全球原料药最大的供应国之一，印度原料药供给占全球的12%，仅次于美国；印度仿制药实力强大，仿制药产品面向全球两百多个国家或地区出口，占全球市场份额的比重超过20%，因此印度疫情防控情况会对全球生物医药产业链的修复带来结构性影响。二是印度是全球最大的软件服务外包中心，软件产业约占全球软件产业价值的三分之一；印度是全球软件外包的第一接包市场，占全球服务外包市场的55%，由于其产业规模庞大，劳动力素质优越，目前印度是欧美公司寻求离岸服务的最佳场所。三是印度是全球最大的产棉国，纺织行业占印度出口总收入的15%左右；印度也向海外大量出口矿物产品、金属及制品，因此印度在全球相关资源品的供应链上具有重要作用。[①]

（二）印度产业政策

印度总体产业发展策略为：解除非必要产业管制规定、成立经济特区（SEZ）、扶植小企业、放宽外人投资金融、电信、航空等特定事业的资产比率、成立信息硬件及软件园区，继续积极引进海外投资，包括资金、技术及管理实务等。

工业化是莫迪政府主要施政目标。在莫迪的第一任期中，主要致力于扫除大规模工业化的制度障碍，如加强中央集权、统一全国税制、统一全国消费市场、实施废钞令、逐步破除土地政策、劳工政策等限制印度工业化的桎梏以凝聚发展要素。

2014年9月，印度政府启动了"印度制造"（Make In India, MII）计划，吸引外企至印度投资及设厂，同时透过建立先进基础设施，来强化印度国内

---

① 《印度共和国2021年跟踪评级报告》，联合资信评估股份有限公司网站，http://www.lhratings.com/reports/B008399-GKPJ07161-2021.pdf。

公司生产力及产品质量,增加国内就业机会,也带动国内生产总值及税收;最终目的是要将印度打造为全球制造业中心,同时也确保降低对生态环境的冲击。根据印度政府的官方政策文件及网站,"印度制造"的产业重点包括汽车(automobile)、汽车零配件(automobile components)、航空(aviation)、生物科技(biotechnology)、化学品(chemicals)、建筑(construction)、国防制造(defence manufacturing)、电机(electrical machinery)、电子系统(electronic systems)、食品加工(food processing)、信息及软件服务(IT and BPM)、皮革(leather)、媒体娱乐(media and entertainment)、矿业(mining)、油气资源(oil and gas)、航运(ports and shipping)、铁路(railways)、再生能源(renewable energy)、公路(roads and highways)、太空(space)、纺织成衣(textiles and garments)、火力发电(thermal power)、观光游憩(tourism and hospitality)和健康产业(wellness)等。此政策也包括促进创新活动、保护智慧财产,以及提升国内产业技术水平等。

2017年8月,印度启动了以"百城改造计划"带动钢铁工业扩容的产业升级工程,提升城市化比例,搭建工业化所需要的基础设施。2019年1月,印度政府进一步提出"愿景2030"国家发展目标,指出印度在全球贸易体系的角色已经改变,并首次以全球供应链的角度,指出过去将产业发展重心单独放在电子产业已经不足以改变印度制造业的生产体系,未来必须提出整体性策略,才能将印度融入全球供应链体系中,达到"在印度生产、为印度生产,也为全球生产"(Make in India, for India and for the world)的目标。2019年5月,印人党顺利连任。莫迪宣布扩大实施"印度制造"政策,启动经济、财税、土地等多项改革。其中,为吸引外资进入印度,莫迪政府全力改善投资环境,2019年印度自2018年排名全球第100名升至第77名,2020年更上升至第63名,被世界银行誉为"全球经商环境改善幅度最大的国家"之一。

总体而言,"印度制造"政策推出已近8年,政策改革与吸收外国直接投资成绩渐有成效。过去几年中,印度政府选择了3个千万人口规模的都市圈(德里、孟买、班加罗尔)和一个东部大城(加尔各答)作为推进工业化的试点地区。目前,孟买城市圈和加尔各答地区不仅负责吞吐全球将近50%的集装箱货运量,还是印度洋与太平洋交界地带最大的滨海经济圈和金融、服务业中心,已初步具备了成为制造业基地的条件。[①]但距离莫迪宣示将推动印度成为全球制造中心的目标,仍有极大的差距,即便为了达到成为"亚洲工厂"的目标,也还有诸多重大挑战有待克服。其中一项关键挑战是印度严重缺乏支持性产业,以致多数产品仍需进口半成品及零附件,然后在当地组装为成品,附加价值有限。[②]更重要的是,莫迪政府虽然锐意推动改革,但是迄今许多政策与配套措施的推动摇摆不定,不确定性较高,再加上政府推动法规松绑速度缓慢,导致中央与地方政府效能、贸易与劳动法规、整体税赋环境、便捷化措施等均不甚理想。[③]

莫迪政府为振兴产业,陆续提出"数字印度"(Digital India)、"技能印度"(Skill India)、"创业印度"(Startup India)等政策及配套,积极强化科技发展、培育人才及扩大地方基础建设等,以达成产业升级总目标。

表3-4 印度产业发展政策表

产业政策	出台时间	主要宗旨和目标
绿色印度 (Green India)	2014年2月	目的是应对气候变迁的冲击。主要政策内容包括:增加印度森林树木覆盖率、减少废气排放、强化生态体系维护(如生物多样性、水资源维护、生质能源使用等)。
清洁印度 (Clean India)	2014年10月	政策实施范围涵盖印度共4041个城市,主要从公共厕所的清洁着手,扩大到厕所的自动化清洁系统、建设生态厕所、结合太阳能建设垃圾回收系统、废弃物清理系统及环境实时监测系统等。

---

① 《莫迪连任影响下的印度科技创新政策》,《光明日报》2019年6月20日。

② 徐遵慈:《印度崛起?——美中贸易冲突下供应链转移至印度的成果检视》,台湾中华经济研究院WTO及RTA研究中心网站,https://web.wtocenter.org.tw。

③ 徐遵慈:《印度崛起?——美中贸易冲突下供应链转移至印度的成果检视》,台湾中华经济研究院WTO及RTA研究中心网站,https://web.wtocenter.org.tw。

产业政策	出台时间	主要宗旨和目标
智慧城市与都市发展（Smart cities and Urban Development）	2015年6月	目标是建设100个人居环境良好且可持续的城市。智慧城市计划包括：加强各项基础建设与服务、强调城市包容性、降低各项污染、建设各种开放空间供市民使用、加强建设公共交通及强化城市的经济与商业活动发展。以"智慧解决方案"改善城市基础建设、提升城市治理效能与增进城市生态体系。
数字印度（Digital India）	2015年7月	印度政府长期推动电子化治理（e-Governance）的延续性旗舰计划，强调以印度人民为核心的政府工作政策思维，其具体工作计划项目包括：1.基础建设与服务数字化，建设宽带高速网络、印度人民身份电子化系统、行动金融体系、云公共信息及加强网络信息安全性；2.建设以需求为核心的治理与服务，政府部门信息整合服务、在线实时服务系统、改善经商环境之电子化服务工作、加强金融电子化以减少使用纸钞；3.提升民众数字使用技能，面性电子识字政策、电子资源使用全面化、文件电子化与云端化及各项治理服务数字链接平台建设等。
技能印度（Skill India）	2015年7月	目标是在2022年前培训印度各领域的技能性人才，预计培训人数为400万人。此政策包括五项倡议计划：国家技能发展计划（National Skill Development Mission）、2015年国家技能发展与企业家精神政策（National Policy for Skill Development and Enterpreneurship, 2015）、印度技能认证与标准化政策（Pradhan Mantri Kaushal Vikas Yojana, PMKVY）、技能贷款机制（Skill Loan Scheme）、印度乡村技能发展政策（Rural India Skill）等。"技能印度"政策的特色包括：培训印度青年技能与企业家精神、增加各种新领域的技能培训（如不动产业、建筑业、运输业、纺织业、宝石设计业、银行业、观光业等）、培养符合国际标准的技能、整体提升乡村居民的技能、人格，强调技能创新。

产业政策	出台时间	主要宗旨和目标
创业印度 (Startup India)	2016年1月	奖励创新研发与扶植新创企业发展培训体系,通过租税优惠、低利贷款、松绑法规、产学合作、人才培养、设立全国新创企业培训体系单一窗口等措施,推动新创企业成为推升印度经济成长与创造就业的重要引擎。

(三)莫迪政府的产业政策调整

1.振兴制造业

振兴印度制造业是莫迪在2014年当选总理后最先做出的承诺之一。21世纪以来的"去工业化"陷阱使印度决策者认识到:只有大规模发展制造业,才能创造足够多的工作岗位,以满足印度每月数以百万计新增求职者的就业需求。莫迪在当选总理后的首个主旨演讲中就为"印度制造"向全球发出邀约。此后,"印度制造"迅速从口号转变为一个成熟的政府计划,为吸引跨国公司,莫迪政府大力"增加外国直接投资""改善商业环境"等。尽管如此,2019年印度制造业的国内生产总值占比反而降至20年来最低点,其中原因众多:

一是近年大肆涌入印度的外国投资大部分投入了零售、软件和电信等服务行业。印度放弃计划经济并开放私营经济已整整30年,莫迪政府却又重新开始发放工业补贴和生产许可证,同时竖起关税壁垒。尽管莫迪上台后就撤销了印度建国初期设立的计划经济委员会,但其他官员又重新开始"产业微操",不断把财政资金引入自己偏爱的行业。

二是具体政策存在一定盲目性。从其激励计划看,莫迪政府在什么产业可以入选的问题上,并没有一贯的标准和内在逻辑。印度在此前花了几十年才把内向封闭、僵化落后、缺乏竞争力的制造业企业淘汰,但莫迪政府又反过来把资金投向新一批内向型且缺乏竞争力的企业以守卫国内市场。此外,财阀集团和政策制定者之间的暧昧联系,也在种种经济活动中根深蒂固,难以解开。

三是技术工人匮乏。尽管印度有大量劳动力,但劳动力素质仍存在较大的提升空间,而目前来看,莫迪政府主要做的是掩盖这些错综复杂的问题,而不是致力于解决这些问题。

综上,虽然推动制造业的措施改变了印度营商环境的世界银行指标排名,但仍未真正触及投资者关心的结构性改革,尤其是法律体系改革问题。

2. 开放与保护

莫迪在其第一任期内力图为印度塑造一个开放经济体的形象,并为此制定了一系列吸引外国直接投资和改善营商环境的政策。首先,减少外资进入印度的制度阻碍,放宽或取消行业中一系列对外资的限制,如逐渐放松单一品牌零售产业的投资、铁路部门开放100%的外国投资、国防部门的外国直接投资限制从49%提高到74%等。其次,改善营商环境。2015年,印度《土地征用法修订议案》取消了在特定土地使用类别中必须获得一定比例的土地所有者同意的要求;2020年,印度《劳动和就业法改革议案》将有关社会保障、工资法、职业健康与安全,以及劳资关系的29部劳工法合并为4部法律,在工会谈判规则、劳资争端解决机制、用工合同期限、裁员规则和劳动时间方面,极大放松了对企业的强制性要求。2019年,印度《税法(修订)条例》对印度所得税制进行了一系列修改,公司税从35%的有效税率降低到25%,以鼓励外国投资。最后,莫迪政府还直接下场、牵头进行商业洽谈及签订投资协定。

这些努力有一定的收效。2019年,印度在世界银行"营商便利指数"排名中跃升至63位;从2017—2019年,印度吸引的外国投资每年超过350亿美元,这是其历史最高水平。虽然莫迪的投资政策不时受到政治和民族主义情绪影响(如2020年对直接投资政策自动审批途径进行了修改,以限制中国的投资),但客观上其整体趋向是欢迎外国直接投资并倾向于降低投资壁垒的。

但另一方面,莫迪政府在特定问题和情势下仍展现出保护主义倾向。

有分析指出,莫迪在其第一任期内并没有促进贸易,甚至还与世贸组织拉大了距离,取消了现有的双边协议并提高了关税,例如其在2018年达沃斯论坛上发言后不久,印度政府就为控制经常账户赤字宣布遏制非必要进口商品。莫迪政府在2019年再次当政后,其贸易保护的趋向进一步加强,例如2020年5月12日,莫迪政府又推出了"印度自力更生计划",在这一框架下,至2020年12月底已经宣布了三个总价值高达4200亿美元的一揽子相关计划,以促进印度本土的制造业发展和供应链打造;2022年2月,印度财长西塔拉曼提出"允许政府禁止进口任何认为对国内产业有害的商品"。此外,在世贸组织贸易谈判中,莫迪政府事实上继续保持其先前的贸易政策重点和谈判立场,在某些情况下甚至采取了更强硬的立场。例如,2010年启动的印度—新西兰自由贸易协定谈判事实上已经停滞五年,同样于2010年启动的加拿大—印度自由贸易协定谈判也被搁置,而退出《区域全面经济伙伴关系协定》的谈判则更加凸显了印度对区域贸易制度安排的保守态度。

3."更少政府,更多治理"

2014年上台之后,莫迪就提出了"更少政府,更多治理"的理念,从莫迪政府出台的部分改革措施来看,印度确实在朝这个方向努力。首先,对传统上的国家或公营企业主导、经营或干预的行业和部门推行私有化改革:2015年以来,公营部门公司(PSU)逐渐退出煤炭产业、电力行业、航空和太空行业;2020年,对所有部门开放公、私营公司投资;2021年,联邦预算明确提出要进一步推进私有化,除四个战略部门之外,要将所有的公营部门公司资产剥离或全部出售,包括负债累累、经营不善的公有银行。其次,提升政府效率,塑造所谓利于市场或亲市场的政府,并极力推动营商便利化改革,为印度的产业特别是制造业发展提供良好环境。其重点举措包括:2017年7月,启动商品和服务税(GST)统一改革;启动土地法改革、劳工法改革和降低企业所得税率等;2016年通过《破产法》,健全和精简了以往烦琐漫长的破产程序,为在印度经营的企业提供了退出市场的法律框架。

然而以上举措并不意味着国家干预的退场。首先,尽管部分产业进行了私有化改革,但国家并未真正退出市场,其干预经济运行的能力和意愿实际上得到了极大的增强。目前,印度政府推行的改革强化了总理权力,在政策出台过程中,议会本身的作用被削弱,这提升了印度中央政府对经济事务的干预能力。此外,随着政府试图弥补私营部门投资的疲软,公共部门机构在经济中的实际作用不断增强。其次,印度企业(特别是大型企业)与国家之间的关系事实上变得更加密切,两者的边界也正在模糊。一方面,在行政和立法领域中,"亲商业政策",特别是向大型私有企业的政策倾斜,本身就说明企业利益在政策考量中变得日益重要;另一方面,企业对政府施加影响力的渠道更加通畅和直接,2017年施行的《财政法案》实际上取消了对政治捐款上限和对受捐方的披露要求。同年莫迪政府发行了选举债券,同样方便了大型企业对政党的资助。[1]

三、印度科技创新政策

长期以来,印度把科技视为改善国民经济和人民生活的手段。自1947年建国以来,印度共推出四套科技政策,每一套政策都是纲领性指导政策,涵盖的时间为10~30年,起到了引领和规范"五年规划"的作用。

1958年第一套科技政策(SPR)实质是科学政策,强调建立起全面的现代科学体系;1983年第二套科技政策(TPS)实质是技术政策,强调了利用现代技术加强国家竞争力,实现技术自给;2003年第三套科技政策首次把科学与技术融合起来考虑,并强调对研发投入的重要性。此外,还强调国家研发体系必须与经济社会协同发展。

"创新"一词在印度政府关键政策体系中的正式出现是在2007年,此后逐渐成为印度政府推动未来国家经济社会发展的重要基调。2013年1月,印度政府推出第四套科学技术和创新政策(STI),致力于将科学、技术

---

① 杨怡爽:《印度政府经济政策内在矛盾的政治逻辑》,《南亚研究》2021年第3期。

与创新协同起来。布局农业、电信、能源、水资源、健康医药、物质科学、环境与气候变化等七大重点领域,并注重探索可以大规模推广的科技创新商业模式,建立新型科技创新孵化机制,例如推动建立"小创意—小利润"机制与"风险创意基金";注重推动科技创新与社会和谐之间的关系,成立"科技创新与社会融合基金";完善科技成果转化体系,推动战略领域和非战略领域的创新成果利用;设立创新孵化系统,注重利用创新集群方式推动产业的发展。在国际科技合作、科技传播等方面强调推动科学外交、技术协同和技术引进;在科技创新领域通过国际合作锻造国际竞争力,与国外在政策制定和实施过程中发展战略联盟和合作关系。

印度政府还进一步提出"包容性创新"理念,以是否为基层民众提供经济实惠及便利的产品和服务作为评价一个系统创新能力的重要依据。此外,以低投入、高绩效及可大规模推广使用作为其衡量标准。2012年以来,为进一步推动包容性创新,印度政府联合大学、企业出台了一系列举措。具体包括:设立印度包容性创新基金、设立印度创新计划、设立促进地方及社会创新基金、探索预算外补助金和创新税收激励的新方式等,主要支持健康、教育、农业、纺织和手工业等社会民生领域的创新,并对一切新思想、新设计提供支持。①

莫迪现阶段各项政策,如前文所提到的印度制造、数字印度、绿色印度、清洁印度等,均通过各项重要科研计划引导政策达到预期效果。为达到印度政府推动"清洁印度"的政策目标,自2016年起印度科技部与铁道部共同合作,推动"能源技术运用合作"计划,主要目标是提升能源效率、废气管控技术、再生能源、节约能源等技术进一步研究以运用于铁路运输,此计划亦与"绿色印度"政策相联结。为推动"绿色印度"政策,自2015年起印度科技部与人力资源发展部合作,提出创新与技术合作计划(IM-

---

① 本部分关于印度科技创新政策的内容根据智南针(国家知识产权局官网)分析资料整理,https://www.worldip.cn。

PRINT）。主要目标运用纳米科技与先进材料技术,针对健康照护、通信技术、能源、水资源、河流体系、国防安全、气候环境等领域,做进一步的研发,以扩大运用范围,亦即运用新材料技术,强化印度能源开发与民生科技应用的能力。此外,印度政府已拟订"科技愿景2035"（Technology Vision 2035）计划,作为未来推动科技发展的方向。此计划由印度科技部前瞻委员会拟订,并与"印度制造"政策相链接。印度"科技愿景2035"阐述印度政府对技术发展前景的预见及对发展战略的构想,规划12大科技与行业领域,包括干净的空气与饮用水、食品安全与营养安全、全民医疗保健和公共卫生、能源安全、舒适卫生的居住地、高等教育与创新创意、公共安全和国家安全、文化的多元性和活力、透明的政府和有效治理、灾害和气候适应能力、自然资源和生态保护等。

据市场咨询公司（Research and Markets）发布的《印度智能电网2017—2027年市场预测》报告,印度至2027年预计投资449亿美元用于支持智能计量、配电自动化、电池储能及其他智能电网市场领域的发展。这一投资将有助于降低印度目前22.7%的输配电损耗率。印度智能电网发展战略提出,印度市场将对国际供应商开放,这为全球该领域技术领先的供应商创造了巨大市场和商机。来自欧洲、北美及亚洲的供应商已参与到印度的小型试点及电网升级项目建设中,并且正密切关注未来几年印度在公共事业范围发布的大型项目。[1]莫迪多次表示,印度处于开发新技术的最前沿。

四、印度重点产业发展

（一）软件服务产业

20世纪80年代中期至今,印度的软件产业保持着惊人的增长速度,成

---

[1]《印度大力发展智能网》,中华人民共和国驻印度共和国大使馆网站,http://in.china-embassy.gov.cn/chn/zygx/zykj/kjfzdt/201706/t20170601_2372459.htm。

为印度增长最快、最引人注目的经济部门,被印度称为"旗舰产业"。目前,印度是全球最大的业务流程管理(BPM)基地,是承接离岸服务外包规模最大的国家。信息技术和业务流程管理(IT-BPM)行业收入年增长7%,在2020财年达到1910亿美元,预计到2025年将增长到3500亿美元,数字部分的收入将占行业总收入的38%,数字经济估计将达到1万亿美元。在2020财年,互联网技术行业的国内收入估计为440亿美元,出口收入估计为1470亿美元。

印度的软件产业能够取得如此成就,有其自身客观条件上的优势,主要有以下三点:

一是丰富且廉价的人力资源。印度拥有庞大的软件编程人员队伍且劳动力价格便宜(仅为发达国家软件人员价格的1/20左右),人力成本低廉成为印度在软件业国际竞争中的一大优势。

二是语言优势。英语是印度通用语言,受过高等教育的印度软件人员能够熟练地阅读英文技术资料,并可以直接了解西方国家的信息,在运用以英文为基础的软件工具、软件产品出口等方面,能无障碍与西方技术与市场对接。

三是无过时技术包袱。印度在20世纪80年代末世界软件产业勃兴时,利用后发优势,准确地把握了机会并找准自身定位,快速学习、引进和掌握相关技术,从而一举在世界软件产业链中占据了一席之地。

但仅仅这些优势并不足以保证印度软件产业的成功崛起和长期繁荣,国家的支持起到了关键作用。从1984年起,印度历届政府不遗余力地促进软件产业的发展,出台了一系列鼓励软件业发展的优惠政策。从1998年开始更是进行了完善的制度体系建设:在组织层面,成立了以总理为组长的国家信息技术和软件开发特别工作组,以领导产业政策工作的推进;在政策支持方面,提出了支持《信息技术超级大国计划》的108条具体政策。其后,印度政府采取了一系列具体措施来推动软件产业的发展。主要包括以下五个方面:

一是税收优惠政策。印度中央政府对经济特区(SEZ)、电子产品科技园(EHTP)、软件科技园(STP)、出口加工区(EOU)内企业实施企业所得税减免、经济特区内企业进口零配件和资本货物零关税、经济特区内企业采购和销售货物零销售税、投资收益自由汇出、经济特区内企业出口货物和软件取得利润免征所得税、服务出口免征服务税(相当于我国营业税)等优惠;地方政府实施基础设施成本减免、销售/出租土地的印花税返还、大型服务外包项目的特殊优惠等计划。这些优惠政策覆盖了软件产业链的各个方面,可以概括为"五个任何":任何介质(纸质、磁盘、光盘等)、任何应用程序、任何数据、任何服务、任何出口方式(报关、网上传输),由此激发了社会资金进入软件产业的积极性,为新兴产业培育注入了活力。

二是人才引进与培养政策。20世纪80年代,印度软件人才严重匮乏,为解决这一问题,一方面,印度政府发起了海外人才引进计划,除高薪聘请国外专家外,也注重吸引本国人才的回流。英国广播公司报道称,印度裔美国人大约占美国人口的1%,但却占硅谷劳动力的6%。400万印度裔美国人中,就有大约100万人是科学家和工程师。美国签发给外国人的H-1B签证(技术工作签证)中,超过70%都发给了印度软件工程师。此外值得注意的是,除了技术人才外,美国高科技公司也有许多高级管理人才是印度裔。美国40%多的网络公司创始人是印度移民;目前在硅谷排名前几的科技巨头中,除了苹果公司外,几乎全都为印度裔首席执行官(微软、谷歌、IBM、Adobe、推特)。这些人不仅掌握技术、熟悉跨国公司的运作模式,还了解印度的国情与产业生态,很快帮助跨国公司进入印度设立外包中心以及帮助印度本国公司开拓国际市场。

另一方面,印度高度重视本土软件人才的教育与培训。除了继续扶持、加强原有正规的理工技术学院在信息技术及软件产业高级人才培养方面的传统优势之外,印度也注重计算机基础知识的普及教育。印度在3000所中学推出"中学计算机扫盲和学习计划",还在近400所大专院校开设不同层次的电脑软、硬件课程,由此形成了多层次的人才培养体系,满足了软件产业发展的多种需求。除了专业理论教育之外，印度政府也注重教育内容的实用性。他们鼓励私人资本和外资从事电脑软、硬件的专业教育，帮助学校、企业和政府紧密结合来使得教育内容市场化、实用化。印度最大的私人电脑教育机构阿博泰克（APTECH）已在印度全国设立1000家以上的分校，聘请具有丰富实践经验的企业家和软件工程师讲学辅以现场实习，大大提高了软件人才解决实际问题的能力。

三是知识产权与数据安全相关法制规定。印度积极调整其知识产权保护及相应的条例与政策，由此满足国际软件外包工程的技术安全需求。针对欧美担心的外包产品的产权所属问题，印度政府积极调整知识产权的条例与政策，努力与国际接轨，出台了一系列保护专利、保护客户知识产权的相关法规，并成立了专门的机构，监督并强化保护知识产权的执行力度。例如，印度正在努力实现《知识产权协定》（TRIPS）的推进落实，并签署了很多有关知识产权保护的国际协议；印度将软件视为"文字作品"，纳入1957年《版权法》的保护范围；从1994年起，政府联合行业协会大力推动反盗版。

近年来，外包业务中的客户数据保密与安全保障问题引起公众极大的忧虑。为此，在国家层面，受欧盟《通用数据保护条例》的启发，印度高级别专门委员会于2018年7月27日正式发布了《2018年个人数据保护法案（草案）》（The Personal Data Protection Bill, 2018）。2019年12月11日，印度对该草案进行了修订，发布了《2019年个人数据保护法案（送审稿）》。印度企业为了确保用户的数据产权，离岸外包工作者多是通过在线加密之后读取客户信息。印度政府与企业的努力已初见成效，他们已经在国际上享有"能有效保护客户产权"的口碑，并已营造出有利承接外包工程的外部环境，同时收到了立竿见影的效果——世界500强公司终于放心大胆地将各种数据管理、呼叫中心、客户服务等大批工作职位向印度迁移。

四是充分发挥行业中介机构的重要作用。印度的软件行业组织以国家软件与服务公司协会（NASSCOM，简称软服会）、信息技术产品制造商协会(MAIT)等为代表,这些组织虽然不受政府直接领导,但与电子部、商务部关系密切,成了印度政府与软件企业沟通的桥梁和纽带。这些行业组织的作用包括:在行业内部,帮助企业获取市场信息、沟通相互联系、组织宣传和展览、组织研讨会等;在企业与政府之间,向政府反映问题、协助政府制定产业规划等;在行业与国际组织之间,通过积极联络以帮助印度软件企业争取在世界贸易体系和框架内获取有利条件和地位,帮助印度企业与外国企业建立战略合作关系等。软服会曾和政府一起通过鼓励其成员采用世界一流的管理手段和质量标准,使得印度成为世界上软件企业获得质量认证最多的国家。软服会与政府部门建立了密切协作关系,在中央政府的不同机构都派驻代表,包括信息技术部、商务部、财政部、电信部门、人力资源发展部、劳动部和外交部。软服会也曾促成了印度与欧洲一批软件企业的战略联盟,从而扩大了印度对欧洲国家的软件出口。目前,软服会开始游说外国政府,并与众多国际中介机构达成了谅解备忘录,为印度产业发展提供更加便利的条件。

五是出口导向政策。印度政府于1986年便颁布实施《计算机软件出口、开发和培训政策》,由此奠定了软件产业出口导向的基调。从印度信息技术与业务流程管理行业的收入构成可以明显看出,出口占据了绝对的份额。①

---

① 图片资料转引自杜振华:《印度软件与信息服务业的数字化转型及创新》,《全球化》2018年第6期。本小节相关内容参考了徐兴锋:《印度、爱尔兰软件产业扶持政策及其对我国的启示》,《国际贸易》2007年第5期;杜振华:《印度软件与信息服务业的数字化转型及创新》,《全球化》2018年第6期;上海情报服务平台网站,http://www.istis.sh.cn。

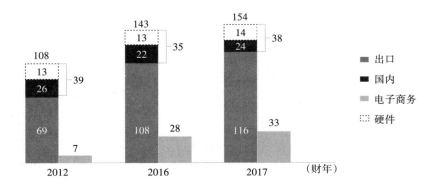

资料来源：印度软件和服务业企业行业协会。

图3-2　2012—2017财年印度信息技术与业务流程管理行业收入构成（单位：10亿美元）

由于长期强调出口导向政策，印度软件产业在蓬勃发展的同时也面临着一些问题。

一是信息业基础设施严重不足。例如，印度的计算机人均拥有率为中国的1/3，电话人均拥有率为中国的1/4，且无全国性主干网络，软件企业主要靠成本高昂的卫星通信联网。这些都限制了软件产业的进一步发展。

二是产品结构不合理。软件出口过分依赖英语国家，导致印度软件产业在全球产业价值链中的位置趋于固化，转型升级困难。目前，印度的软件出口中仍有高达59%的现场服务，实际上只是一种低技术层次的廉价劳务输出。异地服务也以低附加值的定制编程和测试工作为主，而真正反映技术水平的"成套软件"仅占8.8%，在国际软件市场中仅占2%～3%的份额。此外，人工智能、云计算和新的自动化形式等技术正在快速地改变印度互联网技术服务业几乎所有的业务，这带来了不小的混乱。

三是国内市场发育不足。信息业基础设施的不足和对服务外包的过度依赖也间接造成印度国内信息产业市场的发育迟缓，导致立足本土的软件技术研究开发与创新活动很少，根本上限制了印度软件产业总体水平的提高。例如，印度政府到了近期才开始重视将国家转变为无现金经济。政府的各种激励措施，如促进使用BHIM（印度政府推广的移动支付类应用程序）的推荐奖金计划、网上预订火车票的零服务税以及推出基于Aadhaar（生物识别数字身份系统）的移动应用程序，旨在鼓励该国的数字支付。

四是高端软件人才流失严重。在低端互联网技术劳动力面临越来越高失业风险的同时，由于整体经济状况的落后及国内市场有限，印度每年都有大批优秀的软件技术人才出国定居，国内的软件人才也主要在外资公司中工作，这使得已有的人才培育和引进政策效果正在式微。如果不能及时采取有效措施调整政策解决以上问题，印度维持软件大国的成果将难以为继。

（二）生物医药产业

印度享有"世界药房"的声誉，生物医药产业是与信息软件产业、钢铁产业等并重的支柱产业。早在2007年时，印度企业就已将其全球投资总额的30%用在了仿制药行业上，研发投入占到了销售收入的10%以上。结果是印度占据了美国DMF（药物管理档案）申请量的35%，美国简明新药申请（ANDA）量的25%，美国简明新药的申请也成了印度企业打开美国医药市场大门的钥匙，使印度生产的药品一度占据美国市场30%的份额。[①]截至2021年8月，CARE Ratings预计印度的制药业务将在未来两年内以每年约11%的速度发展，价值将超过600亿美元。在企业数量方面，印度国内制药行业包括由3000家制药公司和约10500家制造单位组成的网络。在产业内部结构方面，印度是全球最大的仿制药供应国，90%的生物医药公司主要从事仿制药的生产，就数量而言，其仿制药占全球市场的20%。在国内市场方面，根据2021年印度经济调查，预计未来十年国内市场将增长3倍——印度的国内医药市场在2021年达到420亿美元，到2024年可能达到650亿美元，到2030年将进一步扩大到1200亿至1300亿美元。在产品出口方面，2021财年印度药品出口额为244.4亿美元，印度制药业满足了全球各种疫苗需求的50%以上，满足了美国40%的仿制药需求，英国所

---

① 参见上海情报服务平台网站，http://www.istis.sh.cn。

有药品的 25% 也由其提供。在引进外资方面,2000 年 4 月至 2021 年 12 月期间,印度药品和制药行业累计获得外国直接投资,价值 191.9 亿美元。在国际地位方面,印度在药品产量方面排名第 3 位,按价值排名第 14 位。

印度制药业当前发展模式、产业布局及国际竞争力的形成,一方面受到结构性因素,例如本国低成本优势和语言优势,世界卫生组织对仿制药的支持与推广,[①]世界广大发展中国家对价廉物美的仿制药的大量需求,等等;另一方面,则与其本国长期、积极的政策支持密不可分。印度早在 20 世纪 50 年代就将生物医药产业定为核心产业加以大力扶持。1970 年,印度出台了药品专利法和《药品价格管制法案》,为印度本土制药业开辟了发展空间;1982 年成立了生物技术局,以推动现代生物学和生物技术的发展;1998 年制定《2020 年科技远景发展规划》,对生物医学、药学做了具体规划,提出印度要在 2020 年建成生物技术大国的目标。由于政府长期以来的政策扶持,印度生物医药产业也已成为与信息软件并重的支柱产业。在这些政策中,除了采取直接资助、税收优惠、鼓励高等院校培养生物技术人才等一般性扶持政策外,印度较为特色的促进制药业发展的政策主要有以下四种:

1. 宽松的专利制度

后发国家要培育和扶持本土优势产业,必然要先保护其免受国际竞争压力以为其创造生存空间。印度对制药业保护最突出的手段是利用《专利法》为本土制药企业创造发展空间。1970 年,印度正式颁布《专利法》,排除了药品的产品专利,规定药品领域的产品发明不授予专利权。由此,印度本土制药业得到了迅速发展,药品价格也大大下降,惠及了底层民众。到 1995 年印度加入世贸组织,《TRIPS 协议》生效,印度不得不按要求修订专利法。然而在药品领域,印度利用 10 年过渡期采用了邮箱申请系统

---

① WHO 基本药物清单中的绝大多数产品都是仿制药,在世界卫生组织预审通过的每年数十亿美元的国际药品采购清单中,仿制药的比例达到 70%。转引自何隽:《"我不是药神"——印度药品专利的司法原则及其社会语境》,《清华法学》2020 年第 1 期。

（Mailbox System），2004年12月31日后才进行专利审查，在此之前则只授予药品方法专利，而不授予药品产品专利，由此在不违背世贸组织规定的情况下又为本土药企争取了10年的发展时间。

2005年专利法开始保护药品产品专利，印度依然通过对专利非自愿许可的制度安排来为本土仿制药的生产和出口提供条件。例如，第一，印度专利法2002年修正案规定，自专利授权之日起满三年，只要符合三个理由：公众的合理要求未能得到满足、公众无法以合理价格获得发明、发明没有在印度领域内实施。对此，任何人可以向专利管理局提出强制许可的申请。第二，2002年修正案还规定，在国家紧急情况、极端紧急情况、公共非商业用途的情况下，专利管理局可以颁发强制许可。第三，基于2003年世贸组织通过的《关于TRIPS协议和公共健康的多哈宣言第六段的执行决议》，印度2005年专利法修正案规定，允许为遭遇公共健康危机而又没有药品生产能力或生产能力不足的国家颁发强制许可，从而使印度本土制药企业可为其出口药品。第四，专利法2005年修正案规定，对于食品、药品和化工领域的产品发明，若在2005年1月1日前，已有企业针对该发明进行了重大投资、生产和营销，且在专利授权日前一直生产该产品，那么即使当该发明专利权生效后，专利所有者仅能从上述企业获得合理的专利使用费，而不能提起专利侵权诉讼。这也就巧妙利用了10年过渡期和邮箱申请系统为本土仿制药企业争取了相当于"强制许可"的权益。此外值得注意的是，除了利用法律条文明确提供保护外，印度司法部门还通过判例来限制药品专利链接（patent linkage）和专利长青（patent evergreen），由此遏制了原研药公司希望借助专利权达到长期垄断市场的目的。①

2.产业集群培育

印度非常注重本国产业集群发展，印度生物技术部（DBT）在《九五计

---

① 何隽：《"我不是药神"——印度药品专利的司法原则及其社会语境》，《清华法学》2020年第1期。

划(1997—2002)》中就提出了建设生物技术园的相关规划,把促进产业集群发展作为生物医药产业发展的主要引擎。印度海德拉巴、孟买、班加罗尔等现已成为全球生物医药创新较为活跃、产业化程度较高的产业集聚区。这种产业园建设步伐还在继续。2021年1月,中央政府宣布建立三个原料药园区,耗资1430亿卢比(19.57亿美元),用于生产药品用化合物或活性药物成分(API),进而减少从中国的进口。2021年2月,旁遮普省政府宣布在该省建立三个制药园。其中,已提议在巴辛达(Bathinda)建立一个医药园区,占地约1300英亩,项目价值约1800亿卢比(2.4558亿美元);另一个医药园区拟在拉杰普拉(Rajpura)建立,价值180亿卢比(2456万美元);第三个项目是一个绿地项目,拟在法特加—萨希布(Fatehgarh Sahib)的瓦兹拉巴(Wazirabad)建立。

印度生物技术园有两种发展模式:一种是政府参与投资或给予特殊优惠政策的企业集聚区建设模式。主要聚集方式有政府投资建设,如政府在海德拉巴和新德里两个城市共投资5400万美元建设基因组学和整合生物学中心园区;政府和私人机构合作建设,如印度工业信托投资银行和安得拉邦政府合作建设的印度工业信托投资银行知识园;政府在特定产业园采取税收优惠等政策来吸引企业落户。另一种是企业内部园区,由公司自己按照自身发展需要投资建设。相比中国一般采取政府规划,政策吸引的建设工业园区模式,印度生物技术园的建设显然更具多样性,且引入了私人部门参与投资,使得产业园发展更为迅速。

3.国际化战略

一方面,印度政府十分重视制药业企业生产标准的国际化。印度政府积极鼓励相关企业按照药物非临床研究质量管理规范(GLP)规范建造优良实验室,同时强制药品生产商执行药品生产质量管理规范(GMP)和积极进行美国食品药物管理局认证(FDA)。根据智研咨询《2016—2022年中国医药零售市场运营态势及发展前景预测报告》①的相关统计,目前印度境内获得美国食品药物管理局认证的医药企业共有119家,是目前美国境外获得美国食品药物管理局认证企业最多的国家,也是世界上最大的重组乙型肝炎疫苗的生产者。现在印度可向美国出口900多种获得美国食品药物管理局认证的药物和制药原料。除了美国之外,印度获得英国药品管理局认证的医药企业也有80多家。这些举措使得印度药品质量受到国际市场认可,进而有利于扩大产品出口,提升产业在国际上的影响力。

另一方面,印度政府也十分注重制药业企业在研发方面参与国际合作。印度现已建立起印度—亚洲生物技术网、印度—新加坡生物技术园等国际合作中心,并且采取与美国、澳大利亚等国家设立双边基金的方式促进两国生物医药技术交流。此外,印度政府积极发展本国医药研发外包市场。通过给予免税、增值税减免等优惠政策,印度从20世纪80年代中期开始大力发展服务外包,由此吸引了国际知名的大型跨国医药企业巨头如诺华、阿司利康、礼来和罗氏等来印度设立临床试验中心。通过承接跨国公司的研发外包服务,印度得以参与到国际新药的研发中,获得了相关知识外溢和经验积累。

4.鼓励创新

首先,印度政府通过培育大企业、资助小企业来增强企业研发能力。印度90%以上的医药企业是从事原料药和仿制药生产的中小企业,还有一些甚至是以作坊的形式进行生产活动,因而大部分缺少自主研发能力。印度政府认识到只有大型企业才具备生物医药的研发创新所需要强大资金储备,因而着力扶持建立本国在生物医药领域的龙头企业;同时,针对占绝大多数的中小企业,印度生物技术部于2005年专门出台了"中小企业创新研究计划",该计划鼓励产、学、研合作,并要求在国家支持的项目中,至少

---

① 贺正楚、刘亚茹:《印度生物医药产业政策分析及启示》,《世界地理研究》2019年第3期。

有私企参与其中的30%。这一计划的实施有助于缓解中小企业研发过程中的资金压力，增强了市场创新力。

其次，印度政府逐渐放松了价格控制，以使企业获得足够的利润激励来用于研发。1970年，印度政府曾颁布药品价格控制法令（DPCO）对所有药品价格实行价格限制。而到了1995年，则改为根据药品销售额进行价格控制。直至2013年，新版药品价格控制法令才规定采用市场定价机制来确定需要进行价格控制的药品目录。由此，印度的药品价格控制政策经历了由紧到松的发展过程。宽松的价格控制使得医药企业拥有更多的定价权利，由此产生了更加高额的利润，促进了企业规模的扩张，也刺激了企业投资到研发创新中去的能力和动机。

再次，采取一系列政策来鼓励企业投入研发。印度政府设立很多生物技术相关的项目基金，通过招投标的方式来选择具有潜力的企业研发项目进行拨款。根据印度生物技术部（DBT）发布的生物技术历年发展报告数据，印度政府对生物技术的研发投入已由2002—2007五年总计145亿卢比增加到2012—2017五年总计860亿卢比，15年间研发投入增长了近6倍，年均增长率达到12%。印度政府还采取强制性产业技术政策，规定本国生物医药企业必须将营业利润的一定比例投入研发当中，并对该投资予以税收优惠。2007年颁布的《国家生物技术发展战略》又为企业制定了优惠的金融政策，鼓励企业积极引进国际高端设备和技术，对临床试验设备和实验用消耗品免除进口关税。①

最后，政府通过提供世界一流的基础设施提升生物制药业整体的科研水平。2015年，印度生物技术部发布《国家生物技术发展战略2015—2020：促进生物科学研究、教育及创业》，为研发和商业化提供强大的基础设施，包括建设5个新集群、40个生物技术孵化器和20个生物连接中心。

---

① 贺正楚、刘亚茹：《印度生物医药产业政策分析及启示》，《世界地理研究》2019年第3期。

2017年6月,印度科技部启动了国家生物制药计划以加快生物制药发展。该任务由BIRAC执行,在基础设施建设方面,计划建立和加强用于产品开发和验证的共享基础设施,为所有正在开发的产品做好准备。

需要补充说明的是,虽然印度的《专利法》一直倾向于保护印度仿制药产业,但在2005年修订后,已开始为那些已经完成资本积累、市场积累和技术积累的本土制药业企业提供进行技术创新的支持和保障。

印度生物医药产业也存在一些问题,包括以下三点:

一是行业不规范问题严重。2013年以来,美国食品药物管理局对不少印度制药企业进行了大量的现场审计后发现,印度企业普遍存在伪造数据的情况,美国食品药物管理局由此对40多家印度制药企业发送了警示函和美国市场进口禁令。2015年初,欧盟药品管理局发现,几家委托进行药物检验的印度公司涉嫌捏造数据,这导致欧洲联盟执行委员会要求700种印度产的仿制药暂停在欧盟销售。印度制药声誉不可避免地受到损伤。美国资深调查记者凯瑟琳·埃班在其《仿制药的真相》一书中更是直接揭露,在管理上,印度仿制药厂的生产环境存在脏乱差的问题,在质量上,部分仿制药甚至药不对症,导致患者病情加重。

二是创新能力严重不足。印度制药业由于形成了对仿制药的高度依赖,导致原生创新动力不足。有研究指出,在全球1996年至2013年间授权的556122件药品产品和方法专利中,大多数药品专利仍集中在美国(22.79%)和欧洲(29.26%),中国(7.09%)和日本(6.03%)则紧随欧美之后,令人意外的是,印度在此期间的授权药品专利仅占全球药品专利总量的0.67%。①

三是伦理问题争议。2005年,为了吸引更多药企来印度建厂,印度放宽了药物实验的限制,甚至未经批准、没有许可、不具备任何保护措施也可

---

① Alessandra Cristina Santos Akkari et al., "Pharmaceutical Innovation: Differences between Europe", *USA and Pharmerging Countries, Gestao & Producao*, 2016, Vol. 23, No. 2, pp. 365-380.

以进行实验,由此吸引了大批药企(主要来自欧美)来印度进行药物检验,参与药物实验的印度平民更是早已过百万。

(三)电影文化产业

印度电影产业发达,每年生产的电影和售出门票数量世界最多,屏幕数量位居世界第三。[①]单从产量上看,印度毫无疑问是世界上最大的电影生产国。以2020财年为例,印度电影文化产业在国内媒体娱乐业的九大主要部门中排第四,占比约10.5%(第一为电视部门,占比44.4%)。[②]为排除疫情因素的干扰,对印度电影文化产业概况的梳理以2019年及以前的数据为基础。[③]

2020年之前,印度电影产业产量稳定,发展平稳,保持潜力。总体而言,印度电影领域产值增长了12.2%,达到了1745亿印度卢比。增长动力来自两个方面,一个是数字/OTT,比2017年增长了59%,另一个则是电影出口,比2017年增长了20%。家庭录像部分则继续呈现下降。印度本土电影市场的总体状况:一是在电影发行数量上,2018年,印度本土电影有1776部电影上映,相较于2017年的1807部略有下降;二是在收益构成方面,2018年,国内影院收益占总收益的58.5%,具体收益从2017年的963亿印度卢比增长到了2018年的1021亿印度卢比,年度收益增长率为6.0%;三是在银幕数量方面,则从2016年的9481块增加到了2018年的9601块,其中,单一屏幕呈下降趋势,而多面体屏幕呈上升趋势;四是在语种方面,2018年上映数量最多的是卡纳达语电影(243部),印地语电影从2017年的288部下降到了2018年的238部。

总体而言,印度本土电影在发行数量下降的情况下,票房收益仍旧呈现上升趋势,可见市场需求依然旺盛。此外,多面体屏幕的快速增加表明,

---

① 从2016年开始,电影银幕数排名基本上是中国大陆第一、美国第二、印度第三。

② 详细内容参见印度品牌资产基金会网站,https://www.ibef.org。

③ 数据主要依据安永咨询发布于2019年3月的报告《十亿屏幕的机会:印度的媒体和娱乐业》,http://producersguildindia.com/Pdf/FICCI-EY-2019_PGI_04-04-2019.pdf。

虽然印度的影院数字化起步较晚,但近年来快速的城市化使得观众对具有高质量的基础设施、最新的视听系统、多种餐饮服务的屏幕的需求大大提高。印地语电影数量的下降意味着,虽然宝莱坞电影在商业化方面最为成功,但其在本土的影响力或许有所减弱,印度本土电影走向更多元化的方向。

Revenues	2017	2018	2019E
Domestic theatricals	96.3	102.1	110.1
Overseas theatricals	25.0	30.0	35.0
Broadcast rights	19.0	21.2	23.0
Digital/OTT rights	8.5	13.5	17.0
In-cinema advertising	6.4	7.5	9.0
Home video	0.3	0.2	0.2
Total	155.5	174.5	194.2

INR billion (Gross of taxes) | EY analysis

图3-3　2017—2019年印度电影娱乐业产值增长情况

图3-4　2016—2018年印度电影银幕数

印度政府从两个方面来推动其电影产业发展:规范化引导和针对性支持。电影产业的规范体系建设主要包括以下三个方面。

第一,成熟和完善的法律体系。印度早在1918年就通过了《电影法》,由此开始,印度的电影产业正式纳入国家行政管理范围之内。印度独立后,政府又分别在1952年、1983年、1984年对《电影法》进行了三次修订。除了《电影法》作为印度电影产业规制的基本法律外,相关的法律及政策还有:《印度宪法》(1949年)、《印度刑法典》(1860年)、《孟买电影(管理法)》(1953年)、《版权法》(1957年)、《电影审查委员会法规》(1978年)、《电影工作者和影院工作者福利基金法》(1981年)等。除此之外,电影从业人员还必须遵守《侵权行为法》《外国电影在印度境内拍摄规定》《电影进出口规定》《印度储备银行的电影贷款政策》等法规政策。可见，印度对电影产业的规制涉及拍摄制作管理、作品管理、人员管理等方方面面，十分具体和完善。相对成熟与完善的电影产业法律法规体系在一定程度上促进了印度电影产业的规范发展，使印度电影的产业化转型过程得以有序推进。

第二，宽松的社会组织与市场管理。具体生产活动方面，印度电影行业的规制主体主要不是政府，而是行业组织。印度电影行业组织发达，影响广泛，并且具有很高独立性和权威性。印度很早就成立了印度电影制片人协会、印度电影发行人协会等机构，负责和开展大量行业规则制定和电影推广工作，他们制定的行业规则发挥着重要影响。市场准入规制方面，印度本国电影产业以极低准入门槛为影视机构大量涌现创造了良好条件。目前印度有100多家制片厂，并集中于几大电影基地，这也使印度电影的内容创作活跃度极强，电影发行量也常年位居世界第一。价格管制方面，印度也没有统一的电影票价限制，电影票价主要由市场机制来决定。据2016年印度电影局的统计，印度电影平均票价为47卢比，约等于人民币4.16元，而同时期中国电影平均票价在人民币34.4元；此外，印度电影院也是分等级的，有城市A级电影院，乡镇B级电影院，农村C级电影院，其中在新德里、孟买这些城市的A类影院，票价在60~80卢布，约等于人民币5~7元，而C级电影院票价则低至人民币1元左右。这样的票价体系造就了庞大的观影群体，也使得电影更加广泛而深入地渗透到人们的日常娱乐生活之中。融资管理方面，原有禁止金融业涉足电影产业的规制近年来被打破，使电影产业的融资不再是难题，资本的进入使电影产业更加活跃和繁荣。

第三，底线明确的内容规制。印度政府对电影内容审查方面并不严格，但隶属新闻广播部的中央电影审查委员会依然掌握审查在印度所有公开放映影片的权力，进而决定是否发放公映许可证。审查主要涉及两方面内容：一方面，印度突出了对知识产权、青少年、民族、宗教等关系社会热点问题的管制，基于其多民族、多宗教信仰的基本国情，印度政府在维护民族性和宗教性方面的决心尤为坚定，若电影内容触及相关底线，就算是好莱坞电影，也将不被允许上映；另一方面，印度也会对涉及侮辱性及粗俗的语言、血腥暴力打斗场面及性暗示等内容的电影进行审查分级。在较为宽松的电影审查制度环境下，印度电影人还可以讽刺政客、鞭辟时事。

扶持性政策主要包括以下四个方面：

一是税收优惠政策。近些年，印度电影票价上升抑制了观影人数和票房的增长。印度政府为鼓励民众观影，从2019年1月起，将价格低于和高于100印度卢比的电影票的商品及服务税税率从之前的18%和28%分别降至12%和18%，由此促使电影院通过降价来增加客流量和票房收入，这又进一步使得制片方和发行方有利可图并受到鼓舞，从而使得电影产业的整个产业链被重新激活起来。除了降低院线端的税率外，政府还选择直接对部分影片给予有限期的免税优惠，从而降低电影出品的生产成本。这一类政策往往具有专门的宣传目标：其一是各语言邦为了打破宝莱坞电影的垄断地位，为本语言邦的电影创造更低的制作成本以提高电影人创作积极性；其二是为主旋律题材电影免税，加强爱国主义的宣传；其三是出于政党政治的考量，执政党为拉拢具有影响力的电影人而给予其相应政策优惠；四是为了保护和推广具有一定艺术价值的小众电影，政府对其进行一定程度的资助。

二是推出电影观光旅游概念。将电影业与旅游业结合在一起，是对电影产业附加价值的深入挖掘和开发，延续和扩大优质电影的影响力并延长价值链，这也是当今世界各国的通行做法。由印度中央政府信息和广播部下属的电影促进协会牵头的电影观光旅游计划，不仅能为电影制作人创造一个更加标准化、可得性高、成本低的拍摄和制作环境，从而激励他们创造更多、更优质的作品；同时也能够让电影的影响力辐射到旅游业，实现双赢。在具体举措上，为了鼓励各邦支持印度电影观光产业链发展，中央政府特别设立"对电影最友好的邦"作为国家电影节奖项的一部分；另外，为了让印度成为国际电影界最佳拍摄地，印度中央政府信息和广播部还建立了单一窗口许可机制，该机制下可以减少制片人在电影开拍前的申请许可时间，政府还会提供土地、基础设施、投资、技术和相关的人员支持等协助制片人进行拍摄，促进电影产业发展。据安永咨询公司2019年发布的报告预测，到2022年电影旅游将会给印度带来30亿美元的收入（但该结果受到了疫情的强烈冲击）。

三是严厉打击盗版。电影行业也受到了盗版电影资源的威胁，尤其是在数字媒体时代，盗版电影传播范围更为广泛。针对电影盗版造成的损害，印度联合内阁于2019年2月13日批准了《1952年电影法案》的修正案，修正案中规定，盗版电影的违法者将会被处以3年期监禁或1000万卢比的罚款，或者两者兼而有之。这大大增加了对盗版行为的打击力度，保护了电影人的权益，获得了电影人的广泛支持。

四是促进国际交流与合作。电影作为印度文化输出的重要载体，因此印度非常重视促进电影领域的国际互动与合作。在电影制作交流方面，印度政府先后与多个国家签署了《电影联合制作协议》，大力支持合拍片。合拍片这种创作经验不仅为印度本土电影人提供了引进和学习最先进拍摄理念、拍摄技术的机会，也提高了印度影片的成片质量，提升了印度电影在海外的知名度。在内容交流方面，印度政府举办多种形式、多种主题类型的国际电影节，为印度国内电影和国际电影提供涉及面广泛的交流与合作平台，据统计印度现已形成机制化的特色评比平台多达84个，其中每年举办的各类国际电影节达数十场；此外，印度政府还积极组织国内电影参与世界各地举办的国际电影节，以提升印度电影的海外知名度和影响力。近年来印度电影在海外票房收获颇丰，也在国际市场取得了不错的反响和较高的评价，其中中国从2018年开始成为印度电影内容的最大国际市场。这些成就的取得都离不开印度政府的政策扶持和产业引导措施。

印度电影产业发展仍面临一定的挑战：一是数字化转型。随着互联网电视平台的发展和互联网、智能手机的普及，"流媒体"市场越来越大，愈加影响印度民众的观影习惯。而疫情的影响更是加速了这一进程，包括跨国公司和印度本土公司在内的多个利益团体纷纷加入"流媒体大战",印度流媒体市场的竞争将越发激烈,目前跨国公司和本土公司的市场占有率几乎各占一半。而与此同时,传统电影院的效益则越来越低;二是基础设施与技术仍待进一步完善。在全球数字化进程加速的背景下,随着智能设备用户数量持续增长,订阅互联网电视平台的用户大量增加,印度民众拥有了越来越便利的观影渠道和更先进技术支持的视觉特效与后期制作所带来的优质观影体验。但与此同时,电影院的基础设施建设和先进观影技术发展出现滞碍,跟不上印度电影观影群体偏好标准的提高,由此导致了院线票房增长受到抑制。①

---

① 本节部分内容参考了史征:《电影产业规制与产业集聚耦合发展路径研究——美、印两国电影产业集聚发展的政府规制剖析与借鉴》,《科学经济社会》2012年第3期;王泽媛:《近十年来印度电影产业发展观察及启示》,《中国电影市场》2021年第11期。

第五章　金砖框架下的中印合作

　　中国和印度是金砖国家合作机制的创始国和重要成员国,都始终把同其他金砖国家的合作作为外交政策的重点之一。两国都面临着发展经济、改善民生的历史使命。

　　中印是金砖国家中最大的两个经济体,在各个层面都是长期的战略伙伴。中印之间的务实合作能够为金砖未来的发展奠定厚实的基础,中印双边合作与中印在金砖国家合作机制下的合作相辅相成,相得益彰。中印之间的大型合作项目,如建设孟中印缅经济走廊,设立工业园区,加强铁路合作,建设"丝绸之路经济带"和"21世纪海上丝绸之路",打造中印双引擎驱动的"跨喜马拉雅经济增长区域"等,都可以从金砖国家合作机制的项目中获得支持,从而推动中印在贸易领域的一体化大市场、金融领域的多渠道大流通、基础设施领域的陆海空大联通、人文领域的各级别大交流,建立中印更加紧密的发展伙伴关系,给两国人民带来实实在在的好处。作为金砖国家、二十国集团及上合组织的重要成员,中印在国际金融体系改革、气候变化、全球贸易谈判、反恐等全球性问题上有密切合作。中国还是印度最大的经贸伙伴之一,双边贸易和中国对印投资为印度经济发展注入了巨大动力。但两国关系非常复杂,既有合作,又有竞争。

　　事实上,中印两国对于发展战略对接的现实性和可能性都有共识。但从某种程度上,印度也是金砖国家合作中较大的变量,由于中印两国在现实的双边问题及地区地缘政治竞争方面存在一定的分歧,影响了发展战略的对接。西方对中印、中俄关系的挑拨与分化亦会给金砖合作带来干扰。中印两国同为金砖国家成员,也同为上合组织成员,并且扮演重要角色,通过多种渠道协调沟通与合作,不仅惠及双方,对于亚太和印度洋地区乃至全球的和平、稳定、发展和繁荣也意义重大。

一、金砖峰会中的中印双边互动

2011年4月14日,金砖国家领导人峰会在中国海南三亚召开。南非首次参与此次会晤,金砖四国扩大到金砖五国。此次峰会前不久,印度时任总理曼莫汉·辛格和中国时任总理温家宝于2010年12月举行会晤,这次会晤是在印度给查谟和克什米尔的印度国民发放另纸签证以及两国之间暂停国防交流等不和谐音调的背景下举行的。因此,两国元首的会晤成为当届峰会的焦点之一,被外界视为中印建立互信的良机,印度外交部发言人维什努·普拉卡什当时表示:"双方都在尽一切努力加强共识。"

2012年,金砖国家领导人第四次峰会由印度主办。时任印度总理辛格提议设立金砖银行,使金砖国家合作迈出了举足轻重的一步。时任中国国家主席胡锦涛于2012年3月29日在新德里会见了辛格,就中印关系发展及共同关心的国际和地区重大问题交换意见,达成新的重要共识。两国领导人共同宣布2012年为"中印友好合作年",表示要以此为契机把中印战略合作伙伴关系提高到新水平。

2014年是"中印友好交流年"。7月15日至16日,第六届金砖国家峰会在巴西的塞阿拉州首府福塔莱萨举行。印度总理莫迪第一次出席金砖峰会。习近平与印度总理会面时呼吁尽早找到中印边界问题解决办法。习近平表示,无论从双边地区,还是全球层面看,中印都是长久战略合作伙伴,而非竞争对手。中印作为两个最大的发展中国家和新兴市场,都是世界重要的一极,有许多战略契合点,中印用一个声音说话,全世界都会倾听,中印携手合作,全世界都会关注。针对中印边界问题,2014年时习近平指出:"双方要以积极和向前看的态度管控和处理分歧,通过友好协商,尽早找到公平合理、双方都能接受的边界问题解决办法,在最终解决前共同维护好边境地区和平安宁。"莫迪也表示,维持中印边境的和平与安宁,增进双边在边境问题上的互信非常重要。

2015年7月8日第七届金砖国家峰会举办,习近平在俄罗斯乌法会见印度总理莫迪。习近平指出:"今年5月,我们在中国西安就充实中印战略伙伴关系内涵,构建两国更加紧密的发展伙伴关系达成重要共识,向两国人民和国际社会传递了中印两大发展中国家携手合作、共同发展的积极信号。在双方共同努力下,我们达成的各项共识正在得到落实,两国立法机构、铁路、产业园区、智慧城市等领域合作稳步推进。"习近平强调:"双方要共同努力,维护中印关系积极发展势头,开创互利合作新局面。"中印同为金砖国家坚定支持者和积极建设者,要共同致力于建设金砖国家更紧密、更全面、更牢固的伙伴关系,努力推动金砖国家发挥积极建设性作用,为世界和平、发展做出更大贡献。莫迪表示,当前印中关系发展良好,两国互信进一步增强,印中双方高层保持着密切沟通。近年来两国经贸合作进一步扩大,科技、外空、基础设施等领域合作项目不断推进。印度欢迎更多中国企业赴印投资。印方愿同中方加强战略沟通和协调,妥善处理好边界问题等两国间分歧。印方愿加强同中方在金砖国家框架下的合作,金砖国家新开发银行和亚洲基础设施投资银行的建立为印中深化合作提供了更多机遇,印度愿积极参与上述银行的建设和合作项目。

2016年10月15日至16日,第八届金砖峰会在印度果阿举行。此次会议发展和推进了金砖国家成员之间双边关系的平台,其中最重要的是中印两国在巴基斯坦问题,以及俄罗斯和印度在国防问题上的关系。习近平出席会晤并发表题为《坚定信心 共谋发展》的重要讲话。

2017年9月3日至5日,金砖国家领导人第九次会晤举行。习近平对与会的莫迪总理表示,中印两国要坚持双方互为发展机遇、互不构成威胁的基本判断,希望印方能够正确、理性看待中国发展。要向世界表明,和平相处、合作共赢是中印两国唯一正确的选择。习近平指出"中印在经济社会发展方面有很大合作潜力。双方要加强发展战略对接,扩大在基础设施建设、互联互通等领域合作,增进人文交流,加强在国际事务中的沟通协作,推动国际秩序朝着更加公正合理的方向发展"。莫迪回应,印方愿同中方共同努力,确保两国关系稳定发展。希望两国领导人能够保持密切沟通,为两国关系发展发挥引领作用。双方不应视对方为对手,而应使合作成为两国关系主流。双方应增进政治互信,扩大务实合作,深化人文交流,共同努力维护边境地区和平安宁。印方愿加强同中方在国际事务中的沟通协调。

由以上梳理信息可见,中印两国对于在金砖框架下的合作是有战略共识的。但中印两国时常出现的分歧也使金砖合作无法在更大的范围发挥作用。金砖国家外交活动日益频繁,但始终围绕保险的议题展开,这些议题的落脚点有二:一是强调五国总人口占全球人口的43%;二是对提升五国在国际治理,尤其是在金融治理方面的代表性表示强烈关切。如今,金砖国家扩大了磋商范围,增加了智库论坛、工商论坛、友好城市、创新等主题,但均不涉及争议性话题。金砖机制下的中印合作需要更多的战略定力和智慧。

二、中印智库合作

印度智库数量众多,发展很快。由美国宾夕法尼亚大学智库研究项目(TTCSP)编写的《全球智库报告2020》显示,印度拥有612家智库,智库数量仅次于美国和中国。

印度智库不像通常的分类那样划分为独立非营利的民间社会智库、高校智库、政府部门政策研究机构、企业创建或企业附属智库、政党智库等。印度智库的性质各不相同,智库的诞生环境与发达国家智库不同,运营运作、资助机制、法律法规和管理原则也不相同,很少有研究机构称自己为智囊团,而是更多地将自身定位为政府组织、非政府组织、民间社会组织或智库。在印度智库生态系统中,非政府组织和政府组织的比例大致相当。

政府组织是完全或部分由政府资助的组织,包括由部委和公共或私人基金会设立的组织、中央或邦政府与国际组织合作成立的组织等。这些组织都是自主运作的。印度社会科学研究委员会（ICSSR）等理事会附属或认证的教育研究机构为此类型智库提供学术支持。

非政府组织是印度智库最常见的类型。非政府组织可以注册为公司、社团或信托，有各自适用的资金机制、治理结构、税法等。非政府组织进一步区分为非营利性或营利性。由于免税和非营利地位较受推崇，非营利型智库更为常见。

印度企业已开始投资创建政策研究机构和智库，政府一直在与此类机构合作。如观察者研究基金会（ORF）由穆克什·安巴尼（Mukesh Ambani）家族的信实集团（Reliance）支持；阿南德·阿斯彭中心（Ananta Aspen Centre）有多位商业领袖为其运营提供资金。

此外，国家与智库之间的关系是建立在临时合作的基础上的，智库在很大程度上依赖于对国家行政权力的使用。这在与国际经济、贸易、军事和安全问题有关的智库中更为明显，但同时许多智库保留了较大程度的运作自由，表现出了明显的自主性。

（一）印度涉华研究智库

德里中国研究所（Institute of Chinese Studies，ICS），起源于1969年，前身是中国研究小组（China Study Group，CSG），位于德里。德里中国研究所是印度研究中国和东亚问题历史最悠久的机构之一，也是专门从事中国研究的权威机构和政策智库。在印度外交部支持下，该研究所致力于为印度处理对华关系提供战略思考，重点研究中国国内政治、国际关系、经济、历史、医疗保健、教育、边界等方面的议题，同时也重视语言、文化及中印比较等相关探讨。

中国分析及策略中心（Centre for China Analysis & Strategy，CCAS），主要基于中文、藏文等材料研究分析当代中国，特别是西藏的发展情况。重点关注中国内政、经济、军事、外交和战略政策，以及中国的科学和技术发展。

金奈中国研究中心（Chennai Center for China Studies，C3S），成立于

2008年4月,旨在对与中国有关的发展进行深入研究,优先考虑印度感兴趣的问题,如印中关系的地缘政治、经济和战略动态,中国的内部动态,中印边界问题,中国与南亚国家的关系,中印经济和贸易关系的前景,中国政治的未来演变及其对印度和世界的影响,中国—印度—东盟关系,中国在南盟的新角色,印度南部与中国的互动和经济投资,印度—中国—东南亚的文化关系等。在研究基础上,该中心就双边、区域和全球重要问题,向印度战略决策者提出可行的解决方案或政策选择;建设基于中文资料的数据库,以资印度和世界范围内相关学者、媒体、智库参考;致力于为印度和中国学者提供一个对话的论坛,为与中国有关的话题提供表达不同意见的空间。该中心有出版年度报告。

印中研究中心(Center for India-China Studies, CICS),成立于2014年,是金德尔全球大学(Jindal Global Law School, JGU)的研究机构,是迄今为止印度唯一一个由中国学者担任执行主任的中国研究智库。其关注的重点不在于安全、外交或政策等方面,而是致力于发展一个基于民间的多学科平台,推动中印民间多种形式的交流,包括学术、商业、政府、非政府组织之间的往来等,力图在区域和国际层面的中印合作和南南合作等相关问题上发挥积极作用。

辩喜国际基金会(Vivikananda International Foundation, VIF),2009年12月成立于印度首都新德里使馆区。以印度著名哲学家辩喜命名,是一家综合性研究机构,基金会由多名前军政高层担任研究员,与印度国民志愿服务团(RSS)和执政的印度人民党关系极为密切,主要研究国家安全与战略、国际关系与外交、经济等方面的议题,政策影响较大。该基金会涉华研究领域有较多具有代表性的观点,可以更好地认识印度政府的政策和立场,对观察印度智库精英的政策主张也有较大参考价值。

梵门阁(Gateway House: Indian Council on Global Relations, GH),2009年成立于孟买,其自我定位为一家无党派、非营利、会员制的独立外交政策智库,致力于从事学术研究,以推动印度商业和外交政策交流为宗旨,使印度顶尖企业与个人参与印度外交政策讨论，深化针对印度在全球事务中的角色的研究。其研究主要集中于地缘政治、地缘经济、外交政策分析、双边关系、民主与民族建设、国家安全、种族冲突及恐怖主义、科技与创新，能源和环境8个研究领域。涉华研究构成了其研究成果的重要部分。

观察者研究基金会（Observer Research Foundation，ORF），成立于1990年9月，总部位于德里，在印度加尔各答、孟买、金奈和摩洛哥丹吉尔（Tangier）等地设有分支机构。是一家综合性智库，侧重政策问题和外交事务研究，但研究范围已从国内发展到地区乃至全球，研究领域趋于多样化，自2010年开始逐步启动在气候、能源、资源、太空及网络与媒体等领域的研究项目。基金会现已成为印度二轨外交的重要代表，其研究成果在国内及国际社会颇具影响力。

印度三军学会（United Service Institution of India，USI），由英印政府军需官查尔斯·麦克格雷格（Charles Mac Gregor）组建于1870年，位于德里，是印度专门从事国家安全和国防研究的重要军方智库，与印度各国防机构关系非常密切。学会有大批陆、海、空三军退役将领和现役军官参与，奠定了其在印度军方研究机构中的领先地位。学会陆续加强对地区热点问题和中国对外战略的研究，影响力进一步提升。

国家海洋基金会（National Maritime Foundation，NMF），2005年由印度时任国防部长穆克吉（Pranab Mukherjee）揭幕成立，总部位于德里，是印度海军智库机构，也是印度最重要的海洋智库。主要研究印度洋战略格局、大国海上互动、蓝色经济等议题，较为关注中国海军在印度洋地区的战略存在，致力于在整合政府各部门资源的基础上全面审视海洋问题。

和平与冲突研究所（Institute of Peace and Conflict Studies，IPCS），成立于1996年，位于德里，是印度安全与外交领域的重要智库，在对外政策、国家安全等领域影响力较大。研究重点关注国家安全、核问题和地区冲突等，在对外政策方面则集中研究中印关系、印度同南亚其他国家的关系以及印度与东南亚国家的关系。

政策研究中心(Centre for Policy Reserch,CPR),成立于1973年,位于德里,是印度领先的公共智库之一,致力于通过多种途径影响印度内政外交政策的制定与实施。是国际发展研究中心(IDRC)智库倡议(TTI)成员机构。是一所非营利、非党派独立机构主要研究经济政策、环境法和治理、国际关系与安全、城市化等议题。

国防研究与分析研究所(Institute for Defence Studies and Analyses,ID-SA),成立于1965年,位于德里,2020年2月改称曼诺哈尔-帕里卡尔国防研究和分析研究所(Manohar Parrikar Institute for Defence Studies and Analyses,MP-IDSA),习惯上仍简称为国防研究与分析研究所。国防分析研究所是印度最重要的防务与战略问题政府智库,被普遍认为是印度政府在防务与战略领域的"外脑",与政府与印军高层关系极为密切。该研究所对东亚、南亚、中东、欧美等地区研究和军事与战略、非传统安全、国内安全等问题领域的研究长期居于领先水平。

印度涉及中国研究的智库研究范围较广,比较重要和顶尖的智库,如辩喜国际基金会、国防研究与分析研究所、印度世界事务委员会、印度三军学会、国家海洋基金会、观察者研究基金会、政策研究中心、和平与冲突研究所、梵门阁等均将中国事务和中国问题作为研究的中心领域。研究范围涵盖"一带一路"、中国海洋战略、中国防务、中印区域战略平衡、中国军事现代化建设、中国在政治、经济、军事、核、能源、环境、科技等问题方面的表现等诸多方面。不仅如此,还有专门针对中国的智库研究报告定期出版。比如,德里中国研究所出版有《中国述评》、政策简报《ICS分析》等。其中《中国述评》创刊于20世纪60年代,可以说是世界范围内探讨中国事务最古老的学术期刊之一,重点关注中印关系、中印比较及亚洲各国交流与合作等方面的问题。观察家基金会出版有《中国周报》《中国军事观察》和《南海观察》等刊物,并有针对中国的年度评估报告,对中国政治和社会、外交、军事、经济、科技等均有关注;中国研究小组出版的月刊《中国观察》相当于每月中国大事记,对中国问题的关注领域亦相当及时、广泛。金奈中国研究中心也出版有年度报告。

(二)其他需要关注的智库

金砖国家研究所(The Bricks Institute),位于新德里,是一个年轻学者讨论和辩论金砖国家相关问题的学术平台。

科学技术与政策研究中心(The Center for Study of Science, Technology and Policy, CSTEP),印度领先的智库之一,旨在利用基于技术的创新理念来丰富决策,并解决发展挑战,以实现可持续、安全和包容的社会。研究领域包括气候、环境、可持续性、能源、人工智能对社会的影响和新材料等。在班加罗尔和诺伊达设有办事处。

发展替代方案(Development Alternatives),位于印度新德里的从事可持续发展的组织。包括其旗舰机构"发展替代方案协会"(DA)、以商业为导向的孵化器"农村发展技术和行动"(TARA),以及其商业附属机构"机器和技术服务"(TMTS)、"农村发展技术和行动环境服务有限公司"(TARA enviro)、"农村发展技术和行动信息和营销服务有限公司"(TARAhaat)等。"发展替代方案"在地方、国家和全球层面开展工作。其合作伙伴包括乡村家庭和社区、民间社会组织、地方和邦政府、印度政府的机构和部委、多边机构和印度各地的私营部门机构以及南亚、东南亚、非洲越来越多的合作伙伴。

印度软件产品行业圆桌会议(Indian Software Product Industry Roundtable Foundation, iSprit),成立于2013年2月,是一家私营公司,旨在为政府提供政策方案,以扩大和培育具有较高潜力的信息技术和信息技术支持服务部门与包括全国软件服务企业协会(NASSCOM)在内的行业代表组织合作。

阿南德·阿斯彭中心(Ananta Aspen Centre),主要是一个召集机构而非以研究为基础的机构,旨在提供一个平台和论坛,让民间社会、企业、政府和其他利益相关者参与讨论对印度发展和国家安全有重要意义的问题。诸如基于价值观的领导力发展和实现印度发展的无限潜力等。

印度国际经济关系研究理事会(Indian Council for Research on International Economic Relations, ICRIER),成立于1981年8月,是一个非营利性的

研究组织。研究团队由教授、高级研究员、研究员、助理研究员和顾问组成。专注于宏观经济、城市化和印度—美国战略等问题,包括开放经济中的宏观经济管理金融部门的自由化和监管贸易开放、结构调整和竞争力、与世贸组织有关的问题、以南亚为重点的区域经济合作、印度国际经济关系的战略问题、环境与气候变化问题等。该组织通过国际研讨会、公共政策讲习班、公开讲座和出版物等运行推广,有广泛的国内外学术资源网络。该组织的研究被学术界和大众媒体广泛引用,多年来为政策制定提供了重要的投入。

能源和资源研究所(The Energy and Resources Institute,TERI),成立于1974年,位于新德里。前身是塔塔能源研究所,是一个专门研究能源、环境和可持续发展等议题的研究机构,2003年更名。该研究所在全国范围内有很强的实战经验,与政府、企业和社区保持着密切的关系,针对与可持续环境和能源管理有关的广泛挑战,制定和部署改革和建设战略。

能源、环境和水理事会(Council on Energy, Environment and Water, CEEW),是亚洲领先的非营利性政策研究机构之一,成立于2010年,旨在寻求为印度实现平衡增长和发展所需的综合解决方案。鉴于全球气候变化和资源挑战,以及对跨境集体行动的需求,利用数据、综合分析和战略推广来解释并致力于改变资源的非理性使用现状。该机构的研究领域包括能源和资源效率与安全、电力部门改革、工业去碳化、气候风险和适应、空气质量、水资源管理、可持续性金融、能源—贸易—气候的联系和气候地质工程治理。

积极推动建构机制化的交流渠道和对话平台。比如致力于倡导和推进BCIM(孟加拉国—中国—印度—缅甸)区域经济合作论坛,俄—印—中RIC学术三方会谈等。"孟中印缅经济走廊"倡议和"俄印中三方会谈"机制等是中印智库共同努力的成果。

(三)中国与印度智库的交流与合作

印度智库重视对中国的研究,一般是依中印关系的具体时势确定议题并提出政策建议，但是印度大多数智库普遍存在立场僵化、信息不足、观点不够客观、智库间缺乏交流等问题。

印度智库对华研究的矛盾性观点比较多。比如，有些观点完全把中国视为对手，强调中国对印度洋未来稳定构成的威胁和挑战，建议印度政府警惕中国在印度洋和南亚地区的存在，警惕中国在非传统安全合作的掩护下扩大其硬实力，主张与中国陆海区域的合作都应该持审慎的态度，并支持政策对冲。有些观点对中国的态度非常矛盾，既对中国的战略意图表现出疑虑和谨慎，又对中国怀有期待，希望中国在一些具体问题上采取符合印度利益的立场。比如，在不损害印度利益的前提下积极争取中国的资本、技术与市场，在亚洲互联互通的问题上与中方开展合作，并在自己的优势产能方面提出关切；主张印度政府维持对南亚其他国家的主导和控制力；希望中国在巴基斯坦问题上帮助印度减轻安全压力等。

当然，对于中印合作，印度智库中也不乏比较积极的声音，有发挥中印两国携手的积极效应的愿望。有些观点意识到作为拥有核的两个发展中大国，印中和平与发展对人类命运至关重要。比如，认为中印互动已经超越了双边及区域范畴，出于双方共同利益及各自在国际体系中的利益诉求考虑，印中完全可能建立更加密切的伙伴关系，充分发掘彼此的互补性和利益攸关的方面；印度可以与中国一道探索新型大国关系，在建构国际经济秩序新格局中展开合作，在能源、环境保护、气候变化等问题上共同努力，中印合作可能改变世界；但中印之间的地缘政治矛盾、美国因素等都会成为中印关系发展的重要变量，两国必须对某些核心问题进行广泛深入探讨，避免发生极端冲突等。

为了进一步加强对话，增进相互了解，中印两国共同打造了"中印智库论坛"，这是在2015年5月印度总理莫迪访华期间由习近平主席和莫迪总理共同设立，旨在促进两国之间更紧密的对话和相互理解，并审议具有区域和国际意义的当代问题。论坛每年一次，在两国轮流举办，汇集了两国的思想家、学者、公共政策分析家、外交政策分析家和其他国际关系专家，讨论双边和多边经济、政治和战略问题。论坛聚焦时代特点，积极探索两国发展策略、合作路径、相处之道等，为中印合作发展提供了长期基础。

近年来，辩喜国际基金会、观察者研究基金会、国防研究与分析所、德里中国研究所、梵门阁等印度著名智库均曾有代表团多次造访中国，与中国智库开展各种形式的交流和对话，并签订合作备忘录。中国和印度在国际上合作良好，特别是在全球治理问题上，包括贸易和环境问题。但是中印双边关系仍然很复杂，中国和印度智库之间的互动将为改善两国在双边议题上的合作提供智力支持。

三、中印人文交流合作

中印不仅同为具有巨大发展潜力的新兴市场国家，也都是拥有悠久历史和灿烂文化传统的文明古国。中印之间的人文交流一直是两国交往的佳话。

中印两国有文字可考的交往史至少长达2000多年，最早可以上溯到中国的秦汉时代。法显、玄奘、义净、鸠摩罗什、菩提达摩是中印佛教文明交往的使者，通过丝绸之路，除了物质上的往来，印度的天文、历法、文学、艺术、建筑、制糖技术等传入中国，中国的蚕丝、瓷器、茶叶、音乐、造纸技术等传入印度，中国的敦煌和印度的那烂陀成为两国人民文化交融的历史见证，两大民族互学互鉴奠定了中印文明交流与对话的深厚传统。国学大师、印度学研究泰斗季羡林先生曾经说过："在全部世界历史上，中印文化交流是全世界当之无愧的典范。""上自天文、地理，下至语言和日常生活，中间文学、艺术、哲学、宗教、科学、技术等，在很多方面，无不打上了交流的烙印。在全世界民族之林中，像中印两大民族文化交流得这样密切、广阔，即使不是绝无仅有，至少也算是难能可贵了。"①

在近代，两国有着相似的命运，在争取民族独立和解放的斗争中，曾经相互支持，结下了深厚的情谊。中印建交后亦曾基于当时的历史环境共同

---

① 季羡林：《中印文化交流史》，中国书籍出版社，2015年，第3页。

倡导和平共处五项原则,一度成为国际社会处理国家间关系的圭臬,更是东方思想和智慧对现代文明的一大贡献。柯棣华、泰戈尔、谭云山等,续写了中印人文交流、团结互助佳话。

在新的时期,中印人文交流的传统更加历久弥新。1998年5月,印度和中国签订了一份文化合作协议,据此协议,双方将实施文化交换项目(CEP);2003年6月,中印两国签署了一份互惠谅解备忘录,规定在两国首都设立文化中心;2006年被定为中印友好年,为了庆祝这一盛事,两国举行了一系列文化活动;2007年定为中印旅游友好年;2008年4月,印度在中国建立旅游办事处;2008年,新建的印度驻华大使馆文化处开始运行。在中印两国领导人战略引领下,中印人文交流开启了新的局面。2014年习近平访印期间,与莫迪共同启动"中国—印度文化交流计划"。内容覆盖了两国旅游合作、青年互访、博物馆交流、语言教学、经典及当代作品互译、影视交流等领域。2015年6月开通中印"朝圣路线",为印方朝觐香客提供便利,堪称唤起中印友好交往的"丝路记忆"与"丝路情怀"的一大盛事。2018年4月,习近平和莫迪武汉会晤时达成了建立"中印高级别人文交流机制"的重要共识,是中印关系史上的重要创举。与中俄人文交流机制、中国—南非高级别人文交流机制共同构成了金砖国家双边层面三大机制化人文交流平台。

中印双方商定的合作领域包括文化交流与文物保护、教育合作与语言教学、旅游合作与人员往来、青年互访与体育交流、媒体交流与舆论环境、学术交流与合作制片等。品牌活动包含智库论坛、中印论坛、香客朝圣、教育合作、青年互访、博物馆交流、媒体高峰论坛、中印联合医疗队等。2018年12月21日至24日,应时任印度外长斯瓦拉杰邀请,国务委员兼外交部部长王毅访问印度,并同斯瓦拉杰共同主持中印高级别人文交流机制首次会议,标志着中印高级别人文交流机制正式启动。2019年8月12日,王毅在北京同印度外长苏杰生共同主持中印高级别人文交流机制第二次会议,共同签署《2020年中印外交部交流合作行动计划》并见证签署文化、体育、传统医药、博物馆等人文领域双边合作文件。迄今,双方已经建立14对友好省邦或城市,中印青年对话论坛机制化并渐成规模,中印"百人青年团"互访活动进展顺利,中医针灸已经被纳入印度的治疗体系,印度宝莱坞电影更多地被引进中国,成为中国了解印度的窗口。

中印之间的民间交流亦有声有色。近年来,不少中印交流的民间组织成立,如"西天中土"、当代中印比较国际论坛、K2K合作论坛等。印度也有印度—中国协会(India-China Society)、印度青年领袖联合会、徐梵澄文化研究中心、印中经济文化促进会、印中贸易中心、柯棣华针灸慈善医院、印度中国之友协会(Friends of China Society, FOCS)等友好组织在推进中印关系友好发展等方面开展了积极的工作。目前印度有20余所大学开设中文课程,提供学历和非学历教育。

印度鲁班工坊是首个由两个金砖国家相关院校合作建设的鲁班工坊,2017年12月8日正式揭牌启运,由天津轻工职业技术学院和天津机电职业技术学院在印度金奈理工学院共建。合作专业包括四个:新能源、数控设备应用与维护、工业机器人、机械设计三维建模,工坊内建设了四个国际化专业和工程实践创新项目、新能源车项目六个实训区,培训项目得到了印度技术教育委员会的资金补贴。运行四年多来,印度鲁班工坊在人才培养、服务国际产能合作、促进两国交流互鉴上取得一定成绩,在中印职业教育中发挥了示范引领作用,为中印两国职业教育互学互鉴搭建起新桥梁,搭建起了中印人文交流的新平台。

相对两国加起来28亿的庞大人口基数而言,中印人文交流远未达到应有的规模和水平。但更多层次、更多领域、更多人群的人文交流有待进一步深化和加强。

第六章 未来发展与政策思考

当前,全球化和地区化日益发展,国际秩序正在发生深刻变革,地区安全热点问题频发,对于国家间在地区制度框架下的协调与合作提出了迫切要求。金砖机制的发展在某种程度上为中印合作提供了多边平台。如果中印双方能更多地以开创性的方式来构建和扩大合作基础,中印同兴必将惠及亚洲和世界,并为实现区域稳定和全球和平做出贡献。中印发展对接具有重要的国际政治意义。李克强曾指出:"中印人口相加超过全球的1/3,两国的振兴和互动必然会吸引世人的目光,中印关系无疑是21世纪世界上最重要的双边关系之一。"习近平则指出,这两个经济体一旦顺利实现对接流通,将迸发出巨大的规模经济效应,形成世界上最具竞争力的生产基地、最具吸引力的消费市场、最具带动力的增长引擎。中印合作具备独特的优势。但首先中印两国必须努力化解分歧、增进共识、积极合作。为此,本书提出以下建议。

一、充分挖掘中印产能合作潜力,实现优势产能互补

中国和印度分别被称为"世界工厂"和"世界办公室"。莫迪上任以来,大力推行"印度制造"计划。"中国制造2025"和"印度制造"战略对接、相互契合。中印在制造业领域的合作能产生很好的示范效应,以点带面,逐步辐射,全面助力中印产能合作。具体来说,有以下两个方面:

（一）利用地方平台，重点推进中印基础设施和制造业领域合作

中印产能合作重点领域是基础设施和制造业。印度基础设施方面有巨大需求，是印度推进城镇化、工业化，建设智慧城市的重要抓手，中国在这方面有独特的优势，如设备先进实用、技术成熟可靠、性价比有较高竞争力等。两国在铁路、智慧城市、电力、地产开发等领域的合作已有了稳步的推进；中国钢铁、水泥、汽车等220多种工业品产量居世界首位，机床产量、造船完工量和发电设备量分别占世界38%、41%和60%。印度的高端制造业有医药、IT等。两国制造业领域合作前景广阔。

2015年莫迪总理访华期间两国成立了中印地方合作论坛，为两国地方推进对口交流、开展互利合作提供了很好的平台。中国进出口商品交易会（广交会）、中国—南亚博览会（南博会）、中国国际中小企业博览会（中博会）、中国西部国际博览会（西博会）等各类博览会，为企业投资合作提供广阔的平台，安得拉邦、泰米尔纳德邦和卡纳塔克邦也举办投资峰会吸引中国投资。中印产能务实合作潜力巨大。[1]继古吉拉特邦和马哈拉施特拉邦之后，泰米尔纳德、安得拉邦、卡纳塔克邦成为不少中国企业开展中印产能合作的新聚焦。

（二）结合印度经济特区和工业走廊的特点进行布局

虽然印度市场区域范围广大，存在着区域发展不平衡的情况，但目前印度重点城市已具备相当工业基础，产业供应链亦相当完整，应锁定重点邦和城市以及与此相关产业重点市场区域进行布局。

印度于2005年通过《特别经济区法》（SEZ Act），根据印度商务部统计，截至2017年5月，印度政府正式批准（formal approval）的特别经济区共有421个，已获通知（notified）投入开发的则有345个。在地域分布上，以海得拉巴所在的特伦甘纳邦65个、班加罗尔所在的卡纳塔克邦62个和孟买所

---

①《驻印度使馆与印度工商联合会共同举办、中印产能合作研讨会》，中华人民共和国驻印度共和国大使馆网站，https://www.fmprc.gov.cn/ce/cein/chn/sgxw/t1272225.htm。

在的马哈拉施特拉邦55个为最多；在产业分布上，通信电子274个、生物科技22个、化学制药16个和建筑工程13个最为集中。

自2016年起，印度政府开始大力推行集五大工业走廊（India Industrial Corridors）于一体的工业型网络。工业走廊的发展模式在印度由来已久。印度产业政策促进部的资料显示，通过产业和基建领域的整合，工业走廊正逐渐发展成助推印度工业加速增长的有效工具。[1]印度五大工业走廊由首都德里向南延伸，经孟买和海德拉巴等大城，连接至金奈等东南部城市，分别为"德里—孟买工业走廊"（Delhi-Mumbai Industrial Corridor, DMIC）、"班加罗尔—孟买经济走廊"（Bengaluru-Mumbai Economic Corridor, BMEC）、"金奈—班加罗尔工业走廊"（Chennai-Bengaluru Industrial Corridor, CBIC）、"东海岸工业走廊"（East Coast Industrial Corridor, ECIC）和"阿姆利则—加尔各答"工业走廊（Amritsar-Kolkata Industrial Corridor, AKIC），囊括德里首都圈，以孟买为金融中心的轻工业地区古吉拉特和马哈拉施特拉两邦，以软件业为支柱的海德拉巴、班加罗尔、金奈三大南方城市，以及老牌重工业城市和贸易节点加尔各答。这五大走廊构成了印度制造业发展版图，可根据每个走廊的特点分别布局。由发展比较成熟的德里—孟买、金奈—班加罗尔、班加罗尔—孟买三大走廊入手。

其中德里—孟买工业走廊由德里往南经过拉贾斯坦邦（Rajasthan）及古吉拉特邦（Gujarat）与孟买连接。德里不仅是印度政治中心，更是北印度的工商业中心，以及印度服务业和许多传统产业的重点都市，是印度最具成长潜力的消费市场之一。服务业包括资讯通信、金融业、媒体、旅游、医疗等，产业部分则相当完备，印度主要产业，从钢铁、化学、纺织、汽车、机械、电子、制药等，在印度工业供应链中扮演重要角色。古吉拉特邦是印度西部的工业重镇，有"印度石油之都""东方曼彻斯特"及"牛仔布城"之称，

---

① 《五大工业走廊雏形初现"印度制造"振兴正当时》，第一财经网，https://www.yicai.com/news/4024052.html。

不仅是重工业基地,也是纺织品及电子产品等轻工业制造中心,主要制造业有石油、化工、工程、汽车及汽车零部件、纺织服装、宝石和珠宝、医药、电子系统设计与制造(ESDM)等。

金奈—班加罗尔工业走廊,以及东海岸工业走廊均为泰米尔纳德邦政府所负责的项目。泰米尔纳德邦拥有完善的基础设施,并拥有完善的公路、铁路网络及7个机场。该邦的海岸线长1076公里,是印度第二大海岸线,拥有4个主要港口和22个非主要港口;是印度可再生能源发电量的第二大贡献邦,是印度最大的轮胎制造邦;拥有多元化的制造业,在汽车、制药、纺织、皮革制品、化学品等多个行业中处于领先地位;首府金奈更是印度最大的汽车中心之一。

此外,古吉拉特邦及马哈拉施特拉邦已建立多个经济特区,专为众多不同行业而设,包括电子产品、资讯科技、资讯科技化服务(ITES)、服装、化学品、药品和工程产品。一些经济特区也允许经营多个产品行业。古吉拉特邦及马哈拉施特拉邦有不少印度企业集团总部,如阿达尼(Adani)、马亨德拉(Mahindra)、信实(Reliance)及塔塔(Tata)等,而中小企业亦为数众多。同时,两邦有较多的资金和商业人才,有利外商进行合资经营。

需要关注的是,印度市场可分为工业品及消费品两个区块。许多工业产品、原物料多已能制造生产,与中国产业环境差异在于当地市场消费水平低,对于产品质量及技术要求不高,因此低阶产品价格十分低廉且竞争激烈,主流产业包括纺织业、制鞋业、汽机车零配件及扣件业等。在消费品部分,印度贫穷人口众多,但印度中产阶级比较发达,符合中产阶级消费需求及质量要求的产品便具有相当大的潜力。如电子产品、保健品、化妆品、小型电器产品及生活用品等。

二、推进中印经贸关系领域的对话和磋商

中国是印度关键进口货品的最大来源国。中印在包括能源、通信等基础设施建设领域的合作成果显著,成为新时期两国经贸合作亮点。

20世纪90年代末以来,中印贸易增长迅猛。中国海关总署年度数据显示,2021年,中印双边贸易额达1256.6亿美元,首次突破千亿美元大关。2014—2018年,中印双边贸易额从705.9亿美元增加至955亿美元,2019年和2020年则分别为928.1亿美元、877亿美元。在印度对中国投资进行抵制和打压、疫情冲击及地缘政治摩擦等因素影响下,在2019、2020年双边贸易额连续收窄的情况下,2021年中印双边贸易额突破千亿美元大关,体现了中印经贸具有的发展潜力。

但目前,中印经贸合作存在一些不利因素。一方面是印度对华贸易逆差巨大。2021年中印之间的贸易额首次突破1000亿美元大关,但印度从中国进口879.05亿美元,出口却仅有263.58亿美元。中国是印度第一大逆差来源国;中国对印出口占比最重的是机电产品(约49.5%),而印度对华出口占比最大的是矿产品(约28.3%)。虽然造成中印贸易失衡的原因主要是市场因素,包括印度滞后的制造业,但印度政府却将之归咎于中国的市场不开放,将解决贸易失衡作为对华政策的重要诉求。

另一方面,印度试图推动对华产业脱钩。2020年疫情爆发后印度对华产业链依赖这一问题进一步暴露,使其更加担忧对华依赖过度导致的产业链安全问题,对产业链安全性和可靠性的关注超越了便捷性;加之经济下滑导致印度国内企业资产大幅缩水,使得印度对中国资本"借机抄底"高度警惕。早在2020年4月17日,印度政府即修改外资政策,规定"任何来自与印度接壤的国家投资者"都必须通过政府审批路径进行投资,考虑到印度其他陆上邻国的投资能力,此政策调整被认为明显是针对中国的。自2020年印度政府在经贸领域动作频频,如海关暂停中国商品清关、禁用上百种中国移动应用程序、加快对华反倾销调查审理速度、禁止中国企业参与印度基建项目投标、对中资企业突击查税等,且呼应美国的对华产业链脱钩论调,积极寻求与美国的产业链合作,与日本、澳大利亚共同倡导"增强印太地区产业链的韧性""确保印太地区值得信任的、可以依靠的产业链"等。虽然印度对华经济反制损及其自身发展,但其在国内经济形势恶化、对外资本和技术需求上升的情况下，仍采取上述对华歧视性的经济政策，表明其深层次对华经贸合作意愿的下降。

2022年2月14日，印度电子和讯息技术部以"对印度人的隐私和安全构成威胁"为由，对54款手机软件下达禁令，其中大多是中国企业的产品。根据《印度斯坦时报》称，这是印度政府第五轮针对中国手机软件的禁用行动，已有超过300款来自中国的手机软件被禁。

除了遏制中国互联网企业在印度的发展外，印度政府对中国实体企业频繁打击。2022年2月15日印度税收部门对中国电信设备制造商华为公司在印度的多处办公场所进行搜查，这是印度对华为逃漏税调查的一部分。早在1月，印度财政部发出声明，要求小米印度公司缴纳65.3亿印度卢比（约合5.6亿元人民币）的税款，更是于4月30日冻结小米印度公司银行账户中555.1亿卢比（约合人民币48亿元）资产。频繁地调查、罚款、禁用等行为已经严重干扰了中资企业在印度的正常经营活动。

在国际贸易上，印度也对中国有所刁难。2022年，印度民用航空部表示，印度外贸总局宣布2月9日起禁止进口外国无人机，意在阻止中国无人机巨头进入印度市场。法律上中资企业很难在印度获得公正对待，国际贸易纠纷诉讼时间跨度又比较长。印度的做法明显违反市场原则和世贸组织规则，但在没有外部压力的情况下，很难纠正。印度不是认识不到中资企业和与中国的贸易会对其自身的工业化和经济发展带来的好处，但正如前文所述，作为印人党施政基础的国民志愿服务团奉行保守的经济政策，在逆全球化和反全球化浪潮的推波助澜之下，在涉及中印贸易逆差、区域全面经济伙伴关系协定谈判、华为第五代移动通信技术的市场准入等问题上，原本属于低政治的贸易和投资活动被过度政治化和安全化。2019年大选，莫迪政府在国内经济形势下滑的情况下，依然凭借政治动员和安全牌赢得大选，也使其对以经济发展稳定执政地位的策略发生了变化。2020年以来暴露的产业链安全问题，更使莫迪政府更加重视保护和扶持国内产业，而莫迪本人也提出了雄心勃勃的"自力更生"政策和本土化生产，试图取代中国成为全球制造业的"替代目的地"，缺乏公平、开放的市场氛围和科学的发展纲领。

随着国际格局呈现前所未有的深刻调整，中印成为世界多极化进程中的两大重要力量，成为拉动亚洲乃至全球经济增长的重要力量。中印关系已远远超出双边范畴，具有广泛的地区和全球影响。因此，应保持两国经贸领域的制度性合作，进一步推进完善中印战略经济对话、财金对话、经贸联合小组等对话磋商机制，拓展商品贸易、制造业、服务贸易等合作领域。

三、推动金砖合作框架下契合共同需求的互动议题

上述印度反复针对中国企业背后存在中印两国的地缘政治因素。在印度看来，中国是印度实现大国梦的巨大障碍。

第一，在对印度参与国际组织的态度上，对印度参与国际组织持开放但谨慎的态度。在联合国改革问题上，中国主张兼顾各方利益和关切。

第二，在南亚和印度洋，中国向来尊重印度在南亚地区的主导地位，但"一带一路"建设在南亚的推进，尤其是中巴经济走廊经过巴控克什米尔，被印度认为是侵犯了其领土主权，并引起了印度对中国利用"一带一路"建设重塑地区秩序的担忧和警惕。

第三，在中印双边层面，中印边界有客观存在的争议地段是历史遗留问题，但莫迪执政期间，在边界问题上的蚕食、渗透、挑衅，不仅政策日益冒进，甚至将边界问题与中印关系混为一谈。对华采取经济反制举措等，煽动国内民族主义情绪，导致印度境内民众反华情绪高涨，将中国视为"侵略者"，并将印度对华经贸脱钩、打压中资企业的一系列操作视为对所谓"侵略"的反制。这严重破坏了中资企业的生存环境及其与印开展经贸交流与合作的意愿和信心，并在很大程度上对中印两国民心相通造成了极其消极的影响。根据中国外交部网站消息，2022年3月25日，国务委员兼外交部长王毅对印度进行工作访问，在新德里同印度外长苏杰生举行会谈。王毅表示，作为成熟理性的发展中大国，中印要将边界问题置于双边关系适当

位置,不应用边界问题定义甚至影响双边关系整体发展。但这种理性的声音需要印度也有同样的共识。

第四,在全球层面,印度急于实现"领导性强国",还是发挥"平衡性力量"的诉求,认为现阶段的国际环境对印度非常有利,全球化遭遇重大阻力,全球产业链面临重塑,中美经济脱钩、科技脱钩风险在上升,能够为印度提供获利的契机,于是积极与美日澳韩越等国家加强双边经济合作,在产业链重组方面积极配合美"经济繁荣网络"构建,轻视区域全面经济伙伴关系协定等多边自贸协定的重要作用。2020年以后,印"借美制华"的政策倾向更加明显。2020年10月底美印第三次外交部长与国防部长2+2对话会上,双方签署了共享地理空间情报的"基本交流与合作协议"。至此,美印全部签署了美国通常和盟国签署的三个基础性防务合作文件,从而谋取对华博弈优势、增加对华交易筹码。

虽然中印强调两国作为两大发展中国家的共同身份,都拥有推动国际秩序变革的动机,但在国际秩序变革的主导权、重点、路径、节奏等方面的分歧都在扩大。金砖合作机制客观上为中印寻求合作以更好应对共同关心的问题提供了场所和平台。在全球治理领域,中印之间有良好的合作基础。因此,双方应致力于推动金砖合作框架下契合共同需求的互动议程,尤其是在基础设施建设和自由贸易体系建设等领域实现"共商、共建、共享"。作为世界上两个大的发展中国家,双方都有持续推动经济发展、不断改善国计民生的使命。在此背景下,地区经济领域的合作将为双方互动关系提供焦点,为互惠行动提供契合点,并为解决更为广泛的其他领域问题创造条件。同时,双方应致力于通过日益深入和广泛的合作以增信释疑,同时协调彼此立场,将国家层面的话语权之争转化为在地区和全球层面为发展中国家和新兴经济体争取话语权和规则制定权的努力。中印在金砖合作机制中的诉求以及在制度框架下的互动进程中的优先目标不尽一致,但两国作为新兴国家和发展中大国的共同身份,为其所代表的发展中国家争取在全球治理中的话语权和影响力提供了契机。在此背景之下,中印互动反映双方的共同挑战和关切,有助于培育中印合作关系的深入发展和共享的身份。

从根本上说,两国只有厘清对彼此战略关系的定位,才能减少对对方的误判。通过详细梳理彼此在全球和地区事务的共同立场,阐明彼此对对方的战略定位,更加清晰地展示彼此的"重视"程度。当然,两国的战略定位并不完全取决于中国,也同样取决于印度能够认识到这一点。而对中国而言,深入理解、把握印度的内政外交,减少误解误判,也是非常急迫的任务。

"外交是内政的延续。"金砖合作看似是外交的合作,本质上却是金砖国家内政共同利益的理解、确认、互帮、互助。国际关系和历史学的研究人员,对印度内政,尤其是印度人的生活和观念等的了解,是极为缺乏的,更谈不上理解。想要做到互利合作和共赢,对别国及其人民的关切缺乏理解和尊重,是不可能实现的。在这一方面,印度方面对俄罗斯的熟悉和了解,远远多过对中国的了解。同样,中国对俄罗斯的熟悉和了解程度,远远超过对印度、南非和巴西的了解。也就是说,彼此间缺乏更为深入的了解,很大程度上制约着金砖合作的广度和深度。即使短期内高层达成合作协议,但在当今世界大变局的外部环境下,充满了巨大风险。

四、加强中印两国科技创新合作

金砖国家科技创新合作是在金砖机制内多双边合作的重要组成部分。例如,中国地质大学在印度西孟加拉邦的高砷地下水地区实施利用天然地质材料净化高砷水的处理技术,有效解决了当地饮水问题,就是一个典型范例。

此外,印度政府加强科技创新管理的战略、政策与管理举措对于我国具有重要的启示和借鉴意义。比如,加强科技创新管理的战略规划,推进科技创新的宏观管理特别是通过设立专职创新机构,促进政府与大学、产业界、研究机构的合作,构建创新生态系统。强化对创新管理的政策认识、把握、设计和引领;完善科技创新教育和人才培养体系,抓好科技创新的基础教育;强化大学教育的创新导向,鼓励各类研发组织发挥教育和人才培养功能,加强培养适应新科技革命和产业变革的知识型技能型人才;鼓励高校和科研机构建立和完善科技人员学术休假制度,鼓励科学家和技术人员在此期间进行成果完善和创意提炼;推进技术政策与产业政策协同等。

据世界经济论坛的《全球竞争力报告》显示,中国的创新指数在金砖国家中排名第一,但是中国的创新主要集中在科技前沿领域,需要为满足国家包容性和可持续发展重点领域的需要营造出一个适宜创新的生态环境,将研发成果转化为可衡量的经济和社会效果。这些方面印度有不少可资借鉴的经验。

五、深化中印两国人文交流合作

印人文交流合作历史悠久,资源丰富。但中印人文交流的规模、层次、频率等并不尽理想。中印之间的交流应利用现有机制,发展新机制,扩大交往规模、增加交往方式、密切交往频率、拓展交往层次,为中印之间的民心相通奠定基础和桥梁,这是政治关系紧张的背景下,发展中印关系非常重要的一个面向。具体来说,有以下四点:

一是整合印度中国文化遗产资源,与印度南部城市合作建设"中印海上交通文化艺术展览馆"。根据北京大学"中华文化印象调查"课题组的调研显示,在世界12种主要文化中,印度民众最喜欢中华文化。泰米尔纳德邦曾是古丝绸之路的海上货物中转站,这里曾出土一批公元100至公元200年的青瓷器等文物。因此可依托泉州海外交通史博物馆与金奈、加尔各答、科钦等印度南部城市展开合作,在金奈建设中印海上交通文化艺术展览馆,将中国与南印度之间的"南海道"交通史、开元寺历史、加尔各答中国城历史、科钦"中国渔网"的历史与泉州海外交通史博物馆、科钦文化博物馆的资源整合起来,使之成为记录和传播中印海上交往悠久友好历史的一扇门户,同时与印度南部有关学术机构、社会组织开展文化交流与文物保护。

二是创新友城交流品牌，开展"刺桐花外交"。一方面，刺桐可在南部印度落地开花，成为城市友好交往的象征；另一方面，可以"刺桐"为集结号，大力推进两国青年交流。青年是未来文化交流的生力军，中印是世界上拥有青年人数最多的国家，两国青年人数加起来超过其他任何国家的总人口。可设立"刺桐之星"政府奖学金项目，鼓励福建省大学生赴印度短期访学交流。借鉴中印尼、中新、中马、中菲互访交流游学活动形式，开展中印互访交流游学活动和"刺桐之约"暑期学校或暑期夏令营，邀请印度青年学生代表团体验感受福建独特的文化。也可组织中华文化大乐园优秀才艺学生交流团和教师团赴当地交流演出，向当地学生传授木偶戏、高甲戏、南音、闽南语歌曲等福建传统文化艺术。积极推动双方高校、教育培训机构教育合作与语言教学、学术研讨与青年互访等方面的交流与合作。

三是加强闽印影视交流与合作。与印度中文网和中国国际广播电台合作，制作一批高质量、体现中国（福建）传统文化的影片、电视剧等，通过视频、电影、电视等媒介进行传播，向印度正面宣传中国（福建）与印度传统友好合作的历史，同时也可借助媒体平台，将中国形象、福建形象以艺术性的方式呈现出来。

南非篇

第一章　南非国家概况

南非位于非洲大陆最南端,印度洋与大西洋交界处,三面环海,海岸线长约3000公里,陆地与海洋地理战略位置十分重要。南非国土大部分位于南纬22度至南纬35度,东经16度至东经33度之间,总面积为121.909万平方公里,居世界第24位。南非内陆地区以广阔的高原地形为主,整体地势东南高西北低。除内陆领土,南非在印度洋拥有爱德华王子群岛(Prince Edward Islands),面积约为335平方公里,其中马里恩岛(Marion Island)面积为290平方公里,爱德华王子岛(Prince Edward Island)面积为45平方公里。在气候方面,南非以热带草原气候为主,终年高温,有较为明显的干季和湿季。此外,南非年降水量约为464毫米,且从西北到东南有明显递增:南非西北地区主要受热带干旱半干旱气候影响,年降水量为60毫米左右;而东北为亚热带气候,年降水量在800毫米以上。

自然资源方面,南非是世界上矿产资源最丰富的国家之一,被称为世界五大矿产国之一。到目前为止,南非已探明储量并开采的矿产达70多种,其中黄金、铂族金属、锰、钒、铬和铝酸盐等储量居世界第一位,黄金储量更是一度占全球的60%,因此有"黄金之国"美誉。此外,铀、铅、煤炭、锌、铁矿石、铜、钻石、蛭石、镉、钛、氟石、磷酸盐等矿产资源储量均居世界前列。

从人口构成看来,据南非统计局2021年7月发布的《2021年年中人口预估》,截至2021年7月,南非总人口约为6014万,其中男性人口为2939万

(48.9%),女性人口为3075万(51.1%)。从种族构成来看,黑人占比最大,为80.9%,主要由祖鲁、科萨、斯威士、茨瓦纳、北索托、南索托、聪加、文达和恩德贝莱9个黑人部族组成。其他则为有色人种(主要是白人与当地黑人的混血后代)、亚裔(以印度人和华人为主)和白人(以阿非利卡人和英裔白人为主)。具体数据如下:

表4-1 南非2021年中期人口预估统计表

人口构成	男性		女性		总计	
	数量(人)	比例(%)	数量(人)	比例(%)	数量(人)	比例(%)
黑人	23,761,051	80.9	24,879,278	80.9	48,640,329	80.9
有色人种	2,578,930	8.8	2,716,038	8.8	5,294,968	8.8
亚裔	790,412	2.7	754,810	2.5	1,545,222	2.6
白人	2,257,654	7.7	2,404,805	7.8	4,662,459	7.8
总计	29,388,047	100	30,754,931	100	60,142,978	100

资料来源:南非统计局

语言方面,南非目前有11种官方语言,分别为祖鲁语(22.7%)、科萨语(16.0%)、南非语(13.5%)、英语、南恩德贝莱语、北索托语、南索托语、斯威士语、聪加语、茨瓦纳语和文达语。虽然英语使用人口数量仅位列第四,但却是南非政商界和传播媒体的主要语言。

政治制度方面,南非的宪政体制主要是由1996年南非结束种族隔离制度后制定的首部正式宪法设计的,是议会制和总统制的混合体。一方面,南非总统既是国家元首也是政府首脑,拥有行政实权;另一方面,南非总统由国民议会选举产生,对国民议会负责,且当国民议会对总统或内阁通过不信任案时,总统必须改组内阁或辞职。

南非议会由国民议会(下议院)和全国省级事务委员会(上议院)组成,议员任期均为5年。国民议会共设400议席,其中200个议席根据全国选举结果分配,另200个议席根据省级选举结果分配。而全国省级事务委员会共90位代表,每省10位代表,分别由省长本人、3名省长任命的特别代表和6名省议会选派选举产生的常任代表组成。

行政划分方面,南非行政区划以省、区和地方自治市三级架构为主。全国共有9个省、8个大都市、44个地区委员会和226个地方委员会。南非没有法定首都。根据宪法规定,比勒陀利亚作为总统与内阁所在地,是行政首都;开普敦作为议会所在地,是立法首都;不隆方丹作为最高上诉法院所在地,是司法首都。

2021年,南非国内生产总值为7480亿美元,被列为世界第35大经济体,是非洲大陆经济规模最大、最发达的国家,拥有全非洲最高的经济发展水平以及最为现代化的基础设施,是区域性中等强国,被国际货币基金组织认为是发展中的中高收入经济体与新兴工业化国家。由于南非在非洲大陆的特殊地位,它在国际社会经常扮演重要角色,发挥独特作用。南非是联合国的创始国之一、非洲联盟的创始国之一、非盟的非洲发展新伙伴关系的创始国之一,南非还是77国集团成员、南部非洲发展共同体成员、南大西洋和平与合作区域成员、南部非洲关税同盟成员、世界贸易组织成员、国际货币基金组织成员、二十国集团成员等众多区域与国际组织成员,不懈地推动不结盟运动和南南合作,一直以非洲和第三世界国家代言人自居。

第二章　南非内政外交

一、南非内政

（一）南非政治基本情况

自 17 世纪以来，南非长期处于荷兰和英国的殖民统治下。20 世纪初英布战争结束后，英国的开普、纳塔尔殖民地与布尔人的德兰士瓦共和国、奥兰治自由邦合并为"南非联邦"。[1]殖民统治下的南非实行种族歧视和种族隔离政策，并以立法和行政手段强制推行。[2]1994 年，南非首次进行不分种族大选，南非非洲人国民大会（简称非国大）、南非共产党和南非工会大会三方组成联盟获胜，组建民族团结政府，纳尔逊·曼德拉（Nelson Mandela）成为南非首位黑人总统。自此，南非开始奉行和解、稳定和发展的政策导向，开启南非民主化发展进程。在政治上，南非正式废除种族隔离制度。新宪法以保障国家统一和公民的基本权利为宗旨，在民族平等、团结的基础上构建一套涵盖不同种族的平等、包容和共享的新宪政制度，尤其注重保障黑人的政治权利，致力于缩小黑人和白人间的政治差距。在经济上，积极调整经济发展战略，保持经济宏观稳定，积极扶持黑人经济的发

---

① 有关英布战争与"南非联邦"研究，见曾国良：《英布战争、南非联邦与种族歧视事略》，《中南民族学院学报（哲学社会科学版）》1988 年第 1 期。

② 有关 20 世纪南非政治发展道路研究，见丁梦娇：《1910 年以来南非国家政治发展道路特点及启示》，《理论观察》2013 年第 12 期。

展,改善其社会经济条件。

到目前为止,南非社会最大问题是贫困、失业和不平等。据世界银行设定每天1.90美元的国际绝对贫困线为标准,2020年南非有1631万人生活在极端贫困中,比2019年增加100多万人。世界银行预计到2025年,这个数字将增加到1671万。而从南非内政部发布的失业率报告来看(第一季度32.6%,第二季度34.4%,第三季度34.9,第四季度未公布),南非在2021年的失业率依旧居高不下,是社会安定的重大隐患。在社会不平等方面,南非近40年基尼系数在0.59~0.69间浮动,居世界首位,说明南非在很长一段时间内都是世界发展最不平等的国家,而且这种现象在短期内并没有好转的迹象。①

(二)拉马福萨总统的内政治理

2018年2月,南非前总统祖马被迫辞职,拉马福萨(Cyril Ramaphosa)担任临时总统。2019年5月,南非进行第六次大选,非国大再次获胜,拉马福萨总统成功连任。

尽管如此,拉马福萨总统领导的政府仍面临巨大的挑战和压力。首先疫情下的南非国内经济停滞,种族矛盾和阶级矛盾尖锐,主要表现为:一是政府债务高企,国有企业经营不善,普通家庭债务大增,通货膨胀严重,失业率居高不下等。②二是政府官员腐败,政府应对城市骚乱等问题处理不力,引发民众对政府执政能力的质疑和不满。三是拉马福萨总统在此次选举中得票率仅为57.51%,是非国大自1994年首次全国大选以来的最低得票率,而且由于其内部执政分歧导致党内裂痕愈加明显。

为恢复民众对非国大的信心,也为应对南非困局,拉马福萨总统主张打破现状,创新发展,目前,以拉马福萨总统为核心的南非政府将经济发展

---

① 相关报道参见非洲新闻网,https://www.africanews.com/2022/03/10/world-bank-south-africa-is-the-most-unequal-country-in-the-world//。

② 路虹:《社会动荡叠加疫情难去 发展迟滞隐现债务危机:南非经济今朝格外难》,《国际商报》2021年7月20日,第004版。

放在绝对优先地位，内政治理的首要原则就是为南非经济发展创造良好的国内和国外环境。①通过对拉马福萨总统的国情咨文演讲以及南非自2018年以来的内政改革实践，可以总结出拉马福萨总统的内政治理主要包含以下四个方面：一是遏制腐败，打击贪腐行为；二是改革国有企业，推动经济转型；三是进一步推动土地改革，在不破坏农业生产和粮食安全的情况下，加速无偿征用土地政策；四是大力吸引外资，争取国际支持。具体表现如下：

1.遏制腐败

近年来，南非腐败问题日益严重，成为非国大民众支持率持续下降的最大原因。虽然自曼德拉总统起，南非政府一直宣称将打击腐败作为政府优先目标之一，但因腐败问题而导致的政府与平民之间的矛盾却日趋尖锐。尤其是前总统祖马深陷腐败旋涡，被指控在执政期间政府存在系统性腐败，其本人在任期间几经腐败指控，卸任后又因腐败调查而入狱，并引发大规模骚乱，造成近百人死亡、上千人被捕。

实际上，拉马福萨总统的竞选胜利在很大程度上是基于对祖马贪腐的抨击，所以自上台以来他高度重视反腐问题，将反腐列为执政的首要任务。②针对政府部门和国有企业存在的腐败问题，拉马福萨总统撤换了包括财长在内的十多名部长级高官，以及多位重要国企的董事会成员，并要求司法系统在两年内完成对他们涉腐案件的调查，尽快为南非营造可靠的营商环境。2021年4月，拉马福萨总统签署《审计职业修正案》，该法案赋予独立审计监管委员会以更大的权力，被视为打击政府和国企腐败问题的

---

① "Ramaphosa's Foreign Policy Priorities", https://www.iol.co.za/news/opinion/ramaphosas-foreign-policy-priorities-13445642.

② "Ramaphosa to Testify against Jacob Zuma", https://www.africanews.com/2021/08/04/ramaphosa-to-testify-against-jacob-zuma//.

关键。①

　　尽管如此,拉马福萨总统在上任后,其领导的政府还是遭到腐败指控。2020年疫情后,拉马福萨总统果断地采取封锁行动,积极处理疫情引发的公共卫生危机。但很快媒体曝光了一系列与疫情防控物资采购相关的腐败行为,其中涉及不少非国大的政府高官。为此,拉马福萨总统要求在网上公开所有与防控疫情物资相关的采购合同,并成立由6名内阁成员组成的特别调查委员会对相关涉腐行为展开调查。2021年12月,调查委员会提交调查报告。共有224名公务人员被起诉,涉案金额达21亿兰特。此外,拉马福萨总统还专门成立由9个国家机关组成的协调中心,通过加强执法机构的集体努力,共同预防、协调和起诉与疫情相关的腐败案件。②

　　南非腐败问题最为严重的现象是资本渗透政党、政府机构和国有企业而形成的"国家俘获"问题。③对此,拉马福萨总统专门成立国家俘获调查委员会,并于2020年6月签署《国家俘获委员会条例修正案》,授权国家俘获调查委员会与执法机构共享信息。在2022年的国情咨文演讲中拉马福萨总统承认南非仍存在"国家俘获"问题,不少公共机构和国有企业,如南非航空公司、南非国有运输公司、南非税务局等都被犯罪网络渗透,存在系统性贪腐行为。对此,他承诺于2022年6月30日前,在详细审议国家俘获调查委员会的调查报告的基础上,针对"国家俘获"问题发布行动计划,成立专门调查委员会和特别法庭审理调查和审理"国家俘获"案件。④

　　2.改革国有企业,推动经济转型

　　振兴南非经济是拉马福萨总统的核心政策之一。2020年以来,南非

---

① "Ramaphosa Signs New Law in Fight against Corruption", https://businesstech.co.za/news/finance/486947/ramaphosa-signs-new-law-in-fight-against-corruption/.

② 李莉:《南非:曾备受好评的防疫措施因腐败"翻车"》,《廉政瞭望》2021年第2期。

③ 张凯:《新冠肺炎疫情下南非政治发展动向》,《中国投资(中英文)》2021年第3期。

④ "President Ramaphosa Submits Response to the State Capture Report to Parliament", https://www.thepresidency.gov.za/press-statements/president-ramaphosa-submits-response-state-capture-report-parliament.

经济受到极大波动,2020年国内生产总值增长率为-6.432%。2021年随着封锁政策的放松,南非经济活动恢复,国内生产总值增长率上升到4.9%。虽然表面上南非经济受疫情影响较大,但实际上制约南非经济增长的最根本因素是腐朽的经济体制,正如南非财政部长埃诺赫·戈东瓜纳所言,"结构性制约因素"是限制南非经济发展的最重要原因。

南非国有企业普遍存在运行低效、机构臃肿、管理模式老化等问题。而这些国有企业掌握南非经济命脉,其困境严重制约南非经济发展。拉马福萨总统上任之初即表示,政府正在制定国有企业战略,将实行新的集中化管理所有权模式,以提高战略协调和生产效率。此外,政府还推出合并、分拆、引入私营部门等国有企业改革措施。2018年9月,南非公布国有企业融资及改革方案,主要包括明晰非商业性活动成本、提高国有企业运营效率及扩大私营部门参与度等措施。

代表案例为南非国家电力公司(ESKOM)。该公司长期垄断南非电力供应,但近年来由于管理不善、设备老化等原因导致严重亏损并负债4200亿兰特。因为经营困难,南非只能实施间歇性供电限制措施,给当地生产经营造成严重影响。虽然企业计划通过申请援助、企业重组和涨价等方式摆脱困境,但效果并不明显。对此,拉马福萨总统除对南非国家电力公司进行重组改革外,还主张进行"公正的能源转型",刺激更大规模的投资以克服电力短缺问题。此外,南非还举行可再生能源独立电力生产采购计划招标。截至2022年7月,已获得来自发达国家约1310亿兰特的投资资金发展新能源电力。[①]

此外,拉马福萨总统还主张重新激活制造业、扶持中小企业、倡导储备银行的独立性和公有性等措施,以促进南非经济转型。

3. 推动土地改革

---

① "Ramaphosa on Eskom and Energy Crisis", https://ewn.co.za/2022/07/25/read-in-full-ra-maphosa-on-eskom-and-the-energy-crisis.

在漫长的种族隔离时期,南非土地分配严重不均。1994年,非国大上台后致力于推行基于自愿赎买原则的土地返还与再分配政策,计划在5年内将30%的土地分配给黑人。然而受到资金短缺等因素的影响,目前仅有5%~8%的农业用地完成了再分配。占南非总人口8%的白人仍持有72%的农业用地。

拉马福萨总统上台后积极推动土地改革,以"无补偿征地"取代"自愿赎买制度",并在2018年8月宣布修宪,以保障非国大通过的"无补偿征地"的提案。拉马福萨总统多次强调,土地改革是以纠正历史不公、促进经济发展、增加农业产量和保障粮食安全为宗旨,通过加速土地再分配,释放更多土地生产力和人民的经济潜力。

然而南非土地改革引发国内外广泛的争议与讨论,阻力很大。一方面,贸然无偿征收白人土地引起白人资本家和国外投资者的担忧;另一方面,允许土地强征将会直接鼓励民众随意侵占土地,无法保障私有财产,且南非城市化程度较高,多数民众并没有从事农业生产的意愿、技术、启动资金和管理经验,即使分到土地也会荒废。2021年12月7日,南非国民议会投票否决了非国大提出的允许无偿征收土地的宪法修正案,[1]使得南非土地改革再次陷入僵局。

4.大力吸引外资

拉马福萨总统在上任之初就提出"千亿美元引资计划",希望在上任后5年内吸引超过1000亿美元外资,以带动国内经济发展。[2]为此,拉马福萨总统每年召开南非投资大会,旨在5年内吸引投资1.2万亿兰特(约778亿美元)。第四届南非投资大会于2022年3月如期召开,本次投资大会共获

---

① "Failure to Pass the Section 25 Amendment Bill a Victory for South Africa's Constitutional Order", https://www.da.org.za/2021/12/failure-to-pass-the-section-25-amendment-bill-a-victory-for-south-africas-constitutional-order.

②《南非政府计划未来五年吸引千亿美元投资》,中华人民共和国商务部网站,http://gpj.mofcom.gov.cn/article/zuixindt/201805/20180502740735.shtml。

得3320亿兰特投资承诺,涉及采矿、汽车、能源、制药等多个领域。截至2023年1月,四届投资大会投资承诺总额已达到1.14万亿兰特,基本实现拉马福萨总统设定的1.2万亿兰特的投资目标。其中,投资最大者多为来自西方国家的汽车、能源、矿产等公司。

虽然拉马福萨总统一再强调南非将推行经济外交政策来吸引更多的投资,意欲将南非打造成投资天堂,但是外国投资者对南非的投资环境仍存在诸多疑虑,从而在一定程度上降低南非外资吸引力。

二、南非外交

(一)南非外交政策回顾

自1994年第一次全国选举大会举办以来,南非从国际社会的"弃儿"一跃成为非洲民主堡垒,其国家形象和声誉急剧上升。而重返国际社会,重新获取国际社会认同是南非新政府建立后亟需完成的重要任务之一。

曼德拉总统以其强大的国际声誉迅速推进南非"立足非洲,走向世界"的外交发展战略。在1994年非国大会议上,曼德拉总统将"南非外交政策六原则"作为南非新政府在国际社会中处理双边和多边关系的基本原则。到1995年5月,与南非建交的国家和地区从1990年的20个上升到150个。在新南非建立初期,为吸引外国投资,南非政府极为重视与西欧和北美的经贸关系。尽管作为西方国家眼中的"民主斗士",曼德拉总统坚持独立自主的外交立场,坚持发展与包括古巴、利比亚和伊朗在内的发展中国家的外交关系。此外,南非高举"民主"和"人权"大旗,指责尼日利亚阿巴查政府为石油利益大肆侵犯人权,还积极介入调停安哥拉、斯威士兰和莱索托等国家和地区的内乱。可以说,曼德拉总统任期内的南非外交政策带有一丝理想主义色彩,南非本国商业和政治利益与南非作为促进世界民主和人权的道德角色之间存在明显的张力。这些导致曼德拉政府外交政策的模糊和不连贯。①

姆贝基（Thabo Mbeki）总统上任后，积极调整南非的外交理念，确立以"非洲复兴"为指导思想的外交政策。首先，姆贝基政府突出南非是"非洲的南非"的国家身份，将外交重点着眼于非洲大陆。其次，姆贝基政府强调基于民主政治和自由市场经济原则上的非洲大陆的复兴与发展，而南非在这个过程中将扮演关键角色。"非洲复兴"外交思想不仅使南非重新融入非洲，得到周边国家的拥护与支持，还实现了南非的国家战略。南非作为非洲最发达的经济体，推行自由市场经济政策将有利于南非的工业产品销往其他非洲国家，并且从非洲一些资源型国家获得经济发展所需的自然资源。相较于曼德拉总统偏理想主义色彩的外交政策，姆贝基总统的"非洲复兴"外交政策多了一些实用主义和适度原则。②

2009年9月，祖马总统在联合国大会一般性辩论上提出南非政府坚持的外交六大原则：南非属于非洲大陆一员；南非与非洲国家共同承担挑战；南非与其他国家共同促进全球平等与社会公正；与北方发达国家进行真诚有效地合作；加强多边合作，维护国家多样性，确保全球治理；加强与南方发展中国家合作，发展新伙伴关系。③从中可以看出，首先，祖马总统继承了姆贝基总统的"非洲复兴"外交政策，强调南非的非洲身份以及与非洲其他国家共同复兴非洲的意愿。其次，祖马政府的外交政策核心是推动务实的多边外交。无论是保持南北对话还是加强南南合作，都是其推动多边外交政策的具体实践。

简言之，自1994年非国大执政以来，南非外交政策经历了从追随西方

---

① Chris Alden and Garth Le Pere, *South Africa's Post-Apartheid Foreign Policy: from Reconciliation to Revival?* Oxford University Press, 2003. p.56-60.

② 钟伟云：《姆贝基非洲复兴思想内涵》，《亚非论坛》2002年第4期。

③ Jacob Zuma, "Broad Vision, Shared Prosperity", https://www.thepresidency.gov.za/speeches/address-president-jacob-zuma-plenary-third-brics-leaders-meeting%2C-sanya%2C-hainan-island%2C.

到突出南非的非洲本土意识,再到理性综合南北方思想和经济优势,进而推行务实的多边外交政策。

（二）拉马福萨总统的外交政策

实际上,自姆贝基总统以来,南非在外交方面一直面临着西方国家的指责。西方认为无论是姆贝基总统还是祖马总统,他们不仅没有延续曼德拉总统提出的以民主和人权为基准的外交政策,反而为了扩大贸易和吸引外国投资与那些在西方看来"不够民主"或"不够尊重人权"的国家和政府建立外交关系,推动经贸往来。这在西方媒体看来是对民主和人权的背叛。[①]

拉马福萨总统上任以来虽然尚未就其外交政策做系统性论述,但从南非自2018年后的一系列外交实践中可窥见一斑。

第一,拉马福萨总统继续坚持务实的、独立自主的外交政策。2019年,拉马福萨总统在访问印度时宣称南非的外交政策将以"民主、正义、人权和良好治理"为驱动力。这使一些西方媒体认为拉马福萨总统会恢复曼德拉总统的浪漫主义外交理念。但实际上,南非在外交实践中并非如此。比如在针对2020—2021年刚果民主共和国因选举而造成的内乱,南非并未支持美国和法国在联合国安理会提出的批评刚果民主共和国选举欺诈的声明,并且和俄罗斯与中国一起投反对票。因此,从拉马福萨总统上任之后南非的一系列外交实践都可以看出其坚持务实的、独立自主的外交政策的决心。

第二,拉马福萨总统大力推行经济外交政策。[②]自上任以来,拉马福萨总统的关注点始终围绕增加就业,恢复、振兴和发展南非经济。而外交政

---

① Siphamandla Zondi, "Debates on South African foreign Policy and Ideology: An Afro-Decolonial Meditation on the Mbeki-Zuma Years." In Masters L and Van Wyk J eds., *South African Foreign Policy Review*, 2019, vol. 3.

② "Ramaphosa's Foreign Policy Priorities", https://www.iol.co.za/news/opinion/ramaphosas-foreign-policy-priorities-13445642.

策本身是为国家利益服务的,所以拉马福萨总统的外交政策基本也是围绕发展南非经济展开的。2019年南非外长西苏鲁就宣称南非将大举奉行经济外交政策,吸引外国投资,发展经贸往来作为南非外交政策的重心。为此,拉马福萨总统在上任之初就提出"千亿美元引资计划",由政府出面大力吸引外资。因此,南非不仅继续巩固与西方国家的经贸往来,更是进一步推动南南合作,加强与新兴经济体的合作。其中,加强与中国经贸合作及加入金砖国家合作机制的成果最为突出。中国已连续12年成为南非第一大贸易伙伴国,南非连续11年成为中国在非洲最大贸易伙伴。

第三,拉马福萨总统继续坚持立足非洲,致力于非洲一体化建设和非洲复兴。①拉马福萨总统在2020—2021年担任非盟轮值主席期间,主持非盟制定洲际范围的应对疫情策略,设立专项基金,启动非洲医疗物资平台以确保每一个国家都能获得必要的医疗器材和设备。②此外,拉马福萨总统还利用其联合国安理会非常任理事国的身份多次发表公开讲话,呼吁国际社会更多地关注非洲。在联合国大会第75届会议一般性辩论的视频演讲中,拉马福萨总统请求国际社会支持非洲国家推出的全面经济刺激计划,暂停非洲外部和公共债务的利息支付,为非洲经济复苏"减负"。在和平与安全方面,拉马福萨总统建议加强联合国安理会与非盟和平与安全理事会的合作,改善苏丹达尔富尔、南苏丹、索马里和中非的和平与安全问题。此外,他还主张解决非洲大陆在联合国系统中代表性不足的问题,要求在联合国改革过程中增加非洲大陆的声音。③

---

① 有关南非在非洲事务中的角色研究,见张凯:《非洲和平与安全建设:南非的区域大国角色及限度》,《国际安全研究》2020年第5期。

② "Opening Statement by President Cyril Ramaphosa on the Occasion of the 34th Ordinary Session of the African Union Assembly", https://au.int/en/speeches/20210206/opening-statement-president-cyril-ramaphosa-occasion-34th-ordinary-session-african.

③《南非总统拉马福萨呼吁为非洲减债 增加非洲国家在安理会的代表权》,联合国新闻网,https://www.un.org/africarenewal/zh/news/;《南非总统拉马福萨倡议将"特别提款权"更多份额分配给非洲》,联合国新闻网,https://news.un.org/zh/story/2021/09/1091722。

第四，拉马福萨总统将增强参与全球治理能力、提高南非的国家影响力作为南非外交的愿景和努力方向。为此，南非继续积极参与多边外交活动，在各多边外交舞台中扮演重要角色。2019年初，南非第三次成为联合国安理会非常任理事国。其间，南非主动为联合国安理会改革建言献策。在环境治理方面，南非在全球环境政治中主动扮演领导者角色，开展一系列环境外交。在国际金融体系方面，南非质疑现有国际经济体系，主张改革旧的金融制度权利，寻求与中国等发展中国家共同尝试建立新的金融机制。

第三章 南非对华政策及南非与中国的关系

南非外交政策坚持中立、不结盟原则,一直以非洲大陆代言人自居。南非在1998年与中国建立正式外交关系后,各届南非政府为了南非国家利益和非洲大陆的利益,都十分重视发展与中国的友好关系,在与中国建交后20余年的短短时间里,在政治上,南非与中国发展成为全面战略伙伴关系,在经贸上,南非成为中国在非洲的最大双边贸易国。南非加入金砖国家后,更是在各方面与中国密切合作,特别是在推动中国与非洲国家对话与合作方面发挥了不可估量的作用。南非与中国亲密友好合作伙伴关系,成为南南合作与新兴市场国家全面合作的典范。

一、南非对华政策及南中关系

南非在独立之前,曾长期是英帝国殖民地,也是最后一个英联邦王国,其外交长期受英国的指导与影响。由于南非白人政府长期实行种族隔离制度,受到国际社会广泛抵制与孤立。自1990年夏开始终结种族隔离制度之后,南非逐步打破外交孤立状态。1994年春,南非举行首次全民大选后,获得国际社会广泛承认,并于当年夏天恢复在联合国大会的权利。

冷战时期,南非政府实行敌视新中国的政策,长期与台湾当局保持外交关系。20世纪90年代初,苏联解体与东欧剧变,世界格局出现新的变化。南非种族隔离制度的终结与冷战结束,为南非与中国建立外交关系提供了可能,南非与中国的关系开始解冻。1991年11月15日,南非政府与中国政府在双方首都设立代表机构。次年,中国外交部下属的中国国际研究所南非研究中心成立,开始加强与南非政府交流来往。与此同时,中联部与南非民族议会等政党的交流也日益频繁,两国之间经贸活动亦开始日益活跃。这个时期,虽然南非与中国没有建立正式外交关系,但双方通过在对方首都设立"文化中心"开展经贸与文化交流活动。南非设在北京的文化中心叫"南非中国研究中心",中国设在南非首都的文化中心被称为"中国南非研究中心"。双方研究中心工作人员虽然没有外交头衔,但使用外交护照,并获得外交身份证件,车辆都挂外交牌照。双方的研究中心还为两国国民提供签证与领事服务。

随着中国在改革开放后经济快速发展,国力日益强大,受到举世瞩目,有力地刺激着正在寻求对外开放、发展经济、实现工业化的南非政府。1996年1月下旬,南非总统曼德拉公开宣布,南非将与中国建立正式外交关系,曼德拉总统并在当年10月1日,向时任中国国家主席江泽民发贺电,庆祝中华人民共和国成立45周年,两国关系迅速升温。1997年7月1日,香港顺利回归祖国大陆,进一步推动南非政府迈出与中国建立正式外交关系的重要一步,因为南非与当时在英国管辖下的香港有着密切的经贸关系。1998年1月1日,南非政府不顾台湾当局一再的阻挠拉拢,断然宣布与台湾当局断绝外交关系,承认中华人民共和国是代表中国的唯一合法政府,并从当日起建立正式外交关系,双方在对方首都建立大使馆,互派外交大使。南非与中国的关系展开了全新的一页。①

1998年5月5日,两国正式建交后不久,南非总统曼德拉应中国政府邀请访华,与江泽民进行了广泛友好的会谈,这是南非国家元首首次对中国进行国事访问,意义重大。江泽民在会谈中对曼德拉总统访华表示热烈欢迎,表示中国十分重视南非在地区及全球事务中的作用,希望中国与南非建立面向21世纪的伙伴关系,双方共同努力,使两国关系不断向前发

---

① 姜璐、舒展:《中国与南非建交始末》,《国际政治研究》2018年第3期。

展。曼德拉总统介绍了南非国内政治与经济形势,重申南非重视发展与中国的友好合作关系,致力于非洲大陆与世界和平与发展。曼德拉总统对中国的这次访问,为中南两国在政治、经济与贸易等多方面的合作,奠定了坚实的基础。

2000年4月26日,江泽民在应邀对南非进行国事访问期间,会见了南非新任总统姆贝基,双方就中国与南非的双边关系、非洲形势及其他重大国际问题广泛深入地交换了意见,达成许多共识。姆贝基总统对江泽民主席对南非进行首次国事访问表示欢迎,称南中关系对于南非十分重要,这种关系不仅是政府与政府间的关系,而且也是人民与人民之间的关系。他表示,南非与中国可以在许多领域开展合作,这种合作对南非的发展和进步至关重要。他相信,南中关系的发展,将成为发展中国家之间合作的一个榜样。江泽民指出,中国与南非在1998年建交,揭开了两国关系的新篇章,为双方全方位、多领域的合作奠定了牢固的政治基础。江泽民说,中国和南非同属发展中国家,在各自所在地区都有着重要的影响,维护发展中国家利益,推动建立公正合理的国际新秩序,是双方的共同目标,不断扩大和深化中南友好合作,符合两国人民的长远和根本利益,有利于世界和平与发展。两国元首在会谈中认为,中南两国在许多方面有很强的互补性,双方合作潜力大、领域广,有必要建立一个高层机制来指导和协调两国在各个领域的合作。为此,双方决定签署中南两国伙伴关系宣言,并设立国家双边委员会,推动两国关系更加广泛而深入的发展。

在南非最高领导人曼德拉与中国最高领导人江泽民实现互访后,南非与中国的政治关系日益升温,双方政府领导人频繁互访,不断推动两国关系深入发展。2004年,南中两国政府将双方的伙伴关系提升到战略伙伴关系,2010年进一步提升到全面战略伙伴关系,双方的战略伙伴合作关系开始进入一个前所未有的良好发展的新时期。

虽然南非与中国建立正常外交关系比较晚,但与众多双边与多边关系相比,南非与中国的双边政治与贸易关系发展得最迅速、最友好、最有成效。特别是进入21世纪后,在牢固的政治关系的支持下,南非与中国的经贸关系发展十分迅速。1992年,南非与中国的贸易额仅为1400万美元。1998年两国建交时,双方贸易达到14亿美元。2004年,南非与中国的贸易额增长到近60亿美元,在短短的6年时间里增加了4倍多。① 随后,南中双边贸易不断增长,到2010年,南非与中国的贸易额已增长至256亿美元,2011年达到450亿美元,2014年,两国的双边贸易额更是达到破纪录的603亿美元。中国已连续十多年成为南非最大的贸易伙伴和出口目的地,南非则成为中国在非洲的最大贸易伙伴。②这个时期,南非与中国的金融合作不断加深,来自中国的投资不断增强。2015年12月,南非与中国在约翰内斯堡举行的中非合作论坛的工商论坛上签署了25项协议,总价值165亿美元。来自南中两国政府与工商界400多人出席了这次工商论坛,双方讨论了南非经济发展的优先事项,包括如何进行产业调整来促进南非的工业化进展;加强在南非经济特区的合作;加强金融合作,以及推动南非基础设施建设等。截至2016年,中国有140多家中型与大型国有企业在南非投资和进行建设,总投资达130亿美元,在南非雇用了约3万名当地工人。

受中国在改革开放后经济快速发展和减少贫困人口的成功经验启示,南非政府越来越多地向中国寻求政策理念与国家治理方面的启发与帮助,更加坚定不移地加强与中国的全面战略伙伴合作关系,以促进南非的工业化、经济发展和减贫行动,同时提升南非在非洲大陆的影响力。有西方媒体认为,对中国经济与投资日益增长的依赖,使南非政府与南非执政党国大党对中国有一种莫名的情愫,他们似乎在无条件地拥抱中国——不论是政治上还是经济上。南非在模仿中国的成功经验,并得到中国的巨大支持与帮助。

南非在尊重主权、平等互利与不干涉内政的基础上建立双边与多边关

---

① 杨立华:《中国与南非:战略伙伴关系的发展》,《国际政治研究》2006年第4期。

② 《全方位合作中的中南关系》,新华网,www.xinhuanet.com。

系,同时提倡多极国际体系,认为这有助于发展中国家能在国际社会中平等参与,并维护自己的国家利益。南非外交政策必须为南非国家利益以及非洲大陆利益服务。南非外交政策理念与中国外交政策理念相近,两国在许多重大国际问题上拥有共同利益。南非与中国在联合国、二十国集团、南南合作、世界贸易组织多哈回合谈判、中非合作论坛,以及金砖国家合作机制等地区与主要国际组织中保持密切协调与合作,为增强发展中国家在国际社会中的集体力量与话语权,推动建立更加公正合理的国际政治经济秩序而发挥积极作用。

二、南非在金砖机制框架下与中国合作

自 2009 年 6 月 16 日在俄罗斯举行首次金砖四国首脑峰会及 2010 年 4 月 15 日在巴西召开的第二次金砖国家首脑峰会后,作为一个新兴市场经济体多边合作机制的金砖国家,其国际影响力越来越大,日益受到国际社会的广泛关注。由于南非长期参与印、巴、南三国对话,不仅与印度和巴西关系深厚,与中、俄关系也良好,而且由于南非在非洲大陆的独特地位与影响力,南非总统祖马被巴西总统邀请参加了在巴西利亚召开的第二次金砖国家首脑峰会,并准备吸收南非加入金砖国家,将金砖四国扩大为金砖五国。巴西金砖国家首脑峰会后,俄、印、巴、中四国经过协商,一致同意吸收南非加入金砖国家,并由中国外长于 2010 年 12 月 23 日正式通知南非国际关系与合作部长,同时邀请南非总统祖马参加 2011 年 4 月 14 日在中国三亚举行的第三次金砖国家首脑峰会。

2011 年 4 月 14 日至 15 日,中国国家主席胡锦涛作为金砖国家轮值国主席,在三亚主持召开第三次金砖国家首脑峰会,南非作为金砖国家成员国首次参加这次峰会,金砖四国(BRIC)变成金砖五国(BRICS),扩大了金砖国家规模与国际影响力。这次金砖五国峰会讨论了国际社会面临的一些主要问题,并通过《三亚宣言》。《三亚宣言》首先表示,金砖国家四国领导人欢迎南非加入金砖国家组织,期待与南非在金砖国家多边机制中加强对话与合作,并表示支持非洲基础设施建设、致力于发展与非洲的新伙伴关系,推动非洲大陆的工业化进展,把非洲大部分地区与世界上增长最快的新兴经济体联系起来。《三亚宣言》还宣称,金砖五国将致力于和平、安全、发展、合作的宏伟目标,着眼于为人类社会发展以及建设一个更加平等和公正的世界做出重要贡献。

南非政府十分重视发展与金砖国家的关系,认为金砖国家伙伴将南非视为进入非洲大陆的跳板和经济发展机会的伙伴,南非加入金砖新兴经济体组织,符合南非加强南南合作的外交政策。作为金砖国家成员国,南非将继续致力于巩固非洲议程,加强南方新兴市场经济体之间的合作,并将在地区与国际多边机制改革方面发挥重要作用,努力实现国际权力多极化。南非内阁在2012年通过一项金砖国家战略,作为南非与金砖国家合作的指南。2013年1月中旬,负责南非外交政策的南非国际关系与合作部部长马莎班妮指出,南非外交政策不仅要关注南非国家利益,而且要广泛关注南部非洲地区与整个非洲大陆的利益。她表示,南非与金砖国家的互动合作以三个层面的合作为前提:其一,在国家层面,推动南非的国家利益;其二,在地区层面,促进区域经济一体化互动;其三,在全球层面,倡导建立更具包容性的全球治理体系。[①]

2013年3月26日至27日,金砖国家领导人第五次峰会在南非德班召开。南非总统祖马作为这届峰会的轮值国主席主持了会议。这次以"金砖国家与非洲:发展、一体化和工业化伙伴关系"为主题的会议取得实质性成果,发表了《德班宣言》和行动计划,签署了多项合作文件,决定设立金砖国家新开发银行和外汇储备库,并宣布成立金砖国家工商理事会和智库理事会。南非政府十分重视金砖国家开发银行的设立,并积极予以推动。祖马总统在大会发言中强调,我们已经同意建立新的开发银行。银行的初始出

---

① Maite Nkoana-Mashabane. "South Africa's role in BRICS, and its benefits to job creation and the infrastructure drive in South Africa". Speech presented at the New Age Business Briefing, Johannesburg, September 11, 2012, www.brics.utoronto.ca

资应该是可观的，足以使开发银行有效地为基础设施建设融资。他指出，新开发银行将基于金砖国家的需求，未来将需要大量资金用于基础设施建设。2014年，在巴西召开的第六届金砖国家领导人峰会上，南非与其他金砖成员国共同出资建立金砖国家新开发银行与应急储备安排，为平等、多元化的金砖多边机制国际银行的创立做出了积极贡献。

应邀出席这次金砖国家峰会的中国国家主席习近平刚刚就任新职不久，他在大会的发言中表示，加强与金砖国家的合作，始终是中国外交政策议程的优先事项。"我们要用伙伴关系把金砖各国紧密联系起来，下大气力推进经贸、金融、基础设施、人员往来等领域合作，朝着一体化大市场、多层次大流通、陆海空大联通、文化大交流的目标前进。"习近平主席指出："中国将继续加强与其他金砖国家的合作，使金砖国家经济增长更加强劲、合作架构更加完善、合作成果更加丰富，为各国人民带来实实在在的利益，为世界和平与发展做出更大贡献！"祖马总统利用习近平主席出席南非金砖峰会的机会，邀请他对南非进行国事访问。两国领导人在南非首都比勒陀利亚举行了亲切友好会晤，深入讨论了南中两国将如何加强2010年建立的全面战略伙伴关系，达成重要共识。

2018年7月24日，习近平应邀访问南非，纪念中南建交20周年，并出席2018年南非约翰内斯堡第十次金砖国家领导人峰会。刚就任南非总统不久的拉马福萨与习近平举行了友好会谈。两国领导人高度评价两国建交以来取得的伟大成就——双方关系实现了从伙伴关系到战略伙伴关系再到全面战略伙伴关系，并一致同意加强高层往来，深化政治互信，对接发展战略，推进务实合作，密切人文交流，使两国人民更多享受双方合作成果。习近平表示，中国将支持和配合南非政府办好当年的金砖国家领导人峰会，共同把握好金砖合作大方向。拉马福萨总统感谢中国支持南非举办好金砖国家领导人约翰内斯堡峰会，表示将与其他金砖国家成员共同努力使这次会议取得成功。7月25日至27日，拉马福萨作为金砖国家峰会轮值国主席主持了这次会议，这是2017年9月中国作为轮值主席国主持召开厦门第九次金砖国家领导人峰会后的又一次盛会。巴西总统特梅尔、俄罗斯总统普京、印度总理莫迪,以及中国国家主席习近平和南非总统拉马福萨出席了这次以"金砖国家在非洲:第四次工业革命中共谋包容增长和繁荣"为主题的会议。这次会议延续了厦门金砖峰会的做法,继续举办"金砖+"领导人对话会,邀请众多非洲国家领导人与会,以推进南南合作,推动金砖国家同非洲发展合作伙伴关系,深化新兴市场国家与发展中国家团结协作。会议通过《金砖国家领导人第十次会晤约翰内斯堡宣言》,强调要加强多边主义,推动全球治理改革,以及推动金砖国家关于全球经济复苏、全球经济金融治理结构改革,和第四次工业革命伙伴关系,应对共同挑战等重要议题。①

2019年11月14日,在巴西首都巴西利亚出席金砖国家第十一次领导人峰会期间,南非总统拉马福萨与习近平主席又一次举行会谈。两位领导人在双方继续保持战略沟通,在事关彼此核心利益和重大关切问题上相互理解、相互支持,共同维护国际公平正义等问题上达成共识。习近平表示,中方愿同南非共同努力,加强金砖国家合作,推进中非合作对话论坛建设。2020年,中国向南非出口147亿美元,南非向中国出口119亿美元。2021年,南非与中国的双边贸易达到540亿美元,与上年相比增长了21%。其中南非对中国出口330亿美元,增长31%,从中国进口210亿美元,增长了14%。华盛顿卡内基和平基金会高级研究员兼非洲项目主任扎伊纳布·乌斯曼认为,尽管南非与中国的贸易在2021年大幅增长,但南非仍是中国最小的贸易伙伴之一,南非还有巨大潜力增加与中国的贸易及出口。②

2022年6月20日,在金砖国家第十四次领导人北京网络峰会举行前夕,拉马福萨总统在面向全国的每周通讯中,对金砖国家成立以来的成就

---

① 《习近平出席金砖国家领导人第十次会晤并发表重要讲话》,新华网,http://www.xin-huanet.com/。

② Carlos Mureithi, "Trade between Africa and China reached an all-time high in 2021", *Quarts Africa*, February 8, 2022.

表示肯定。他说,从一开始,金砖国家就将加强经济与金融联系确定为合作的重要支柱之一,南非参与金砖国家以及与其他成员国建立的关系,使南非受益匪浅。拉马福萨指出:"金砖国家通过了《金砖国家经济伙伴战略》,以增加彼此市场准入,促进相互贸易和投资,并为所有金砖国家的投资者创造有利营商环境。这一战略的一个重要部分,特别是对南非来说,是使贸易多样化,以便交易更多的制成品,而不是原材料。"拉马福萨表示,金砖国家合作机制对南非工业发展、经济投资、基础设施建设、农业企业、金融服务、能源、医疗卫生,尤其是疫苗研发与生产,都贡献巨大。他相信即将召开的北京峰会将"开启一个更加包容、可持续和公平的全球发展新时代"①。

南非与中国利用金砖国家多边合作机制及中非合作对话论坛平台,在政治、经贸、人文与外交领域保持活跃的战略对话与沟通,取得不凡成果。在政治上,南中政治互信不断深化,政府与政党交流不断加强,双方已经视彼此为对外战略的重要支撑,在事关双方核心利益和重大关切问题上,都立场鲜明地支持对方,是名副其实的全面战略合作伙伴。在经济上,南中经贸的互补性为双方经贸合作提供强大动力,双边贸易不断增长。在人文领域,双方人文学术交流与民间人员往来日益频繁,为加深两国人民互相认识理解,推动两国关系发展,提供了民意支持基础。

自南非与中国建立正式外交关系以来,南非历届政府一直坚持一个中国政策,承认台湾是中国的一部分,在中国国家主权与领土完整等国家核心利益和重大关切问题上始终与中国站在一起。在国际事务与国际机构中,南非坚持中立、不结盟与独立自主战略,坚定不移地维护南非与非洲国家利益,同时秉承平等互利,相互尊重、公平正义理念,与中国及其他金砖国家成员一起,共同推进多边主义与全球治理,努力建立多极化的国际新

---

① South African Government News Agency, "SA's BRICS membership has grown substantially, says President", June 20, 2022. Sanews.gob.za.

秩序。

南非与中国建交二十余年的历史事实证明，中国是南非及非洲大陆经济增长坚实可靠的全面战略伙伴，南非是中国可以信赖与依靠的政治与经济全面战略伙伴。双方没有地缘政治与意识形态上的分歧与冲突。双方在政治、经济及人文领域的合作，不仅互相取长补短，有益于双边关系，并有力地推动了中国与非洲国家关系的顺利发展与合作，扩大了中国在非洲大陆的影响力。美国智库兰德公司发表研究报告说："绝大多数非洲国家官员对中国在非洲的作用持积极态度，欢迎中国高度重视政府与政府的合同，几乎没有任何附加条件。许多非洲领导人认为，作为一个发展中国家，中国比西方政府和企业更具有利他动机。非洲领导人赞扬中国对其国家基础设施的贡献，取得了显著进步，这些进步有助于扩大经济活动，为当地工人创造就业机会，并切实改善公路、铁路、桥梁和其他交通网络——所有这些都有益于普通公民。"[①]

南非在许多重大国际关系问题上与金砖国家其他成员采取相似立场与行动。俄乌冲突爆发后，南非与中国、印度及巴西，都坚持中立立场，对联合国决议选择弃权。南非表示，南非选择弃权，是因为不同意该决议的内容，南非希望推动更多对话与和解，而不是谴责。南非还拒绝西方国家施压，反对对俄罗斯的全面金融制裁。这个立场与其他金砖国家相似，显示了金砖国家的团结一致。

由于各种原因，南非经济近几年来不断下滑，债务不断增加，失业率不断攀升。特别是由于国际突发公共卫生事件的影响，南非经济开始进入严重衰退，失业率高达约30%，是金砖国家中目前经济与社会问题最多的成员国。包括中国在内的其他金砖国家成员，应该重视和关注这个问题，协商帮助南非应对当前危机与挑战，共渡难关。金砖国家在疫情之后，应该

---

① Larry Hanauer and Lyle J. Morris, "China in Africa: Implication if a deepening relationship", *Rand Corporation*, December 31, 2013.

采取一切必要的措施，互相支持帮助，尽快实现经济复苏，并解决就业问题，维持社会稳定。习近平在2022年3月中旬与南非总统拉马福萨通电话，表示中国作为今年金砖国家领导人峰会的主席国，愿同南非一道，保持金砖合作机制的发展势头，打造更全面、更务实、更包容的高质量中南伙伴关系。拉马福萨表示，中国是南非和非洲国家可信赖的真正伙伴和朋友。南非感谢中国坚持公平立场，为南非和非洲国家共同渡过难关提供宝贵帮助。

第四章　南非产业政策

一、南非经济和产业发展进程回顾[①]

南非现代化之路始于19世纪70年代的"矿业革命"，欧洲殖民者在南非发现钻石和金矿后，仅用几年时间便将南非打造成世界上最大的黄金和钻石生产地，也间接导致英布战争的爆发。学界普遍认为，1869—1899年南非"矿业革命"时期是南非经济现代化的起点。这期间南非矿业发展迅速，带动了交通运输业革命，使南非从人力运输时代迅速转向以铁路和公路为主的现代运输格局。此外，矿业的发展还促进了南非的城市化，不仅大量矿工聚居地发展成为现代城市，原有的开普敦、伊丽莎白港和德班港等港口城市也得到迅速扩展。大量人口涌入城市促进南非城市化进程。最后，矿业还带动南非制造业的发展。与矿业开采相关的辅助型产业获得发展，大量工厂出现，为矿业开采提供技术和设备支持。

从20世纪初开始，受到不稳定的国际环境的影响，南非开始大力发展制造业。1940年，南非成立"工业发展公司"，以国家投资形式推动迫切需要发展的工业部门，包括军工、建筑、纺织、机械和电器制造等。到二战结束时，南非制造业已全面超过矿业，在国民生产总值中占首位。到20世纪

---

① 有关南非经济和产业发展历史回顾，参见沐涛：《南非现代化之路及其特征》，《世界历史》2021年第6期。

70年代，南非已建立起发达的现代工业体系，成为南半球发展中国家工业化程度最高的国家，其机器制造业能够提供国内工业设备需求量的80%。

但是从20世纪70年代开始，南非经济出现了近20年之久的经济发展滞缓期。南非长期实行的种族隔离政策虽然为矿业发展提供了大量廉价劳动力，但当制造业成为国民经济主要部门时，种族隔离政策就成为南非经济发展的首要阻碍。首先，在种族隔离制度下，占南非人口绝大多数的黑人长期处于极端贫困的状态，购买力低下，制约国内市场。其次，种族隔离政策有关教育和职业制度的限制导致黑人受教育水平低下，无法为制造业和工业发展提供足够的技术和管理人才，造成人才短缺。最后，受亚非拉民族解放运动的影响，越来越多的南非黑人不满种族隔离制度，导致社会动荡，无法为经济发展提供良好稳定的社会环境。除此之外，国际社会的制裁、矿产品价格波动等也严重影响南非经济发展。这些都导致20世纪70年代以来南非经济的衰退。

1994年，南非进行第一次全国不分种族大选，非国大以绝对优势上台，曼德拉总统及其政府致力于创建一个种族平等、民主和统一的新南非。在经济上，新南非积极重返国际贸易领域，加强与世界各国的贸易。在产业政策方面，新南非除对传统矿业进行技术改造，将更多精力投入发展劳动密集型加工制造业，以提高黑人就业率。此外，南非还大力推动信息通信技术产业，促进清洁能源行业的发展。新南非在经济方面最主要的举措是积极推动"黑人经济振兴"，试图通过立法等措施解决黑人经济地位过低和在企业中股权过少的问题。

到目前为止，南非的综合国力和经济发展程度在非洲大陆处于顶尖地位，它拥有完整的硬件基础设施和工业化体系，国内生产总值甚至一度占到整个非洲的1/3。但是由于受到历史和现实等原因的影响，南非经济目前仍存在三大毒瘤，即贫困、失业和不平等。再加上疫情的影响，南非经济发展波动很大，不够稳定。

二、南非经济和产业结构现状

（一）南非宏观经济现状

2020年南非国内生产总值为3019.24亿美元，增长率为-6.4%。2021年，国内生产总值增长率恢复到4.9%。其中，第一和第二季度增长率分别为4.6%和1.2%，第三季度受到社会骚乱和严格的疫情封锁影响导致增长率下降到-1.5%，第四季度恢复到1.2%。

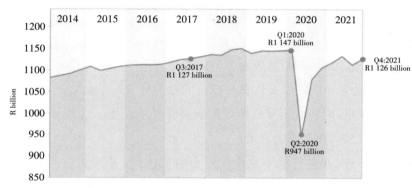

资料来源：南非统计局

图4-1　南非2014—2021年按季度国内生产总值统计

然而由于2021年下半年南非经济增长减缓且商业投资前景持续低迷，国际货币基金组织将2022年南非经济增长预期从2.2%下调至1.8%。国际社会也并不看好南非经济会在近几年获得高速发展。

综观南非经济，农业、矿业、制造业和服务业是南非经济的四大支柱。2021年度对国内生产总值增长贡献最大的产业分别是矿业、农业和制造业。

表4-2　2000—2019年三大产业在南非总产值所占百分比

（%）

年份	农业、林业、狩猎和渔业	矿业	制造业
2000	3.3	7.4	19.2
2001	3.5	8.1	19.3

续表

年份	农业、林业、狩猎和渔业	矿业	制造业
2002	3.7	8.4	19.3
2003	3.4	7.2	19.0
2004	3.1	6.9	18.6
2005	2.7	7.3	14.2
2006	2.6	8.1	14.1
2007	3.0	8.4	13.7
2008	3.2	9.2	13.9
2009	3.0	8.8	13.9
2010	2.6	9.2	14.9
2011	2.5	9.6	14.9
2012	2.4	9.1	14.9
2013	2.3	9.1	14.9
2014	2.4	8.4	14.8
2015	2.3	7.8	15.0
2016	2.4	8.1	11.0
2017	2.6	8.0	15.0
2018	2.4	8.1	15.0
2019	2.1	8.3	15.1

资料来源:南非农业、土地改革和农村发展部

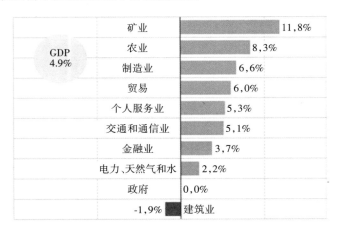

资料来源:南非统计局

图4-2 南非主要行业2021年增长率

针对疫情对南非经济的影响,拉马福萨总统宣布实行"经济复苏计划",该计划的中心旨在提高南非的就业率,主要包括四个方面。第一,在全国范围内加强基础设施建设,以进一步吸引投资和刺激经济增长。第二,迅速提升能源供应能力,加快实施综合资源计划,大幅增加可再生能源、电池储存和天然气技术的贡献率。第三,刺激就业,创造就业机会和维持国民生计,刺激就业将选择那些能够快速实现、并对经济复苏影响最大的干预措施。第四,推动工业增长,在南非制造业多年来持续下降的背景下,为了使经济重新走上正轨,国家将大规模支持本地生产,并使南非的出口更具国际竞争力。

(二)农业

南非主要农作物包括玉米、小麦、甘蔗和大麦等。近些年来虽然南非农业产值不断上升,但在国民经济中的作用持续减小。即便如此,农业仍是南非三大支柱产业之一。南非畜牧业较发达,畜牧种类主要包括牛、猪、山羊、绵羊等;家禽主要有肉鸡和鸵鸟等。南非畜牧业产品主要有禽蛋、牛肉、鲜奶和奶制品、羊肉、猪肉、绵羊毛等。大部分农产品和畜牧业产品自给,少数出口到邻国。

表4-3　2000—2020年南非农业生产总值

(单位:百万兰特)

年度	农作物	园艺产业	畜牧生产	总计
2000	17922.7	13094.2	21168.7	52185.6
2001	27191.9	15769.8	25321.3	68283.0
2002	23061.2	19551.1	30319.2	72931.5
2003	20519.0	21739.0	31325.5	73583.5
2004	17751.5	20694.9	38666.2	77112.6
2005	18601.6	20229.6	40320.9	79152.1
2006	22920.1	23409.8	52205.2	98535.1
2007	40907.2	28835.1	59422.0	129164.3
2008	35083.7	33588.1	65895.1	134566.9

年度	农作物	园艺产业	畜牧生产	总计
2009	30453.8	33771.2	68429.9	132654.9
2010	36611.6	36791.1	71185.5	144588.2
2011	47679.8	41874.7	79036.6	168591.1
2012	50740.6	47737.1	86146.2	184623.9
2013	59431.7	53892.5	96024.4	209366.7
2014	55330.9	61071.1	109045.9	225447.8
2015	55784.8	73601.1	114606.3	244001.2
2016	65868.9	77385.0	126159.1	269413.1
2017	60207.5	84702.5	142922.3	287832.3
2018	64187.6	85400.3	134795.1	284383.2
2019	79028.3	92317.0	141216.8	312582.2

资料来源：南非农业、土地改革和农村发展部

表4-4 2015—2020年不同农业、畜牧业产品年产值

（单位：百万兰特）

产品	2015	2016	2017	2018	2019
玉米	26472.7	29771.1	24447.3	28179.3	40026.2
小麦	5456.4	7107.1	5689.1	7053.9	6300.6
大麦	1028.5	1190.0	866.9	1432.5	1048.7
干草	3384.0	4025.3	4154.1	5318.3	5132.1
甘蔗	6791.9	8507.9	9084.6	8716.2	9993.8
葵花籽	4760.1	3985.5	3816.5	3476.7	4210.9
大豆	4598.4	6374.7	7020.1	5432.4	7959.5
柑橘类水果	14830.8	18001.7	19357.1	20745.0	20016.8
落叶和其他类水果	20687.2	20288.1	23106.5	19615.9	24679.3
蔬菜类	14553.8	14880.4	15467.3	16710.9	18441.9
葡萄栽培	4954.1	5572.2	6147.4	6204.9	6468.7
羊毛	3361.2	3731.7	4379.5	5161.0	4469.1
马海毛	614.5	507.9	679.7	760.0	855.4
家禽	36186.0	40472.2	46500.8	46264.1	48570.9
鸡蛋	10170.5	10272.0	11136.7	10586.8	10409.4

续表

产品	2015	2016	2017	2018	2019
牛和牛犊	30646.0	33160.6	37318.2	34608.6	36167.0
绵羊和山羊	6563.8	7479.7	7261.6	6290.4	7299.3
猪	5256.7	5531.0	6085.6	5991.5	6889.7
鲜奶	14196.0	16463.1	18010.0	15988.6	17205.5
其他农产品、园艺产品和动物制品和畜牧业产品	29488.5	32090.8	35566.9	35846.2	36417.4
总值	244001.1	269413.0	286095.9	284383.2	312562.2

资料来源：南非农业、土地改革和农村发展部

受历史原因影响，南非农业发展具有鲜明的二元结构。一边是少数白人农场主经营的大农场，农业商品化程度高，提供南非农业总产值的90%以上；另一边则是非洲黑人的传统农业，仅够维持生计，商品化程度很低。虽然南非政府正在积极推行土地改革，试图将更多的土地分配给黑人耕种，但收效甚微。

（三）矿业

南非矿产资源极为丰富，储量巨大。现已发现矿产达60余种，其中包括铂族金属、黄金、萤石、锰、钒、磷酸盐等矿产储量居世界前三位。矿业的发展是南非经济走向现代化的起点，也是南非的支柱型产业之一。据新发布的南非矿业委员会《南非矿业年报》显示，2021年南非矿业提供45.29万个就业机会，纳税272亿兰特，贡献3719亿兰特的国内生产总值。

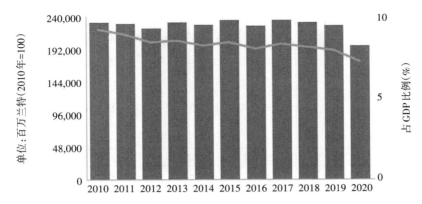

资料来源:南非矿业年报

图4-3　2010—2020年矿业生产总值及在国民生产总值中占比

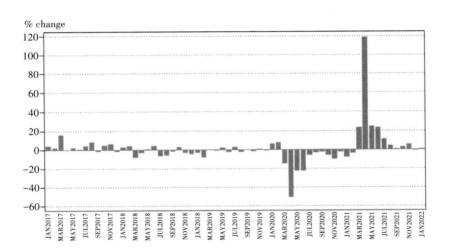

资料来源:南非统计局

图4-4　2017—2022年南非矿业产量同比变化百分比柱状图

然而近年来南非矿业发展遭遇瓶颈，国内生产总值占比逐年下降。尤其是2020年受疫情影响，南非矿业经历巨大波动，在第一和第二季度净利大幅下降，从第三季度开始迅速回升，到2021年年中到达顶峰，后来又回归到平均状态。

表4-5　2017—2022年南非矿业产量同比变化百分比数据表格

（%）

月份	2017年	2018年	2019年	2020年	2021年
1月	4.0	2.5	−3.2	6.2	−7.8
2月	2.2	3.9	−7.5	7.2	−3.5
3月	15.8	−7.6	0.0	−14.7	22.9
4月	0.0	−3.1	−0.5	−50.1	118.3
5月	1.7	0.8	1.6	−22.1	24.3
6月	0.9	4.2	−2.5	−22.2	22.9
7月	3.7	−6.2	2.9	−5.9	10.6
8月	8.3	−5.7	−2.2	−3.2	4.2
9月	−1.4	−1.3	0.0	−2.2	0.1
10月	4.9	2.6	−1.3	−5.6	2.5
11月	6.2	−3.0	0.9	−9.8	5.3
12月	−1.5	−4.4	−0.9	−2.0	−1.0
全年	3.6	−1.6	−1.0	−10.6	11.7

资料来源：南非统计局

目前，从不同矿种的销量来看，铂族金属、煤炭、黄金、铁矿销售额最高。

表4-6　2021年8月至2022年1月不同矿产销售额

（单位：百万兰特）

矿物组和矿物	2021年8月	2021年9月	2021年10月	2021年11月	2021年12月	2022年1月
黄金	12198.0	5288.3	7733.5	10977.5	6286.8	6720.8
铁矿	9828.0	9388.4	7465.5	6687.1	7431.8	7633.1
铬矿砂	2000.1	1970.8	1619.7	1770.6	2073.3	2287.3
铜	209.7	258.2	244.6	214.9	196.3	275.0

矿物组和矿物	2021年8月	2021年9月	2021年10月	2021年11月	2021年12月	2022年1月
锰矿	3284.2	3360.0	3553.3	2737.7	3775.4	3552.6
铂族金属	29883.6	24855.0	24378.9	27047.8	23691.0	18908.5
镍	780.7	701.7	857.9	1044.5	980.4	869.5
其他金属矿物	1229.0	1225.0	1525.3	1605.3	1588.6	1721.3
煤炭	13270.5	14147.8	17513.0	14949.4	14062.9	13369.8
建筑材料	1056.4	1114.8	1066.1	1046.1	999.8	942.3
其他非金属矿产	2493.7	2087.4	2817.2	2849.3	3249.2	1634.4
总计	76233.9	64397.4	68775.0	70930.2	64335.5	57914.5

资料来源:南非统计局

近十年南非主要矿产产量和就业情况如下:

2020年,铂族金属首次取代煤炭,成为南非矿业销售额最大贡献者,其中铑和钯因其价格上涨占铂族金属总销售额的73%,但相关从业人员数量却持续下降。

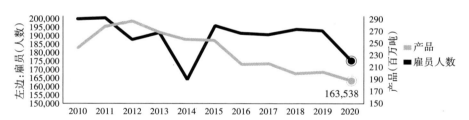

资料来源:南非矿业委员会

图4-5　2010—2020年南非铂族金属产量及就业情况

南非矿业中煤矿产量最大,其中大部分用于国内火力发电,其余则用于出口、液体燃料制造行业和家庭使用。

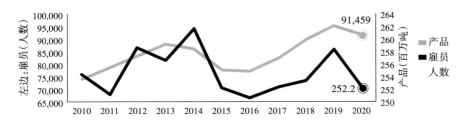

资料来源：南非矿业委员会

图4-6 2010—2020年南非煤炭产量及就业情况

随着疫情持续肆虐全球,黄金价格不断上涨。尽管如此,受客观条件制约,如超深开采、品级下降等影响,南非黄金产量近十年内持续降低,相关从业人员数量也逐年下降。

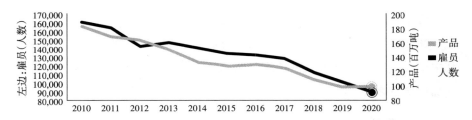

资料来源：南非矿业委员会

图4-7 2010—2020年南非黄金产量及就业情况

铁矿是南非第四大矿业,产量贡献率略高于12%。但受疫情影响,2020年铁矿产量迅速下降。中国是南非铁矿最大出口国,其次是日本、韩国、中东和印度。

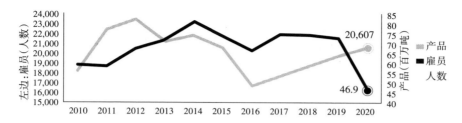

资料来源:南非矿业委员会

图4-8 2010—2020年南非铁矿产量及就业情况

南非拥有全球已勘探锰资源的74%和30.2%的储量。2020年受疫情影响,全球锰资源需求减少。但到2021年,随着全球疫情形势变化,部分地区对锰资源需求迅速上升,导致南非锰产量飞速增长。

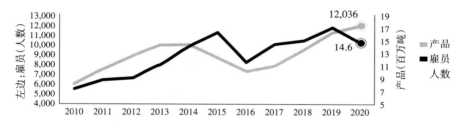

资料来源:南非矿业委员会

图4-9 2010—2020年南非锰产量及就业情况

可以看到,近几年南非矿业发展受到疫情影响波动很大。经历了2020年断崖式下跌,到2021年出现飞速增长,而后又回归到平均水平。但实际上,南非矿业自身存在的诸多问题同样限制了矿业的发展。首先,由于历史问题,南非存在超过6000个废弃矿山和无主矿山,由于开采和管理不善造成严重的环境问题,政府完全修复这些矿山需要大量资金。其次,南非一些主要铂矿和金矿存在超深开采问题,导致开采成本和运输成本上升,且具有极大的安全隐患。最后,外国资本投资南非矿业风险较大。一是体现在环境问题上:外国投资者在南非获得开矿环保审批的周期较长,不确定性较大,而且南非政府要求矿企履行开放式的环境义务,而南非的矿产资源部长拥有对矿企责任的自由裁量权,不确定性很大。二是南非要求矿业公司必须保障黑人群体的利益，如《2017采矿宪章》就明文规定新勘探权持有者必须有至少50%的黑人持股比例，新采矿权持有者必须含有至少30%的黑人持股比例。这些都导致近些年来南非矿业投资持续减少。

（四）制造业

制造业是南非第一大产业。2008年受经济危机影响，南非制造业产量滑落，到2009年产量开始稳步上升。2020年受疫情影响，南非制造业产量出现大幅下降。到2021年，随着疫情影响消退，制造业产业收缩速度明显放缓。2021年全年南非制造业产出同比增长6.4%，其中，汽车、零部件及其他运输设备同比增长34.1%，贡献2.6个百分点；基础钢铁、有色金属、金属制品、机械产品同比增长9.9%，贡献1.9个百分点；食品饮料产品同比增长6.1%，贡献1.6个百分点；木材及木制品、纸张、出版和印刷产品同比增长9.9%，贡献1.0个百分点。

与2021年1月相比，2022年1月南非制造业产量增长2.9%，其中食品饮料产品同比增长11.5%，贡献2.5个百分点，木材及木制品、纸张、出版和印刷产品同比增长6.8%，贡献0.7个百分点，基础钢铁、有色金属、金属制品、机械产品同比增长3.2%，贡献0.6个百分点。

截至2022年1月的三个月内，经季节性调整的制造业产量同比增长4%，10个制造部门中有9个实现正增长率。其中，贡献最大的产业为：基础钢铁、有色金属、金属制品、机械产品同比增长6.3%，贡献1.3个百分点，汽车、零部件及其他运输设备同比增长11.3%，贡献1.0个百分点；石油、化工、香蕉和塑料制品同比增长3.5%，贡献0.7个百分点。

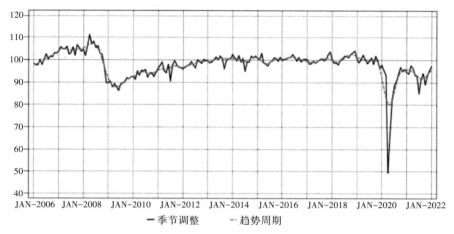

资料来源：南非统计局

图4-10 2006—2022年南非制造业产量变化

同样，受疫情影响，2020年制造业销售额增长率为-10.1%，2021年迎来强势反弹，达到16.5%。

表4-7 2017—2022年（截至2022年1月底）南非制造业销售额同比变化百分比

（%）

月份	2017年	2018年	2019年	2020年	2021年	2022年
1	7.5	4.7	9.9	-0.7	0.1	14.4
2	1.3	6.8	6.3	2.5	3.3	-
3	7.7	1.2	8.7	-5.2	18.6	-
4	-1.8	4.5	15.2	-51.1	119.8	-
5	3.6	7.0	4.2	-31.1	52.0	-
6	3.4	4.9	4.0	-16.2	28.9	-
7	2.2	10.8	5.0	-11.3	3.6	-
8	5.0	8.1	5.5	-12.4	11.4	-
9	2.2	8.6	0.2	-1.9	8.6	-
10	7.1	12.3	0.9	-1.0	-1.9	-
11	9.2	5.8	-2.2	1.6	8.8	-
12	6.4	5.0	-3.2	5.6	10.3	-
总计	4.5	6.7	4.2	-10.1	16.5	-

资料来源：南非统计局

从制造业内部不同部门的指数权重来看,石油、化工、橡胶和塑料制品权重占比最大,且持续上升,从2015年的24.17%增长到2021年的25.38%;食品饮料产品从2015年的18.9%上升到2021年的20.18%,超过基础钢铁、有色金属、金属制品、机械产品,位列第二位,而基础钢铁、有色金属、金属制品、机械产品权重占比从2015年的20.17%下降到2021年的19.47%,从第二位下降到第三位。位列第四位的木材及木制品、纸张、出版和印刷产品也从2015年的10.83%下降到2021年的10.77%。

表4-8　2015—2021年南非制造业不同部门指数权重

(%)

制造部门	2015年	2016年	2017年	2018—2021年
食品和饮料	18.90	19.24	19.76	20.18
纺织品、服装、皮革和鞋类	4.63	4.55	4.44	4.38
木材及木制品、纸张、出版和印刷品	10.83	10.88	10.76	10.77
石油、化工产品、橡胶和塑料制品	24.17	24.66	25.25	25.38
玻璃及非金属矿产品	4.27	3.98	3.66	3.42
基础钢铁、有色金属制品、金属制品及机械	20.17	19.82	19.55	19.47
电机制品	2.65	2.55	2.42	2.31
收音机、电视、通讯器材和专业设备	1.45	1.46	1.34	1.21
汽车、零部件及其他运输设备	8.63	8.63	8.56	8.66
家具及其他制造品	4.29	4.22	4.26	4.21
总共	100	100	100	100

资料来源:南非统计局

三、南非产业政策

（一）南非《全国产业政策框架和行动计划》

南非在经历1995—2007年的自由放任时期之后,面临经济结构的转型升级压力。于是,南非贸工部在2007年发布《全国产业政策框架和行动计划》,这是南非历史上首次制定全面综合的产业政策,目的在于为南非工业化提供指导性意见。此次行动计划明确四个主要工业化目标:强力支持具有高附加值的制造业;努力向知识经济转型;通过发展劳动密集型制造业来创造就业机会;注重对边缘地区的工业化开发。此外,行动计划还确认四个优先发展的产业,分别是固定设备、运输设备和金属制造业,汽车及零部件,化工、塑料制造及制药业,林业、造纸业及家具制造。①

随后,南非政府于2010年和2013年分别出台了为期三年的产业政策行动计划。它们都规定政府干预主要集中在八个领域:政府采购、竞争政策、创新与技术、经济技能、经济特区、区域一体化、贸易政策发展和产业金融化。由此可以看出,南非政府非常重视高附加值产品的出口和区域价值链的构建,希望通过加强对本国制造业的政策扶持,依托南南合作的区域价值链来寻求产业转型升级的机遇。

到2017年为止,南非已颁布三次为期三年的产业政策行动计划。在此期间,南非政府制定了有效的产业政策,确保更高投资水平和提高经济生产部门的竞争力。受益于产业政策的支持,包括汽车、服装、纺织、皮革及鞋类、电影和造船等领域在内的多种产业发展迅速。具体表现如下:

截至2017年,汽车行业对南非的制造业和国内生产总值贡献率分别达到33%和6%。汽车年产量约为60万辆,并提供11万个就业岗位。受益于服装和纺织品竞争力计划,南非成立了22家新皮革工厂,两个国家级和八个区域性服装和纺织品产业集群,服装、纺织、皮革及鞋类部门对制造业和国内生产总值贡献率分别达到8%和2.9%,并创造9.5万个就业岗位。塑料行业年均增速保持在3%~5%,对制造业和国内生产总值贡献率分别为14.5%和1.9%,行业从业人数约6万人。政府启动的航空航天工业支持行动极大促进了南非航空航天和国防业的发展,其对制造业和国内生产总

---

① Department of Trade and Industry, "Industrial Policy Action Plan 2007/08: Implementation Report", https://pmg.org.za/committee-meeting/9148/.

值的贡献率分别达到6%和0.7%，并创造超过1.5万个就业岗位。贸工部制定的海洋制造业发展计划极大促进了南非海洋经济的增长，造船、船舶和钻机维修、海洋部件制造、上下游价值链设备等行业为制造业贡献0.2%，创造4500个就业岗位。

除此之外，《全国产业政策框架和行动计划》规定了公共采购中铁路车辆、客车、钢铁制品等23个行业/产品本地化采购比例。政府制定了全国工业参与计划，规定以招标方式采购或租赁的货物中进口部分价值超过1000万美元或超过商品总价值30%以上，其卖方或供应商都有义务参与国内工业生产。过去十年内，该计划促使供应商在药物、航空航天、国防、石油天然气、汽车、铁路运输等行业参与国内生产投资，投资总额为280亿兰特，行业投资额占比分别为38%、32%、9%、6%、6%和1%。此外，南非推出的"骄傲南非"项目致力于本土经济发展，鼓励消费者和企业当地采购。

（二）《2018/19—2020/21南非产业政策行动计划》[①]

2018年5月，南非贸工部发布《2018/19—2020/21南非产业政策行动计划》，旨在改变南非经济增长模式，鼓励对重点领域的产业、技术和技能进行投资，提升南非经济活力。其中，该行动计划明确提出南非在未来几年内的重点发展领域以及主要行动计划。

首先，南非重点发展领域包括七大行业，具体行动计划如下：

汽车行业。2018/19财政年度完成制定2020年汽车总体规划，将通过黑人供应商发展计划、汽车供应链竞争力提升计划、供应商升级项目，以及支持多重需求的合作本地化项目等助推汽车行业发展。

农产品加工。吸引战略投资，深挖农业加工潜力。发展国家和区域性的农业专业化市场，构建农业集群管理结构，确定农业加工出口优选区域目的地。促进穆斯林清真产业发展，完善家禽加工价值链，加快亚洲、中

---

① "Industrial Policy Action Plan 2018/19-2020/21: Economic sectors, employment and infrastructure development cluster", https://www.gov.za/sites/default/files/gcis_document/201805/industrial-policy-action-plan.pdf.

东、欧洲和非洲优先出口市场特定水果和增值产品的贸易谈判并缔结贸易协议。

服装纺织品皮革鞋类行业。提高皮革、皮革制品和鞋类测试，区域棉织品开发能力，推进出口集群发展规划，零售驱动集成供应链计划等。通过实施"2030南非零售计划"，以及服装、纺织品、皮革和鞋类价值链总体规划，预计将鞋类出口由每年440万双增加至1500万双。皮革和鞋类制品的国内产值由2016年100.3亿兰特增加至2020年181.3亿兰特。皮革和皮革制品出口附加值由48亿兰特增至66.2亿兰特。

金属冶炼和铁路运输设备制造。南非重大基础设施建设以及非洲大陆铁路网基础设施项目的重大投资将增加对机车和货车的需求。非盟将南非列为非洲铁路卓越中心，为南非铁路机械运输设备制造提供重要平台。南非将抓住机遇，深入推进国家铸造技术和竞争力提升。另外南非将实施珠宝行业支持计划，将中国确定为南珠宝出口增长潜力国家，努力扩大南非在中国珠宝市场的份额。

钢铁行业。政府将密切跟踪钢铁行业发展，推进实施钢铁和其他能源密集型用户的中短期电价方案、锰储存开发计划、铬出口税提案等，并投资2.2亿兰特，同矿业商会联合启动采矿研发协调机构"曼德拉矿业区"。

液化天然气行业。发展液化天然气市场，制定液化天然气行业战略，与经济发展、能源、劳工部等合作共同应对发展挑战。贸工部与新伙伴关系商业基金会和南部非洲共同体区域天然气委员会共同制定"区域天然气总体规划"，扶持发展天然气价值链战略组件和服务的相关供应商。

海洋制造业。通过制定"海洋制造业全面发展计划"，加大国产船舶的采购力度并大力扶持发展本国船舶配套产品，以振兴船舶制造和相关产业链，提升国内需求及船舶维修保养等海洋服务能力。实施技能发展计划，为海洋制造业培育高技能人才。在帕基萨计划框架下成立海事制造技能工作组并由贸工部制定技能发展路线图。

其次，该行动计划明确规定政府在南非产业发展过程中的指导和扶持

作用。具体措施如下:

第一,政府规定将本地采购确定为支持工业化目标的关键政策,优先采购本地制造的产品/商品以支持工业发展。南非贸工部与总统基础设施建设协调委员会和行业协会合作,确定各级政府战略基础设施项目中大型项目的当地采购机会,重点关注金属制造、资本设备和运输设备领域。此外,南非《优先本地采购政策框架法案》规定行业采购至少75%来自本土。

第二,鼓励相关企业参与优先发展领域的生产投资,包括消防车部件的本地设计和制造、电子设备的本地生产及组装、生物识别设备的本地设计和制造等。

第三,政府支持制造业竞争力的提升和转型。对总部设在南非,研发成本占比50%及以上,采购投入占比60%及以上的公司进行经济激励;在税收上予以支持;设立黑人工业家项目;举办私营部门融资合作论坛等。

第四,制定贸易发展政策。重点支持光纤实验室技术研发。升级国家测量和测试实验室,支持汽车制造业;实施水产养殖发展和改善计划,为海水和淡水养殖业提供激励措施促进海洋经济;积极参与和支持非洲地区标准化组织和非洲电工标准化委员会,协调标准以促进非洲内部贸易增长,推动南部非洲和非洲大陆技术基础设施发展;重视运输基础设施建设,提高研发能力和深化产业价值链(尤其是农业、矿业和药物)以推动非洲经济一体化和工业化发展。

第五,设立经济特区。目前经济特区方案主要体现在设立新的经济特区;通过相关立法;吸引投资;完善基础设施;提高管理能力建设等方面。

第六,鼓励企业科技创新。除每年拨款用于支持中小企业科技创新发展外,南非政府还制定综合性长期科技创新行动计划,设立综合数字工业革命战略和政策的国家协调委员会以应对数字工业革命的发展。

(三)拉马福萨总统"经济复苏和重建计划"①

2020年疫情严重打击了南非的国民经济,影响产业政策的实施。对此,拉马福萨总统于2020年10月15日的议会联席会议上宣布疫情下南非"经济复苏和重建计划"。该计划设定五大目标,分别是通过加大基础设施建设投资和大规模就业计划创造就业机会;推进再工业化,专注发展中小企业;加快经济改革,促进投资和经济增长;打击犯罪和贪污;提升国家治理能力。通过政府干预,计划两年内实现充足、安全、可靠的能源供应;在短期内创造超过80万个就业机会,以应对失业问题;2020—2024年,将投入超过1万亿兰特到基础设施建设;降低南非使用网络成本,将宽带接入扩大到低收入家庭;通过更深层次的本地化和出口,扭转本地制造业的衰退并促进再工业化;振兴旅游业等受疫情打击严重的部门。

该计划主张政府对经济发展进行具有重大影响的干预措施,与产业政策相关的政府干预手段主要包括以下方面:

第一,大力推动国内基础设施建设,以刺激投资、增加可持续就业,以及促进相关经济部门发展。主要措施包括对铁路进行现代化翻新;采用劳动密集型方法扩大对农村和城市道路的修复和养护;调整基础设施采购框架,以促进公私合作及释放新的资金等。

第二,迅速扩大能源生产力。政府正在加速推进《综合能源计划》的实施,以推动可再生能源、电池储存和气体技术的研发工作。具体措施包括:与独立发电商(IPP)签订协议;推动可再生能源招标方案;调整电力监管框架,加速自用发电项目的审批速度;继续推动将南非国家电力公司重组为独立的发电、输电和配电实体工作等。

第三,制定刺激就业计划,以创造就业和支持民生。拉马福萨强调创造就业是南非"经济复苏和重建计划"的核心。刺激就业计划的重点是那

---

① 拉马福萨总统在2020年议会联席会议上的演讲全文,参见南非政府网站,https://www.gov.za。

些可以快速推行且对经济复苏产生最大影响的政府干预措施。创造就业机会的领域主要包括:自然资源管理项目、教育领域、劳动密集型市政基础设施建设和农村道路维修与建设、社区卫生服务等。

第四,推动工业增长。为应对近些年来南非制造业持续下滑的现象,政府计划大力支持本地生产,提高南非出口的竞争力。主要措施包括优先采购本国消费和工业产品,提高农产品加工、医疗保健、基本消费品、工业设备、建筑材料和运输车辆等领域的产品本地化,确保所有公共基础设施建设项目都适用本国生产材料,如钢材、水泥、砖块等,推动投资公司更多地投资从国内制造商购买产品的公司,政府呼吁南非人购买本国产品,支持本地企业等。

第五,大力扶植中小微型企业。将中小微型企业作为增加就业,促进经济增长和经济转型的最大动力之一。主要措施包括为中小微型企业提供基础设施支持,通过贷款和混合资金提供财政援助,促进市场公平,提供技术支持,在产品认证、产品测试等方面给予援助。

第六,支持旅游业复苏。为促进南非旅游业的恢复与发展,政府将继续推行高效的电子签证系统,并将免签政策扩大到新的旅游市场。此外,政府还会公布新的允许来南非旅行的国家名单。

此外,"经济复苏和重建计划"还提出其他有利于经济恢复的政策,包括支持妇女开办企业;培育更多高层次技术人员以支持地方企业;支持私营机构参与铁路建设;在运输领域建立独立经济监管机制;实施新的国家反腐战略,打击非法经济和非法资金流动等。

据南非财政部建模数据预测,该计划的实施将使南非未来10年的经济平均增长率提高到3%左右。

第五章　中国南非智库合作

一、南非智库基本情况

南非智库在金砖国家中是相对领先的,其人均拥有智库数量和单位国内生产总值接受智库服务程度高居首位。根据目前国际最具权威性和认可度的美国宾夕法尼亚大学智库与公民社会项目所发布《全球智库指数报告2020》的排名,南非共有智库102家,数量位居世界15名,落后于金砖国家中国的1413家、印度的612家、巴西的190家和俄罗斯的143家。①不过,南非进入全球智库前175名的智库有6家,超过俄罗斯的3家和巴西的2家,仅次于中国的10家和印度的9家。而在非洲地区,南非智库更是独领风骚,极大程度上影响了非洲大陆尤其是南部非洲的政治、经济和社会转型。

南非智库发展已近百年历史,首家智库南非种族关系研究所成立于1929年。此后以1990年和2010年为重要节点,其发展历程大致经历了三个阶段:第一阶段是从南非作为英国自治领时期至解除种族隔离制度前夜的1990年,带有浓厚殖民背景;第二阶段是从1990至2010年,出现大量非政府智库,1994年上台的南非新政府通过强化现有科学理事会和建立公

---

① James G. McGann, *2020 Global Go to Think Tank Index Report*, The Lauder Institute, University of Pennsylvania, 2021.

共智库来鼓励和支持政策导向型研究，以推动南非向知识型经济体转型；①第三阶段大约从2010年至今，其间出现的新智库除延续此前关注国内冲突与国际安全等议题外，多数专注于气候变化、环境变迁议题。

当前，南非智库的实力和影响力在全球处于上游位置，在非洲其竞争力则极其突出。根据《全球智库指数报告2020》的统计分析，截至2021年撒哈拉沙漠以南非洲的智库总数为679家，在全球各区域智库数量排名中倒数第二（仅高于中东和北非）。而按照国别排名，高居撒哈拉以南非洲首位，共有102家，远高于第二名肯尼亚的64家、第三名尼日利亚的52家。在质量方面，南非入选世界顶级智库综合排名前175名的共有6家（详情参见附录表格）。而撒哈拉沙漠以南非洲的顶级智库前95名排名中，南非成功入选17家，遥遥领先于加纳（9）、肯尼亚（8）、尼日利亚（8）和埃塞俄比亚（7）。由此可见，南非智库无论就数量而言还是单个智库的综合实力来说，在非洲地区都处于领先地位。

表4-9 南非主要智库一览表

序号	英文名称	中文名称	成立时间	所在城市	战略目标	主要研究方向与活动	资助来源
1	South African Institute of Race Relations	南非种族关系研究所	1929	约翰内斯堡	通过有限政府、市场经济、私人产权、言论自由和法治体系实现击败贫困和暴政	媒体预警服务、民主支持项目、公民社会支持项目、政策咨询等	益格鲁—美国主席基金、第一兰德基金、黑格慈善基金等
2	The South African Institute of International Affairs (SAIIA)	南非国际事务研究所	1934	约翰内斯堡	推动建构良治、和平、经济可持续和全球参与的非洲	外交政策、治理、环保、经济政策与社会发展、连接地方经验与全球讨论	阿登纳基金会、瑞典国际发展合作局、美国国际发展局、查塔姆院、欧盟等

① Claudious Chikozho and Davison Saruchera, "Universities and Think Tanks as Partners in the African Knowledge Economy: Insights from South Africa," *African Journal of Science, Technology, Innovation and Development*, 2015, Vol. 7, No. 4, p. 289.

续表

序号	英文名称	中文名称	成立时间	所在城市	战略目标	主要研究方向与活动	资助来源
3	The Council for Scientific and Industrial Research（CSIR）	科学与工业研究理事会	1945	比勒陀利亚	非洲最大的研发组织,旨在为国家发展规划贡献资本,强化科技基础	生物科学、信息与通讯;激光技术、物质科学与制造;采矿改良;纳米技术等	议会拨款、研发收入
4	South African Bureau for Racial Affairs	南非种族事务局	1948	斯泰伦布什（西开普）	为南非国民党种族隔离政策作学术与理论辩护		
5	Centre for Conflict Resolution	冲突化解中心	1968	开普敦	致力于族群间相互接受与合作	对"种族"群体间关系展开学术研究	瑞典、芬兰、挪威等
6	ActionAid International	行动援助国际	1972	约翰内斯堡	为社会、经济和环境正义建构国际动力,致力于社会公正、性别平等和减贫,进而推动建立公正、公平和可持续的世界	以女性权利为中心和主线,聚焦四大议题:女性、政治与经济、土地与气候、突发事件等	丹麦和马拉维的机构捐助、个人捐助（英国、意大利等）、慈善机构捐赠等
7	Free Market Foundation	自由市场基金	1975	约翰内斯堡	推动开放社会、法治、个人自由和经济出版自由作为基于古典自由原则来捍卫人权与民主的根本构成	土地改革项目、国内航空与南非航空公司、世界经济自由报告、卫生政策,反对最低工资	成员订阅、捐赠与赞助
8	Energy Research Centre, University of Cape Town	开普敦大学能源研究中心	1989	开普敦	扎根非洲的跨学科能源研发中心,致力于在地方和国际层面追求技术、政策与可持续发展研究、教育与能力构建的卓越	能源环境与气候变迁、能源匮乏与发展、可再生能源、能源系统分析与规划	开普敦大学
9	Heinrich Böll Stiftung Southern Africa	海因里希·玻尔（南非）基金会	1989	开普敦	培育民主制、支持人权、阻止全球生态破坏、提升男女平等等	民主与社会公正、生态公正、人权与性别公正、国际对话及同性恋权利等	

序号	英文名称	中文名称	成立时间	所在城市	战略目标	主要研究方向与活动	资助来源
10	The Development Policy Research Unit（DPRU）	发展政策研究科	1990	开普敦	通过对劳动市场挑战的专业研究影响经济社会政策制定	金融发展与贸易（南非）、劳动力市场、贫困与不平等、分析微观数据集	世界银行拨款便利化组织
11	Friedrich-Ebert-Stiftung South Africa Office	埃尔伯特基金会南非办公室	1991	约翰内斯堡	致力于非洲大陆社会公正、民主与国际团结；推动非洲、德国和欧洲的政治交流	政治治理与社会；经济、社会与环境政策；国际关系与外交政策	德国政府
12	Institute for Security Studies	安全研究所	1991	比勒陀利亚	提供专业政策分析与建议、实践训练与技术协助，提升非洲安全	冲突、和平与治理；移民；跨国威胁与国际犯罪等；性别与人类安全；气候变迁	英国和平支持小组、瑞典、挪威、西班牙大使馆、澳大利亚政府、德国政府等
13	African Centre for the Constructive Resolution of Disputes	非洲建设性冲突解决中心	1992	德班	强化非盟对复杂冲突的制度反应；强化女性、青年对预防、减缓和解决复杂冲突的作用；强化多维利益相关者处理复杂冲突的作用等	公民社会、跨边界冲突、家庭与性别暴力、疫情、和平与安全、政治不稳定或暴力、公民与体制间信任等	英国国际发展部等
14	Trade & Industrial Policy Strategies	贸易与工业政策战略所	1994	比勒陀利亚	为决策者提供应对去工业化、大规模和系统性不平等挑战；实现绿色增长	经济研究与分析；相关议题对话协调；能力建设与项目管理	政府资助、合同收入等
15	Institute for Global Dialogue	全球对话研究所	1995	比勒陀利亚	以领先政策研究分析成为全球公认外交智库；推动对外交政策之于国家与国际发展目标之角色的理解	外交政策分析；地缘政治动力与治理；国际外交策略；拉美与加勒比研究等	经营合资企业及项目

续表

序号	英文名称	中文名称	成立时间	所在城市	战略目标	主要研究方向与活动	资助来源
16	Centre for Development and Enterprise	发展与企业中心	1995	约翰内斯堡	聚焦商业与市场在发展中的角色，提倡基于市场解决的高增长与劳动密集经济战略	聚焦国民发展及其与包容性经济成长与民主巩固；开展工作与增长、教育、国际智库网络项目	南非联合银行、盎格鲁—美国基金、鲍尔家族基金、洛克菲勒基金等
17	Electoral Institute for Sustainable Democracy in Africa	非洲可持续民主选举研究所	1996	约翰内斯堡	推动可信赖选举、公民参与和增强政治制度实现非洲可持续民主	选举与政治过程、治理制度与过程、投票与选举服务	加拿大与国际发展局、英国国际发展部、欧盟、美国民主基金会等
18	The Food, Agriculture and Natural Resources Policy Analysis Network	食品、农业和自然资源政策分析网络	1997	比勒陀利亚	通过创造、评估食品、农业和自然资源政策建构富有弹性的非洲农业食品体系	食品与营养；自然资源；农村妇女、社会保护与农村发展；农业政策、环境	国际合作伙伴：非盟、欧盟、德国发展合作局、丹麦国际发展局
19	South South North (SSN)	南方—南方—北方	1999	开普敦	建构气候弹性世界，实现公正资源管理驱动可持续未来	协助政府、私人部门和研究机构理解气候变迁带来的经济、社会和环境选择；提供气候服务、气候与发展执行等	非营利独立智库
20	African Centre for Cities	非洲城市研究中心（开普敦大学）	2007	开普敦	以系统思维生产关于都市危机驱动力的可信赖新知识；在非洲和全球南方都市发展提供定制发展方案；强化非洲持久的知识机构与网络等	气候风险与都市弹性可持续发展；都市转型；都市食品体系；都市研究；与《2063年议程》契合	开普敦大学

序号	英文名称	中文名称	成立时间	所在城市	战略目标	主要研究方向与活动	资助来源
21	African Union Development Agency	非洲联盟发展局	2010	米德兰	推动区域整合加快实现非洲《2063年议程》;强化非盟成员国和区域实体全领域资源动员服务非洲大陆与其发展利益攸关者和伙伴的技术对接	经济整合;工业化、科技与创新;环境可持续发展;技术、创新与数字化;人力资本与工业发展;非洲基础设施发展(能源、水等)	非盟直属,Afri100的秘书处
22	Climate and Development Knowledge Network	气候与发展知识网络	2010	开普敦	增强那些最易受气候变化影响的人的生活质量	结合知识、研究和咨询服务来支持地方所有和管理政策进程	荷兰外交事务部、加拿大国际发展研究中心
23	Mandela Institute for Development Studies	曼德拉发展研究所	2010	约翰内斯堡	旨在形塑政策与治理实践、经济发展和非洲制度的演化	非洲遗产、非洲治理、非洲民主制度、经济发展与制度形成	奥巴桑乔、佩德罗·皮雷、本杰明·姆卡帕、莫哈埃
24	Enhancing Africa's Response to Transnational Organised Crime	增强非洲对有组织犯罪反应	2014	比勒陀利亚	增强非洲更有效应对跨国有组织犯罪能力;缓和跨国有组织犯罪对非洲发展、治理、安全和法治的影响	建构知识并提供基于证据的非洲跨国有组织犯罪分析;为关键利益相关者中间建构技能和能力	欧盟
25	Future Climate for Africa (FCFA)	非洲未来气候	2015	开普敦	旨在生成聚焦非洲的基础性新气候科学,并发挥效用	提升非洲气候模式进程、非洲季风多学科分析;非洲城市和土地的未来弹性等	英国外交、联邦与发展部、英国自然环境研究理事会
26	Covenant of Mayors in Sub-Saharan Africa	撒哈拉以南非洲市长联盟	2015	开普敦	支持撒哈拉以南非洲地方政府执行《欧盟绿色协议》气候行动		欧盟;德国联盟经济、合作与发展部;西班牙国家合作局

资料来源:根据以上智库官网和相关网站资料整理而成

表4-10 南非入选2020年全球智库排名单项榜单一览表

序号	智库榜单	南非入选智库及其排名
1	外交与国际事务智库前156名	国际安全研究所(96)和南非国际事务研究所(106)
2	科学与技术政策中心（智库）	科学与工业研究理事会(14)和非洲信息通讯技术研究所(23)
3	社会政策智库	教育政策发展中心(39)、非洲建设性冲突化解中心(57)和南非的人文与社会科学研究理事会(84)
4	食品安全智库	南非食品研究卓越中心(41)、食品、农业与自然资源政策分析网络(46)和食品、营养与安康研究所(55)
5	水安全智库前75名	非洲水问题研究科(6)、非洲水研究中心(11)；能源与资源研究所(27)、比勒陀利亚水研究所(28)和水资源委员会(30)
6	国际发展政策中心智库	南非国际事务研究所(50)和全球对话研究所(IGD，63)；均落后于肯尼亚的非洲技术政策研究网络(46)
7	环境政策智库前100名	非洲环境经济与政策中心(81)
8	最佳智库网络	南非国际事务研究所(44)；食品、农业自然资源政策分析网络(57)和安全研究所(80)
9	最佳运营智库	安全研究所30)、南非国际事务研究所(39)和南非非洲研究所(48)
10	最佳跨学科研究中心	食品、农业与自然资源政策分析网络(7)、安全研究所(32)和南非国际事务研究所(48)
11	最佳大学附属智库	南非金山大学应用法律研究中心(53)和金山大学魏茨社会与经济研究协会(87)
12	最佳社交媒体与网络使用智库	非洲建设性冲突化解中心(35)、国际事务研究所(42)、安全研究所(63)和食品、农业与自然资源政策分析网络(73)
13	最佳独立智库	安全研究所(40)、南非国际事务研究所(67)、自由市场基金(104)和南非城市网络(143)
14	杰出政策导向研究项目智库	安全研究所(45)和南非国际事务研究所(49)
15	最佳年度预算少于500万美元智库	南非经济政策研究所(3)和战略反思研究所(36)
16	最佳疫情政策和制度响应智库	马蓬古布韦战略反思研究所
17	最佳人工智能政策与战略智库	开普敦大学(54)

资料来源：James G. McGann, *2020 Global Go to Think Tank Index Report*, The Lauder Institute, University of Pennsylvania, 2021.

二、南非智库的类型与特征

南非的科研基础（包括大学和智库）是非洲地区规模最大、最具多样性的国家之一，占据南部非洲地区基础研究产出的80%。1994年南非新政府上台后，加大了研发力度，单位国内生产总值研发经费实现了快速增长，直到2009年增长速度放缓。同时，南非启动了大学改革和公共智库角色转变倡议，为大学与智库之间，智库与智库之间的合作交流创造了更多机会和空间。但南非大学和智库的功能有着较大差异。其大学主要在于生产、传播和应用科学知识与方法，以教学和研究为核心业务；智库的核心业务则是研究（生产知识）并以之影响公共政策，聚焦于政策建议和政策游说的研究与分析。智库分析研究的形式主要有三种：像大学一样以无目标的独立研究来介入政策进程；受特定基金资助机构委托而作定向咨询建议分析；有意通过游说影响公共政策的倡议性研究。[①]

按照现有学者调查研究发现，南非智库比较重视长期性的独立研究。在接受调查的30家知名智库中，92.3%的智库参与独立研究，换言之，绝大多数智库将独立研究放在首位，将最多的精力投入其中，而将政策对话放在第二位，将培训和教育放在第三位，咨询服务放在第四位。[②]此外，南非智库对研究投入较大。在2010—2015年间，23.1%的南非智库在执行1~5个研究项目，38.5%的智库则超过10个项目。 这些研究项目均由智库的全职研究人员领导，甚至23.1%的研究项目完全由智库全职员工完成，其他的则有外部研究人员参与其中。介于以上总体情况，以下对南非智库的

---

① Claudious Chikozho and Davison Saruchera, "Universities and Think Tanks as Partners in the African Knowledge Economy: Insights from South Africa," *African Journal of Science, Technology, Innovation and Development*, 2015, Vol. 7, No. 4.

② Claudious Chikozho and Davison Saruchera, "Universities and Think Tanks as Partners in the African Knowledge Economy: Insights from South Africa," *African Journal of Science, Technology, Innovation and Development*, 2015, Vol. 7, No. 4.

类型与特征作一简要分析。

（一）南非智库的类型

与中国智库多为官方智库迥然不同的是，南非智库多接近西方智库模式，以非官方、非党派智库为主，且多属非营利性组织。以下根据与政府关系的远近等因素来划分南非智库的不同种类：

一是独立/准独立型智库。指独立于政府，或者独立于政府但受控于某个利益集团、资金来源于外来捐赠或承包中介的智库。譬如南非国际事务研究所、南非冲突解决中心、非洲建设性冲突解决中心、南非公正与和解研究所等等。

二是政府直属/准政府型：指隶属于政府或者完全由政府资助但并非政府一部分的那些智库。这种类型最典型的属科学与工业研究理事会、南非贸易与工业政策战略所和食品、农业与自然资源政策分析网络等。

三是大学直属型：指隶属于大学的从事某领域研究的中心或智库。这一类主要有：南非金山大学应用法律研究中心、金山大学魏茨社会与经济研究协会、开普敦大学非洲城市研究中心和开普敦大学能源研究中心等。

四是境外智库分支机构：指其他国家智库在南非所设立的分支智库。如德国弗里德里克·埃尔伯特基金会南非办公室、海因里希·玻尔基金会南非分部等。

另外从研究领域看，南非智库主要有国际事务与国际安全类、产业智库、科技智库等。

（二）南非智库的基本特征

南非智库不仅受欧美影响颇深，而且作为立足于南非的智库，也呈现出诸多与南非在非洲地区的地位、影响相称的特色。尽管南非是金砖国家中实力最弱的，且在种族隔离制废除后社会矛盾突出，国家经济发展极不稳定，但在撒哈拉沙漠以南地区，它的传统影响力仍是最强的。尼日利亚的硬实力虽提升较快，在该地区形成了与南非相抗衡的局面，但凭借作为欧美进入非洲桥头堡的文化、地缘优势，南非依然在推动非洲区域一体化、区域议题设置等方面保有领先的地位。其中，智库在南非引领非洲区域合作、主导议题设置方面承担着不可或缺的角色和功能。这深刻地塑造了南非智库的基本特征：

首先，南非智库多数属于区域性和国际性智库，其关注领域、涉及范围往往不局限于南非本土，而是牵涉撒哈拉沙漠以南非洲乃至泛非性议题。南非致力于南部非洲的经济一体化、基础设施和工业发展，甚至成立发展合作署和非洲复兴基金作为对外援助机构，为南部非洲发展共同体提供了20%的业务预算，是其最大捐助国。[①]人文科学研究理事会、科学和工业研究理事会、国家研究基金会等智库就直接参与支持他国发展。不仅如此，南非极力加强非盟及其附属机构，作为影响非洲多边安全、发展和政治决策的主要渠道。因此，南非智库往往也"追随"其大国雄心。知名的食品、农业与自然资源政策分析网络在18个国家建立由区域秘书处组成的多层级网络，旨在为整个非洲建构富有弹性的食品系统。[②]而2010年新成立的气候与发展知识网络和曼德拉研究所均将目光瞄向了整个非洲大陆乃至更远地区。前者的项目遍及拉美32个国家和地区、亚洲28个国家和地区及非洲绝大多数国家，囊括了缓解气候变化、气候金融和低碳能源等二十多个研究主题；[③]后者则聚焦于非洲遗产、非洲治理与非洲民主制度等议题。在运营上，安全研究所的国际化最为突出，不仅在南非以外建立永久的实体存在，在比勒陀利亚、内罗毕、亚的斯亚贝巴和达喀尔设有办事处，

---

① Neissan A. Besharati, "South African Development Partnership Agency (SADPA): Strategic Aid or Development Packages for Africa?" *Research Report*, No. 12, South African Institute of International Affairs, 2013.

② 参见食品、农业与自然资源政策网，https://fanrpan.org/。

③ 参见气候与发展知识网，https://cdkn.org/。

而且人员配备也高度国际化,约1/3是非南非人。① 而2015年发起的"对话非洲"(The Conversation Africa)更在拉各斯(尼日利亚)、内罗毕(肯尼亚)和阿克拉(加纳)等地设立了办公室。

其次,南非智库大多属于多功能综合型智库,是传统智库、行动库和宣传库的复合体,这也是最值得我国智库学习借鉴的优点之一。尽管每个智库侧重方向有所差异,但基本能将传统智库研究(往往注重长时段研究,而非短期政策咨询)、社会行动和舆论宣传三大功能集于一身。譬如,非洲建设性冲突解决中心的核心业务是培训和调解(行动),其研究是为之服务的,即为非洲和平安全议题提供实践性政策指导;类似地,安全研究所集合了"传统智库"和强大培训功能,和司法与和解研究所一样都具有强烈的公民社会组织的色彩;非洲可持续民主选举研究所贯彻"在行动中研究",在中非区域的加蓬、科特迪瓦、刚果民主共和国和东非的马达加斯加、莫桑比克、索马里等国设立"田野办公室";尽管南非智库极少将自己视为游说组织,只在关键议题建言献策,但都会创造强大宣传空间为游说组织提供理论和证据基础。比如南非国际事务研究所通过各类出版物(著作、书评、临时文章、政策简报、政策洞察、报告和杂志出版等),更有视频(专家与政要访谈等)、社交媒体、学术论坛和舆论分析等来推介、展示自身观点。综观南非各大智库官网,以上宣传要素和工具都极为齐全,远超中国智库。非洲建设性解决争端中心、安全研究所和国际事务研究所都入选社交网络使用最佳智库。

再次,南非独立智库的资金多来自国际(尤其是欧美国家)捐赠和地方性合作伙伴,甚至引起南非政府对某些智库独立性的怀疑。南非独立智库排名靠前的如安全研究所、国际事务研究所、非洲建设性冲突解决中心等资金来源大部分来自北欧的瑞典、挪威、芬兰、荷兰及英美加等西方国家,

---

① Ian Christoplos, Greg Moran & Jesper Bjarnesen, *Review of Five South Africa Based Think Tanks Supported by Sida*, Final Report, Swedish International Development Cooperation Agency, 2015, p. 14.

极少能得到南非政府、非洲基金会和慈善家的资助。

　　新兴成立的气候与发展知识网络、未来非洲气候等智库的资金同样来自南非之外的欧美国家或组织。少数智库能通过联合研究或调查成果获得部分收入如司法与和解研究所的"非洲晴雨表"(Afrobarometer)项目。这种局面很大程度是由于南非经济实力不济(仍接受西方国家援助),其政府、企业和社会组织并无雄厚资金供应本国智库所造成。南非智库的发达与其本国资助之少的极大反差恰恰反映了其独立智库被渗透程度之深。与政府资助的智库相比,它们能更直接批评当局,而与西方智库相比,南非智库的身份给它们带来更多的可信度。然而南非政府似乎也意识到了这一问题。"南非对非政府组织的攻击在显著增加……明目张胆地断言,非政府组织是西方的前线,由西方提供资金,从而推动西方利益。"[1]瑞典国际发展合作署作为西方资助者甚至认为当前的南非政府已经失去了"人权和法治的道德制高点",是"有问题的政权",一旦其所资助智库被视为南非政权的代表,也就失去了信誉。换言之,如果南非局势恶化,这些资助很可能会转移至南非之外的其他智库去。对于中国,这些智库也往往戴着有色眼镜,南非国际事务研究所的斯塔登(Cobus van Staden)称应谨慎应对"一带一路"建设,认为中非合作之间惯常的"双赢修辞"从未能够充分回应双方的权力不平衡,比如贝宁这样的经济体如何能够和中国巨兽进行有意义的接洽?[2]一定程度上,西方势力可通过智库,对南非政府政策进行"引导"。[3]

　　最后,南非智库大多建构了强大的合作网络,尤其是与大学的合作较

　　[1] Ian Christoplos, Greg Moran & Jesper Bjarnesen, *Review of Five South Africa Based Think Tanks Supported by Sida*, Final Report, Swedish International Development Cooperation Agency, 2015, p. 52.

　　[2] Cobus van Staden, "China's Belt and Road Plan: How Will It Affect Africa", https://saiia. org.za/research/ties-between-african-countries-and-china-are-complex-understanding-this-matters/.

　　[3] 谭玉、朱思慧、张涛:《金砖国家顶级智库建设的比较及对中国的启示》,《情报杂志》2018年第4期。

为深入。南非国际事务研究所在非洲经营着由68个合作伙伴组成的网络，触角深入到葡语区和阿拉伯语区非洲；冲突解决中心长期倚仗遍及各国的合作伙伴开展研究，每年招募大量培训师合作举办10~15场培训活动，南苏丹和斯威士兰等国的地方性公民社会组织则协助其组织培训并处理棘手地方问题；司法与和解研究所在津巴布韦和布罗迪等国与非政府组织其他工作小组建立合作关系，与纽约国际转型正义中心紧密配合，正积极将业务拓展至北非、西非和东非等地；非洲建设性冲突解决中心在过去几十年参与了影响非洲大陆的所有重大冲突，与非盟、联合国密切配合，与南部非洲发展共同体、东南非共同市场、政府间发展管理局和大湖区问题国际会议制定了谅解备忘录。[①] 不仅如此，南非专门智库和大学的合作也较为深入。据调查，2010—2015年间，69.2%的智库曾和全国性大学合作过，而其中76%的智库是主动发起合作研究，大学或其科研单位很少发起合作。[②]这表明智库的合作意愿更强，在动员资源上更积极也更成功。

三、中国与南非智库合作存在的问题

由于以上南非智库的特征和中南两国政治、经济合作的现实，当前中南智库合作存在诸多问题与挑战，但也有着巨大的开拓空间。

首先，南非科技与产业智库与中国智库互补性强，但双方合作深度不深广度不广；人文社科智库中国研究极为薄弱，加之意识形态差异和自主资金匮乏，双方合作亟待深化。南非重视气候环境、水资源、农业、矿产开发及第四次工业革命等领域深入发展，相关科技在非洲处于先进地位，但

---

① Ian Christoplos, Greg Moran & Jesper Bjarnesen, *Review of Five South Africa Based Think Tanks Supported by Sida*, Final Report, Swedish International Development Cooperation Agency, 2015, p. 20.

② Claudious Chikozho and Davison Saruchera, "Universities and Think Tanks as Partners in the African Knowledge Economy: Insights from South Africa," *African Journal of Science, Technology, Innovation and Development*, 2015, Vol. 7, No. 4.

与世界先进水平相比仍有不少差距,对于与中国科研机构合作的意愿和实践仍可加强。人文社科领域,仅有两所中国研究中心,且运行不稳定;其他智库对中国的关注和研究不够,对中共和政府内外政策、全球治理观的认知和了解滞后,且充满政治偏见。斯塔登就提醒非洲各国政府注意,中国对非洲提供能力建设在中共信条所确定的框架下进行,是为了对抗西方意识形态。① 非洲大学和智库应当跟踪研究中国变化,与中国机构建立联系;将中国相关的专业知识纳入国家及区域发展和安全政策框架。② 同样,很多智库和中国联合举办学术论坛,却没有专门中国问题研究项目,对中国问题关注匮乏。

其次,中国产业与科技智库实力较强,与中等水平的南非智库的合作意愿一般;而对非人文社科智库仍处于艰难转型中,尚不能完全满足国家战略需求。过去几十年无论是高校还是社科院对南非和非洲研究以学术性为导向,为适应国家需求而改革转型。对非智库建设仍处于摸索阶段,即便是那些长期从事应用对策研究的科研机构,也仍然难以发挥智库所应有的全部功能。③另外,高校和中国国际问题研究院等综合性智库往往缺乏对非研究实体性机构,研究人员少且不稳定,"有库无智"的现象层出不穷。总之,对非智库职业化实体化程度偏低,能够胜任对南非智库研究的复合型人才更为短缺。

最后,中南智库合作缺乏稳定可行的机制,合作状态和效果受南非内政和国际政治形势影响较大。当前中国与南非(非洲)的人文交流、治国理政交流局限于中联部、商务部等举办的培训班、研讨班和党际交流等官方合作,这较易引发非洲和西方国家对中国意识形态输出的质疑。而具有相

① Cobus van Staden, "China in the Era of 'Xi Jingping Thought': Five Key Trends for Africa", *Policy Briefing of South African Institute of International Affairs*, No. 171.

② Cobus van Staden, "China's Belt and Road Plan: How Will It Affect Africa", https://saiia.org.za/research/ties-between-african-countries-and-china-are-complex-understanding-this-matters/.

③ 张宏明:《中国非洲问题的"智库研究":历程、成效和问题》,《西亚非洲》2015年。

对独立地位和灵活性的智库在中南人文和治国理政交流乃至产业科技合作中的作用仍是零散的,缺乏体系性和规模效应。此外,南非中资企业也缺乏意识和意愿与当地研究机构和大学开展联合研究,资助当地智库来获取有助于其非洲投资业务的信息和咨询。事实上,这些民间力量是未来中南智库合作大有可为的动力所在,能有效促进中国人民对南非和非洲的认知,有利于非洲人更准确地认识中国。

南非已逐渐认识到金砖合作能增强南非的独立性,西方国家和国际组织不会在原子能、生物技术、水电设施等亟需领域给予其援助。正如南非大学全球对话研究所所长指出,对自主独立性的追求是南非和世界关系中的一个主要考量,而加入金砖是其重大外交成就。如今南非也渴望学习东亚经济发展模式,成为"发展型国家",因此中南之间应当能够在国内发展和非洲议程中找到一些契合点。而中南智库联盟的建立将有助于规划、聚焦双方合作议题,为南非与中国各自开展与非洲国家的交往合作献计献策。厦门金砖办可寻求与浙师大非洲研究院南非分院合作牵头,联合非洲联盟发展局、曼德拉发展研究所、湘潭大学非洲法研究中心等在南非国内发展和非洲事务上有切合点的智库组建。以中南智库合作为抓手,可以实现金砖合作机制和中非合作之间的密切配合。

第六章　未来发展与政策思考

一、南非与中国经贸合作现状及问题

中国与南非于1998年1月1日正式建交以来,双方签订了一系列互惠互利的经贸合作协定,经贸关系突飞猛进。2010年8月,双方领导人将两国关系提升为全面战略伙伴关系。截至2021年,中国已经连续12年成为南非最大的进出口贸易国。

表4-11　2010—2021年中国南非贸易基本情况

（单位：亿美元）

	中国对南非出口额	出口增长率	中国从南非进口额	进口增长率	中国南非贸易总额	贸易总额增长率
2010	108		148.5		256.5	
2011	133.6	23.7%	320.68	11.6%	454.3	77.1%
2012	153.3	14.7%	446.2	39.1%	599.4	32%
2013	168.3	9.9%	483.9	8.4%	652.2	8.8%
2014	157	−6.7%	445.7	−7.9%	602.7	−7.6%
2014	158.6	1%	301.5	−35.4%	460.1	−23.7%
2016	128.5	−19%	222.3	−26.3%	350.8	−23.8%
2017	148.1	15.3%	243.9	9.7%	392	11.7%
2018	162.5	9.7%	272.9	11.9%	435.4	11.1%
2019	165.4	1.8%	259.2	−5%	424.6	−2.5%
2020	152.4	−7.9%	205.9	−20.6%	358.3	−15.7%
2021	211.1	38.5%	332.2	61.3%	544.3	51.9%

资料来源：中国统计年鉴

从上表可以看出,2010—2013年是中国南非双边贸易迅速发展时期,特别是前两年的贸易额增长明显。然而从2014年开始,因全球经济不景气和国际大宗商品价格下跌,导致南非经济发展停滞,致使中国南非双边贸易规模萎缩,贸易额下滑,尤其是2015和2016两年降幅较大。2017—2019年,双方贸易在经历两年的迅速增长后有一定的回落。到2020年,随着疫情肆虐全球,双方贸易迅速下滑,尤其是中国从南非的进口额下降20.6%。到2021年,疫情逐渐稳定,双方贸易额出现急速增长,总涨幅达到51.9%。据最新数据显示,2022年1至2月,中国南非进出口额度增幅为14.9%,继续保持强劲的增长势头。

在双边贸易中,南非对中国常年处于贸易逆差状态,且贸易逆差总体有扩大趋势。造成这种现象的原因在于中国在货物和服务贸易进出口总额大,高技术产品出口额近年来对南非增速明显,而南非由于较落后的基础设施条件和有限的技术水平,对外出口产品主要以原材料为主,制成品呈净进口状态,产业内贸易深化,在与中国贸易往来的国家中国际竞争力优势不明显。

从主要贸易商品来看,南非向中国出口商品主要是矿产品和贱金属及制品,而南非从中国进口商品以机电产品、纺织品及原料、贱金属及制品和化工产品为主。以2019年为例,矿产资源和贱金属及制品占南非向中国出口商品的74.6%和13.9%,而南非从中国进口的机电产品、纺织品及原料、贱金属及制品和化工产品分别占总进口量的47.1%、9.5%、8.4%和7%。详细数据如下。

表4-12　2019年1至9月南非对中国出口产品数据

海关分类	商品类别	2019年1至9月南非对中国出口	
		金额（百万美元）	占比（%）
第5类	矿产品	5381	74.6
第15类	贱金属及制品	1004	13.9
第2类	植物产品	238	3.3
第10类	纤维素浆、纸张	94	1.3

续表

海关分类	商品类别	2019年1至9月南非对中国出口	
		金额（百万美元）	占比（%）
第11类	纺织品及原料	89	1.2
第6类	化工产品	87	1.2
第4类	食品、饮料、烟草	66	0.9
第14类	贵金属及制品	56	0.8
第7类	塑料、橡胶	43	0.6
第17类	运输设备	36	0.5
第1类	活动物、动物产品	34	0.5
第9类	木及制品	31	0.4
第16类	机电产品	29	0.4
第8类	皮革制品、箱包	11	0.2
第13类	陶瓷、玻璃	7	0.1
其他		6	0.1
总值		7213	100

资料来源：南非国家税务局、南非商务部

表4-13　2019年1至9月南非从中国进口产品数据

海关分类	商品类别	2019年1至9月南非从中国进口	
		金额（百万美元）	占比（%）
第16类	机电产品	5800	47.1
第11类	纺织品及原料	1175	9.5
第15类	贱金属及制品	1035	8.4
第6类	桓公产品	864	7
第7类	塑料、橡胶	590	4.8
第20类	家具、玩具、杂项制品	551	4.5
第12类	鞋靴、伞等轻工业品	467	3.8
第17类	运输设备	384	3.1
第13类	陶瓷、玻璃	262	2.1
第18类	光学、钟表、医疗设备	255	2.1
第5类	矿产品	132	1.1
第10类	纤维素浆	129	1.1
第8类	皮革制品、箱包	121	1

续表

海关分类	商品类别	2019年1至9月南非从中国进口	
		金额（百万美元）	占比（%）
第4类	食品、饮料、烟草	105	0.9
第1类	活动物、动物产品	75	0.6
其他		376	3.1
总值		12324	100

资料来源：南非国家税务局、南非商务部

可以看出，中南双方有较强的贸易互补性：中国经济在高速发展过程中矿产等资源性产品缺口很大，而南非作为资源大国，黄金等矿产资源极为丰富；南非国内市场对低技术含量和低附加值产品需求很大，而质优价廉的"中国制造"则可以满足南非市场的这种需求。总体来说，中国与南非的双边贸易势头强劲，尤其是2021年受疫情影响减小后，双方进出口贸易规模急速增长，且在2022年第一季度继续保持增长态势。但是，南非对中国的贸易长期处于逆差地位，贸易不平衡问题明显。中国在劳动密集型产品、部分资本和技术密集型制成品上具有竞争力，而南非则在资源密集型产品上具有绝对优势，造成两国之间贸易往来的层次低，进出口商品结构固定且单一。

为优化贸易结构，双方应当以目标市场需求结构为导向，着眼双方需求契合点，加强双方互利合作和产业对接。例如，能源产业，尤其是可再生能源的开发与利用是南非的主要产业之一，也是南非产业政策指导计划的重点关注产业，但南非目前的能源结构仍高度依赖煤炭和石油，而随着电力需求的增加，南非近年来电力短缺现象日益严重。为此，南非已经进行5轮可再生能源独立电力生产商采购计划招标，而2022年5月启动第6轮招标工程。对此，中国一方面通过官方形式与南非签署"能源领域合作的谅解备忘录"及《中国国家电网公司与南非国家电力公司战略合作备忘录》；另一方面，中国企业通过股权融资的方式在南非大量投资可再生能源项目，为南非的新能源发展解决了资金短缺和技术缺陷两大难题。

二、中企在南非投资营商风险管控

尽管目前南非大举经济外交旗帜,通过政策引导吸引外国投资,但是仍有不少外国投资者对南非的投资环境存在诸多疑虑,从而降低南非外资吸引力。

第一,南非政府早在2015年就通过《投资保护法案》,但直到2018年拉马福萨总统上台才签发执行令予以实施。现行的《投资保护法案》主张以国内仲裁取代投资者与国家间的国际仲裁,意在将外资和内资纳入统一的管理框架,并最终取代双边投资保护协定。[1]不少反对者认为该法案削减南非对外国投资者的优惠政策,减少对外国投资者的保护,从而降低外国投资者在南非的投资热情。

第二,南非国有化风险持续攀升。尽管拉马福萨总统本人多次强调外国投资者无须担心"无补偿征地"会侵害他们的利益,但外国投资者认为此政策会导致与土地相关的投资风险增大,产权将受到侵蚀,不确定性增加,甚至引发投资者资金链断裂等风险。

第三,南非腐败问题严重,给商业活动带来巨大的隐形成本。尤其是在祖马总统执政时期,由于缺乏有效的监管和司法体制,南非腐败问题频发,增加企业运营成本,严重影响正常的商业活动,导致投资回报率大幅降低,从而降低外国投资者的投资意愿。[2]自拉马福萨总统上台以来,针对腐败问题,尤其是"国家俘获"问题,进行较为高效的治理,且打击力度较大,这为恢复外国投资者在南非投资意愿助力不少。

第四,南非投资的社会风险过高。近年来,由于社会不平等导致的犯罪、罢工等社会风险不断加剧,导致外国投资者运营成本上升,运营效率降

---

① 有关南非《投资保护法案》的立法与改革研究,参见张荣芳、叶子:《外资法的选择:南非改革〈投资保护法案〉》,《北京科技大学(社会科学版)》,2020年第2期。

② 郝宇彪、尹元:《中国企业对南非直接投资的风险识别与管控》,《区域经济评论》2019年第6期。

低,给投资者造成较高的经济损失。①

第五,就矿业投资来说,首先体现在环境问题上。外国投资者在南非获得开矿环保审批的周期较长,不确定性较大,而且南非政府要求矿企履行开放式的环境义务,而南非的矿产资源部长拥有对矿企责任的自由裁量权,不确定性很大。②其次,南非要求矿业公司必须保障黑人群体的利益,如《2017采矿宪章》就明文规定新勘探权持有者必须有至少50%的黑人持股比例,新采矿权持有者必须含有至少30%的黑人持股比例。③这些都导致近些年来南非矿业投资持续减少。

鉴于上述投资营商风险,有意愿到南非投资的中国企业需采取措施,以提高政治风险管控水平。除了加强双方在中央政府层面的交流与合作,更要善于利用民间交流,以两国民间团体,如中国华侨华人群体与南非当地的商业协会、劳动组织等,作为双方沟通与合作的桥梁,为企业在当地的发展构建友善的社会氛围。此外,中国企业在南非投资要做好市场调研与投资环境分析工作,了解南非法律体系特点,增强法律意识,保护投资活动的正当权益,尤其是要充分了解南非政府颁布的《黑人经济振兴法案》,以免造成不必要的纠纷。

三、厦门与南非产业合作可能性分析

根据南非产业政策行动计划及拉马福萨总统的"经济复苏和重建计划",南非近些年重点发展的产业包括:能源(尤其是可再生能源行业)、旅游业、汽车行业、农产品加工业、服装纺织品皮革和鞋类行业、金属冶炼业、钢铁行业、液化天然气行业、海洋制造业和水产养殖业等。为推动相关产

① 郝宇彪、尹元:《中国企业对南非直接投资的风险识别与管控》,《区域经济评论》2019年第6期。

② 有关南非矿业的环境法规问题研究,参见朱小姣、张小虎:《南非矿业的环境法律规制与风险分析》,《非洲研究》,2018年第2卷。

③ 何金祥:《南非矿产工业的现状、挑战和前景》,《中国矿业》2019年第11期。

业发展,南非政府积极吸引外国投资并寻求与外国的技术合作。

四、中国南非人文交流发展

人文交流与合作在促进中南两国民心相通,维系双边关系发展中起着关键作用。在正式建交前,南非智库就曾承担着比较积极的"二轨外交"角色。比如1992年中国国际问题研究所在南非比勒陀利亚设立南非研究中心,同时南非在北京设立了中国国际问题研究中心。这种以研究机构作为"间接代表机构"实现相互沟通和联系的形式,一直延续至1998年1月两国正式建交。自2000年中非合作论坛北京峰会召开后,中南两国人文交流迈入新时代。无论是民间文化交流还是教育与科技合作,都取得了长足进步。

第一,在高级人文交流方面,实现了交流合作的机制化。2015年约翰内斯堡峰会中,习近平主席提出实施"中非人文合作计划",中南两国达成建立高级别人文交流机制的共识,形成了中非(洲)首个该类机制。2017年4月,该机制首次会议在南非举办,主题为"践行真实亲诚,增进民心相通"。会议签署各类合作协议和备忘录,举办"中国南非高端思想对话会"等研讨会。同年,在教育部指定下,浙江师范大学和云南大学分别成立中国南非人文交流研究中心和中国—南非人文交流研究中心。2018年12月孙春兰副总理出席高级别人文交流机制第二次会议,会议期间不仅签署了会议纪要,还举办诸多中南文艺交流活动。此后,中方开始发布《中国—南非人文交流发展报告》,中南人文交流实现了初步机制化。2022年3月双方教育部副部长再次举行协调人会议,共同总结回顾机制相关领域合作进展。

第二,在教育合作方面,高等教育和职业教育合作齐头并进,合作方式多样。目前中国已有十几所高校和南非的大学建立合作关系,不少入选"中非高校20+20合作计划"。除开展联合研究外,互派留学生、联合培养学生是沟通高等教育交流的关键途径。2018年南非来华留学生达到2981

人,超过2019年留学美国、英国等的南非学生数量。中国现在是世界最大的南非留学生接收国。同时,南非已正式将汉语纳入其国民教育体系,并且是非洲孔子学院(6所)和孔子课堂数量最多的国家,西开普中医特色孔子学院更将语言教学拓展至中华文化的深入交流之境。职业教育合作极为契合南非需求,2018年中南教育部联合发起"中国—南非职业教育合作联盟",联盟成员不断增加,正朝着规范化、制度化方向发展。常州信息职业技术学院和北京联合大学承接南非大学生实习实训项目,目前已有数千名南非学生来华参加。同时,南非教育部发起"南非学生赴华工学结合培训"项目,数十家中国职业技术院校接收了数千名该项目留学生。2019年天津职业大学、黄河水利职业技术学院等在南非设立鲁班工作坊,邀请华为公司等参与建设,将中国职业教育标准引入南非。

第三,地方与民间文化交流方面,呈现出覆盖面广,但机制化建设不足的局面。中南地方合作主要表现为缔结友好省市,目前有18个中国省(区市)与27个南非省市结对,比如福建省和夸祖鲁—纳塔尔省建立友好省。双方结对省市级别较高,交流形式以官员互访,经贸、文化、卫生和体育交往及农业合作为主。但地方交流仍处于礼节性来往阶段,交往频次低、活跃度差、缺乏稳定交流机制和平台的特征,其中不乏文化差异大、经济文化实力不平衡等障碍。民间交流层面,目前南非是中国人最受欢迎的非洲旅游目的地国,在中国开设9个签证中心。除孔子学院举办各类中华文化主题活动外,双方还设立"国际中文日""中国年""欢乐春节"等平台,举办中南妇女文化交流活动、中南青年志愿者自然保护论坛,将中国的中医药文化、节日风俗、食物文化和武术、京剧等非物质文化遗产传入南非,拉近了两国人民的距离。同时,作为非洲华人最为聚集的国家,南非的华侨华人也透过华语电台、华文报纸(《南非华人报》《华侨新闻报》等)和民间文化展示,让南非人认识到更为真实的中国文化和国家形象。

余 论

　　金砖国家成立时,不被美国为首的西方国家看好,而且不断被他们唱衰。他们认为,金砖国家成员国政治制度、经济结构、历史文化、意识形态与地缘政治利益各不相同,不可能长久合作。《外交事务》杂志曾发表文章指出,金砖国家"从来没有太多共同点,他们以不同且经常相互竞争的方式产生增长","它们彼此之间的贸易联系有限,几乎没有共同的政治和外交政策利益",并称金砖国家是"破碎的金砖"。①《卫报》则发表文章称,西方国家政府与商业界认为"金砖国家泡沫已经破灭"② 。但事实上,金砖国家各成员国有许多共同性与相同的外交政策目标——金砖国家都将自己定义为国际政治格局多元化的拥护者,都主张建立一个更加公平、公正、多元的国际金融结构与秩序,并在其多边机制的框架内定期举行领导人高层会议,在各种重大问题上进行协商与合作,争取基本一致的外交政策立场。中国作为金砖国家多边机制中最大的经济体,不断扩展与其他成员国的经贸合作,惠及各方,得到各成员国的肯定与支持。与此同时,中国与金砖国家其他成员国一直代表全球南方与发展中国家的利益,在各种国际组织与金融机构中为他们发声,得到他们的信任与支持。不少发展中国家纷纷要求加入金砖国家,金砖多边合作机制不仅没有破碎,而是在不断扩容,增加

---

① Ruchir Sharma,"Broken BRICs", *Foreign Affairs*, November/December 2012.

② Simon Tisdall,"Has the BRICS bubble burst", *The Guardian*, March 27, 2016.

新的成员国。

　　金砖国家能够走到一起,除了包括中国在内的金砖国家领导人之间的大力倡议与推动,另外一个重要因素是市场力量与全球化推动的结果。金砖国家的双边与多边经济贸易活动,是将这几个不同国家融合在一起的最大黏合剂与推进剂。金砖国家中的两个大国中国与印度,是能源与自然资源需求极大的进口国家,而另外两个大国巴西与俄罗斯都是能源与自然资源丰富的出口大国。十多年来,中国一直与其他金砖成员国通过互利互惠的进出口贸易,努力进行投资和基础设施建设,实现经济互补,推动经济发展,并使相互间在经济上的依存性越来越强。

　　中国现在应谋划和引领金砖国家成员国为后疫情时代的经济复苏做准备。自2020年初以来,金砖国家五个成员国受疫情反复波动影响,经济运行大幅下滑。俄乌冲突爆发后,导致全球能源与粮食危机,并影响全球供应链受阻及物价上涨,加之美联储不断加息,使金砖国家经济复苏与金融市场备受打击。金砖国家领导人宜加强交流互访,充分发挥金砖新开发银行的作用,推动经济复苏与发展,稳定金融市场。如果金砖国家经济实力在疫情后不能及时得到提升,不仅会影响各成员国人民的生活质量,还将影响金砖国家在国际金融机构的发言权和影响力。

　　因为疫情,金砖国家成员国之间的人民已经有三年时间没有来往,处于隔绝之中,不利于其他成员国人民对中国的认识与理解,也不利于金砖国家多边机制的发展。中国有关方面宜大力推动与金砖国家的旅游年和文化年及相关人文交流活动,鼓励中国民众前往金砖其他国家进行旅游活动,加深与这些国家民众的交往。同时鼓励和吸引其他金砖国家民众来中国旅游,加强对中国的认识与了解。

　　顶尖的技术人才是实现科技创新与经济繁荣的根本力量。今天,西方发达国家都在纷纷制定吸引和招募全球顶尖技术人才的策略,为数字经济转型服务。中国有关方面宜采取积极措施吸引和招募包括中国优秀技术人才在内的全球优秀技术人才来中国创新创业。厦门建设新工业革命创新基地，关键是要有大批优秀的技术创新人才。因此，厦门与福建省有关方面可与国家移民局、工信部、财政部，以及人力资源部协商合作，制定早期、中期和长期的吸引国际优秀技术人才的计划与方案，在人工智能、半导体、大数据、量子计算、生命科学、清洁能源与太空飞行器等中国亟需的科技领域引进关键技术人才。厦门可以通过各种方式先从金砖国家集团成员国开始进行引进（俄罗斯有全球顶尖的数学人才，印度有全球领先的计算机软件技术人才，巴西有优秀的航空航天及矿山能源技术人才），为厦门建设新工业革命创新基地服务。

后　记

　　金砖国家已成为全球最重要的合作机制之一。随着金砖国家新工业革命伙伴关系创新基地落地厦门，厦门作为"金砖之城"，未来必将在金砖国家合作中发挥更加重要的作用。

　　作为地处厦门的高校之一，华侨大学积极发挥属地优势，服务国家战略，服务地方政府，在不断探索和研究中，打造了一支金砖国家研究团队，由华侨大学副校长、金砖国家智库合作中方理事林宏宇教授领衔，依托华侨大学国际关系学院，深耕金砖+国家新工业革命伙伴关系的理论研究与政策研究。

　　2017年，为服务金砖国家领导人厦门会晤，华侨大学国际关系学院金砖国家研究团队策划了"三部曲"：一是编撰并出版了《金砖国家概览》一书；二是面向厦门市公务员举办了"金砖国家理论培训班"；三是面向金砖国家学者举办了"金砖国家智库国际研讨会"。此后，华侨大学持续与金砖研究智库、学者展开学术交流和研讨，与国内外智库建立了良好的合作关系。

　　本书为厦门金砖国家新工业革命伙伴关系创新基地智库合作和课题研究成果，比较全面地介绍了金砖各国政治、经济、外交、产业、智库等方面的情况，通过历史回溯、政策梳理、数据分析等方式，聚焦金砖国家的产业、科技创新发展现状、国际合作战略和资源，以及与我国开展双边合作的情况，并提出政策思考。其中，巴西篇由杜晓军、张晶盈撰写；俄罗斯篇由赵栋、张立齐撰写；印度篇由蔡晶、李继高、黎宇清撰写；南非篇由孙旭亮、陈磊撰写；美籍华人学者、《亚省时报》专栏作家江峡教授撰写了各篇中的"对华政策与双边关系"一章。本书力图以动态视角建构金砖国家研究基本知识体系，并突出国际智库合作的意义及金砖合作中的智库作为。在编撰过程中，难免疏漏不足，请同行专家学者指正。

编者

2022年11月